KB094840

《일 잘하는 사람은 단순하게 합니다》 리뷰 중에서

회사에 다니면서 겪는 모든 상황을 잘 이해하고 대처법을 제시한 처방전 느낌의 저서 (ne**002)

어떻게 하면 삽질을 안하고 멋지게 일을 할 수 있는지에 대한 책 (ca**abissg)

여러 번 밑줄 그으면서 읽을 만큼 도움 될만한 팁들이 많았다. (0304***per)

학생 때 수석도 하고 레포트도 잘 썼는데 왜 회사에서는 잘 안 될까? 하는 사람은 이 책을 읽어보면 좋겠다. (book****ing)

기획 업무자인 나에게 기획의 정의, 방법, 목적에 대해 돌아보게 해준 책 (up****ina)

내용이 좋았고 무엇보다 회사에서의 일에 대한 저자의 통찰이 좋았다. 이 책의 가장 큰 장점은 생각의 패러다임을 전환할 수 있게 해준다는 것이다. 좋은 책을 써주신 박소연 작가님께 감사드립니다. (****stau****)

내가 신입사원일 때 왜 이 책을 읽지 못했을까? (****m129)

일 처리가 복잡하고 명확하지 않아 고민인 사람은 꼭 한 번 읽어보길 바란다. (****lic_j)

내용에 충실한 제목과 제목에 충실한 내용을 담은 책이다. 챕터 하나하나가 알차고 내용도 직관적이라 버릴 게 없다. 매 챕터마다 요약까지 해줬다. 바이블로 모셔놓고 싶을 정도다. 대학교까지 졸업하면 학생 신분으로 대략 16년을 사는데 어디에서도 일을 잘하는 법에 대해서는 가르쳐주지 않는다. 교양과목으로라도 하나 만들어야 하지 않을까 싶다. 어지간한 전공 수업보다 유용할 것 같은데. (****din)

읽자마자 여기저기 민폐추천 날리게 만든 책 (****.bbo)

이 책 너무 마음에 들었단 말이지. (**anna*******)

직장인이라면 무조건 읽어보시길. (****unghee**)

회사 엘리트 선배님이 틈틈이 전해주는 조언 같은 느낌. 책을 다 읽고 나니까 회사에서 뭐든 해낼 수 있을 것 같다. (****nghtego******)

인생 책. 정말 보물지도 같다. (****wonj***)

뻔한 얘기일 줄 알았는데 이 구체적으로 현명한 콘텐츠는 뭐지? 심지어 글에서 뿜어 나오는 이 성숙함과 인격 뭐지? 읽을수록 공감, 반성, 깨달음, 감탄으로 새벽까지 달렸다. (****kato***)

프로 일잘러의 뇌 구조를 구경한 느낌 (****gag***)

뛰어난 기획자들의 책을 읽는 것은 즐겁다. 그들은 독자들에게 최적화된 글을 쓰고, 사고하기 때문이다. 이 책은 쉽게 쓰여 있고, 업무뿐 아니라 사회생활에 대한 전반적인 통찰이 담겨있다. 그리고 직장에 있는 일 잘하는 언니가 조언해주는 듯한 따뜻함이 느껴져서 좋았다. 평범한 사람들의 재능이 세상을 더 나아지게 만든다고 믿는 저자의 철학이 담긴 책이다. 팬이 되었다! (****kd)

이렇게 일해라, 저렇게 일해라 가타부타 지시하는 경영서적류 정말 안 좋아하는데 우연히 선물 받아 읽어보고 감동하는 중. 역시 특정 인더스트리 경험이 풍부한 사람의 글은 달라. 내가 3년 차나 5년 차일 때 이런 책이 있었다면 참 좋았을 텐데! (****llieg****)

도저히 멈출 수가 없어 하루 만에 다 읽었는데 책을 덮고 뭉클해서 이 책을 껴안았습니다. 14년 직장생활 희로애락이 다 떠오릅니다. 개 같은 순간, 개 같은 인간, 좋았던 기억, 고마운 분들. 감히 대한민국 모든 직장인의 바이블이라 칭합니다. 저자에게 고맙다고 메일을 썼습니다. (****315)

업무 스트레스로 급 질렀는데 베스트셀러인데는 이유가 있구나. (****tter1920)

후배들에게 한 권씩 보내주고 싶은 책이네요. (****rgiant****)

이런 류의 책이 뻔하게 느껴져 가까이하지 않지만, 오늘 왠지 이끌려 시작했다가 대단히 놀라운 마음으로 완독했다. 실제 일 잘하는 사람을 옆에서 많이 경험한 작가라서인지 아주 깔끔한 문체와 군더더기 없는 내용구성, 소름 끼치게 적절한 인용구까지!! 어떤 직종, 직급을 불문하고 충분히 많은 도움을 받을 수 있을 만한 책! 졸린 오후 내 눈을 말똥말똥하게 한 책. 곁에 두고 필요할 때마다 꺼내 읽고 싶은 책! (****yrrrr**)

직장인 필독서라고 해서 봤는데, 필독서 맞다. (****nalde****)

읽어본 회사생활 지침서 중 최고입니다. 명쾌하고, 가려운 부분을 정확히 짚으며, '성공하는 사람들의/실패하는 사람들의 ㅇ가지' 등 뻔한 구성도 아닙니다. 신입은 물론 기획업무 하시는 분들 모두에게 강추합니다. (nor***)

리뷰를 처음으로 남길 정도로 감동이 큽니다. 회사생활의 멘토 같은 책입니다. (rid***)

제 인생의 길잡이가 되는 몇 권의 책 중에 한 권이 되었습니다. 마흔이 훌쩍 넘어서야 이 책을 읽고, 아~그렇지~ 실제 직장생활을 하며 두루뭉술하게 느꼈던 감정과 생각, 일의 노하우를 일목요연하게 정리해주고 있네요. 올바른 직장생활에 관해 물어보는 후배가 있다면, 장황하게 설명해주는 것보다 이 책, 한 권 선물이면 더할 나위 없을 것 같습니다. (sun******)

직장생활하며 멘토가 절실히 필요했었는데 이렇게 좋은 책을 만들어 주셔서 감사합니다. (cho*******)

나 혼자 본다. 절대 추천 같은거 안 한다. (만병**약)

《일 잘하는 사람은 단순하게 말합니다》 리뷰 중에서

직장인이라면 신입이던, 중간관리자이던, 리더이던, 한번쯤 다들 읽어봤으면 좋겠는 책 (ga**akiki)

책 내용도 간결하게 서술이 되어 읽기도 편합니다. 내용도 알차고 일부는 응용해서 사용해 보고 싶네요. 각 조직에 팀장이라면 필독했으면 좋겠고, 아니라도 사회생활에 필요한 조언이 있으니 한번쯤 읽어 보시는 것도 좋겠네요. 즐거운 시간이었습니다. (sa**tpio70)

슬기로운 직장인의 행동생활서입니다. (ve**tus88)

추천받아서 읽는 책인데 진짜 유익하고 재밌네요. 강추합니다. (th**s1908)

정말 도움이 많이 됩니다. 꼭 한번 읽어볼 필요가 있는 책이에요. (ou**fline)

이렇게 유용한 책이었다니…. (no**m99)

직장인들에게 교과서 같은 책이 되어야 하지 않을까 생각합니다. 글로 해야 하는 언택트 시대에 더더욱 필요한 소중한 내용들이라고 생각합니다. 고맙습니다! (li**5286)

와.. 뭐지. 좀처럼 만나기 힘든 시원하고 깔끔한 국내도서 (Sto***low)

간략한 요약과 함께 필요한 내용만 담은 것 같아 정말 도움을 많이 받았습니다. (tona****)

정말 중요한데 회사에선 못 배우는 일잘러의 꿀팁 집대성! 5점 만점에 10점 드립니다. ㅠㅠ♡ (미소**)

드디어 해답을 찾은 것 같다. 서점에서 그냥 무심코 집어온 책인데 나의 직장생활에 터닝포인트가 될 것만 같다! (yes_****)

정말 무릎을 '탁' 치며 본 책. 사회초년생에게 한마디 한마디가 정말 주옥같았다. (su_boo***)

격공감하며 내적 박수쳤다. 내겐 너무 익숙한 상황들에 대한 내용들도 많이 있는데 이런 형식으로 풀어냈다는 것이 굉장히 흥미롭다. 평소에 책장 한 장 구겨지는 것도 싫은 내가 밑줄까지 그어가며 신이 난 밤 (a_d**)

일하는 직장인이라면 이 책 다섯 번 읽으세여! (hyo******)

누군가 나에게 너의 워너비, 너의 롤모델이 누구냐고 묻는다면 오늘부터는 저자인 박소연님을 말할 것 같다. 사회생활, 즉 일을 하면서 알고 실천하면 정말 큰 도움이 될만한 내용들을 일목요연하게 정리해서 설명하고 있다. (an***ok_play****nd)

일을 잘하고 싶은데, 어떻게 하면 효율적으로 잘할 수 있는지
좋은 영향을 끼치고 싶은데, 안팎으로 함께 일하는 사람들과 어떻게 협업해야 하는지
의미 있게 일하고 싶은데, 어떻게 하면 내 노력과 실력이 미래 커리어로 연결될 수 있는지
이 모든 노하우와 전략들을 박소연 작가님과 함께 일하면서 배웠습니다.
과장 없이(!) 이처럼 유익한 콘텐츠를 출간할 수 있게 해주신 작가님께 고맙고,
작가님의 가치를 알아봐주신 수많은 독자들께 또한 진심으로 고맙습니다.
덕분에 '성장하고 있다'고 실감하면서 일합니다.
– 에디터 김세원

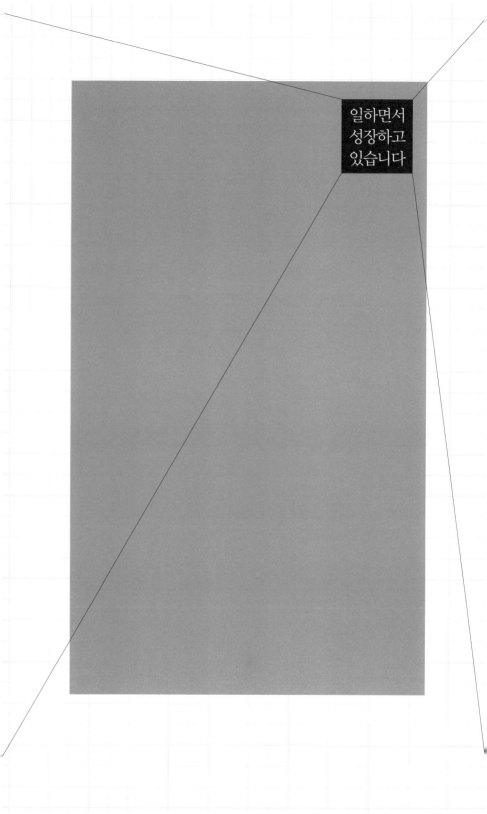

일하면서
성장하고
있습니다

WORK
AND
GROWTH

IDEA
PRACTICE
COLLABORATION
CAREER

일하면서 성장하고 있습니다

연차가 쌓이는 것은 필연이지만,
성장하는 것은 나의 선택이다!

박소연 지음

더퀘스트

누구나 자기 힘으로
성과를 만들어야 하는 순간이 온다

"삐빅. 고객님. 새로운 환경을 다운로드하였기에 이동합니다."

"네? 새로운 환경이요? 사용설명서는요?"

당황한 당신은 안내 음성을 향해 다급하게 묻는다. 그러자 조금도 동요하지 않는 친절한 목소리가 당신의 귓가에 상냥하게 속삭인다.

"고객님, 그런 건 없어요."

이상적인 멘토란
유니콘 같은 존재다

드라마에서는 서툰 주인공이 낯설고 두려운 상황에서 잘 적응할 수 있도록 도와주는 사람들이 반드시 등장한다. 마음껏 울 수 있도록 큰 손으로 숨겨주기도 하고, 내내 투덜거리다가도 결정적인 순간에는 방패막이가 되어준다. 또 어느 순간에는 가슴을 울리는 명대사로 주인공을 각성시켜 주기도 한다. 그리고 여지없이 그 반대편에는 계략과 음모의 고수들이 등장해서 주인공을 끌어내리려고 사사건건 어깃장을 놓는다.

하지만 현실은 이보다 훨씬 밋밋하다. 일터에서는 이상적인 멘토나 나를 끌어내리려는 강력한 빌런이 거의 존재하지 않는다. 그럭저럭 배울 만한 면이 있는 동료와 신경에 거슬리는 동료 정도가 있을 뿐이다. 일테면 건포도 백설기와 콩 백설기 사이를 왔다 갔다 한다고나 할까. 아, 그러고 보니 건포도 백설기를 싫어하는 사람들도 있다고 들었다. 그들을 위해 다른 비유를 들자면, 꿀 송편과 검은콩 송편 사이를 왔다 갔다 한다고 생각하면 되겠다(지금까지 검은콩 송편을 두어 번 먹어봤는데 꽤 충격적인 경험이었다).

어쨌든 이 비유의 초점은 우리가 만나는 사람들은 다 고만고만한 수준이라는 것이다. 다들 어디 하나가 아쉽고 부족하다. 업무 지식은 해박하지만 기존 방식만 고집해서 답답한 사람, 일은 똑 부러지게 하는데 너무 바빠서 후배들을 신경 쓰지 못하는 사람, 혼자서는 성과를 잘 내지만 같이 일할 때는 주변을 힘들게 하는 사람, 배울 게 많긴 하지만 나에게는 잡무만 맡기는 사람 등등. 롤 모델로 삼을 멋진 멘토는커녕 그럭저럭 도움 되는 동료를 만나기조차 쉽지 않다. 그러다 보니 절로 한탄이 나온다.

"회사에는 일을 제대로 가르쳐주는 사람이 없어. 배우고 따르고 싶은 롤 모델이 없어."

"아니, 제가 큰 걸 바라는 것도 아니에요. 그냥 업무를 멀쩡하게 알려줄 사람이면 된다고요!"

이렇게 하소연하는 사람을 위해 씁쓸한 통계를 보여주겠다. 일터에서 중간보다 약간 나은 수준으로 일을 잘 아는 사람을 상위 30%라고 가정해보자. 그리고 설명을 제대로 해주는 사람 역시 30%로 잡자. 이 두 조건을 동시에 충족하는 사람은 얼마나 될까?

$$1 \times 0.3(30\%) \times 0.3(30\%) = 0.09(9\%)$$

100명 중 9명이다. 평균보다 조금 나은 수준으로 업무를 알고 있고 설명을 제대로 해줄 수 있는 사람이 말이다. 우리 생각에는 지극히 상식적이고 소박하기 짝이 없는 요청이 사실 이처럼 가능성이 희박한 일이었던 셈이다(어쩐지 주변에 멀쩡한 인간이 별로 없더라니).

이제 우리는 울분을 가라앉히고 심란한 현실을 받아들여야 한다.

나를 가르쳐줄 멘토는 없는 게 정상이다.

내가 배워서 답을 찾아내야 한다.

만약 당신이 회사에서 정말 친절하고 체계적으로 잘 가르쳐주고 적응할 수 있도록 최선을 다해 도와주는 사람을 만났다면, 그는 다음 두 가지 중 하나일 것이다. 일터를 소명calling으로 생각하는 종교인이 거나, 당신을 자기 자리에 성공적으로 꽂아두고 잽싸게 퇴사하려는 사람이다.

유니콘은 없어도
말, 뿔, 날개, 달리기로 나눠 배울 수는 있다

〈스타워즈〉의 루크에게 요다가 있고 〈스파이더맨〉의 피터 파커에게 아이언맨이 있는 것처럼 회사에 가면 나를 이끌어줄 존재가 기다릴 거라는 환상은 접어야 한다. 물론 그런 사람이 지구 어딘가에 있긴 하겠지만 우리가 속한 조직에, 부서에, 마침 같은 시기에 존재할 확률은 너무나 희박하다. 결국 우리는 이상적인 멘토가 없는 채로 고만고만한 장단점이 섞인 동료들과 함께 일해야 한다.

따라서 우리는 세상에 없는 완전체를 찾는 대신 여러 존재에게서 장점을 나눠 배우는 법을 찾아야 한다. 세탁과 건조, 다림질까지 완벽하게 되는 가전제품을 기다리느니 각각을 따로따로 구매해서 라이프 스타일에 맞춰 배치하는 것이다. 다시 말해 유니콘을 기다리는 대신 말, 뿔, 날개, 달리기 등으로 나눠서 배운 후 내가 원하는 유니콘에 가깝게 구성하면 된다. 일종의 유니콘 커리큘럼이라고나 할까.

어른이 되면 학창 시절과 달리 스스로 커리큘럼을 만들어서 배워야 한다. 필요한 지식과 자원이 흩어져 있기 때문이다. 학교를 졸업하면서 배움에서도 졸업한 사람이라면 부담스러울지 모르지만, 그다지 걱정할 필요는 없다.

일하는 사람의 공부는 학생의 공부와 다르다. 다행히도.

자기가 속한 업계, 기업, 부서, 담당 업무가 정해져 있으므로 배워야 하는 분야가 한정적이다. 그러니 자기 앞에 놓인 과제부터 공부하면 된다. 일종의 최소유효지식Minimum Viable Knowledge을 갖추는 것이다. 이것만 제대로 해도 충분하다. 내공을 쌓을 수 있는 더 넓고 깊은 영역은 그다음에 공부해서 점차 나아가면 된다. 이게 일하는 사람의 공부가 지닌 매력이다. 게다가 완전체가 없을 뿐이지 망망대해에 우리만 덜렁 있는 건 다행히도 아니다. 우리를 도와줄 반짝이는 조각들이 곳곳에 있기 때문이다. 이 책만 해도 유니콘의 오른쪽 앞다리의 탄탄한 근육 일부 정도는 되지 않을까.

혼자서도 완성형의 업무를
할 수 있는 사람이 된다는 것

우리는 변변한 사용설명서와 멘토가 없는 환경에서 새롭고 낯선 분야에 적응하고, 성과를 내고, 실력을 키워나가야 한다. 누군가가 옆에 앉아서 조곤조곤 답을 말해주지 않는다. 빠르게 성장하거나 변화하는 조직에서 일하는 사람이라면 더더욱 공감할 것이다. 해본 적도, 배운 적도 없다는 주장은 통하지 않는다.

아무도 해본 적이 없는 상황에서 답을 찾아
사람들을 인도할 유일한 담당자가 바로 당신이다.

오랫동안 다양한 분야에서 프로젝트 매니저 역할을 해온 나 역시 비슷한 막막함을 느끼곤 했다. 회사의 동료가 도와줄 수 있는 영역은 20%도 되지 않았다. 낯선 상황에서 도움을 줄 사람들을 찾아내서 빠르게 공부하고, 일정한 궤도에 오르고, 의미 있는 결과물을 만드는 방법을 배워야만 했다. 그런 과정을 거치면서 얻게 된 능력이 있다.

혼자서도 완성형의 업무를 하는 것

누구의 도움도 필요 없다는 의미가 아니다. 도움은 언제나 많이 필요하다. 좀 더 구체적으로 말하자면 1에서 시작해 10까지 가는 데 필요한 최소한의 정보와 실력을 갖고 있고, 그 길을 잘 가기 위해 도움을 얻는 방법을 알고 있으면 된다는 의미다. 이 능력이 왜 중요한지 알려면 '1부터 7까지' 아는 사람이 있고, '3부터 10까지' 아는 사람을 떠올려보면 된다. 누군가의 도움이 없는 상황이라면 전자는 목적지에 무사히 도착할 수 없고, 후자는 여정을 시작조차 할 수 없다.

어느 분야에서 어떤 역할을 맡게 되든, 완성형의 업무를 할 수 있으려면 최소한의 기초과목이 있다. 예를 들어 제약 회사에 다니다가

AI 유전자 분석 스타트업 팀장으로 가게 됐다거나, 해본 적도 없는 메타버스 마케팅을 맡게 됐다거나, 쇠락하는 독립서점을 부흥시켜야 하는 매니저가 됐다거나 등 우당탕탕 상황에서 답을 찾아야 할 때 자신의 등을 받쳐줄 역량들 말이다.

내가 생각할 때 가장 필요한 기초과목은 네 가지 영역이다.

> ▶ 과제를 만났을 때 멋진 답을 찾아내는 '아이디어'
> ▶ 머릿속 아이디어를 현실로 구현해내는 '실행'
> ▶ 다른 사람의 능력까지 끌어와서 성과를 만드는 '협업'
> ▶ 길을 잃지 않고 올바른 방향으로 성장하는 '커리어'

이 네 가지야말로 조직의 후광이 없을 때도 살아남을 수 있는 역량이라고 생각한다. 제대로 된 멘토와 사용설명서가 없을 때도, 당신이 똑바로 걸을 수 있도록 도와줄 것이기 때문이다(물론 다리가 후들거리긴 하겠지만). 이 책은 혼자서도 완성형의 업무를 해야 하는 사람들, 해본 적 없는 낯선 상황에서 스스로 답을 찾아내 다음 발걸음을 내디뎌야 사람들을 위한 것이다.

나의 성장이 '책임'인 사람은
아무도 없다. 오직 나 외에는

퇴사 이후 비로소 진정한 삶이 시작되는 것처럼 부추기던 열풍이

지나고, 시간과 공간의 제약에서 자유로운 인디펜던트 워커들의 유행이 찾아왔었다. 이런 방식이 대세로 자리 잡기 전에 유례없는 전염병이 전 세계를 뒤덮었고 많은 사람이 일자리를 잃었다. 불안해진 사람들은 일하지 않아도 얻을 수 있는 경제적 자유를 애타게 갈망하며 롤러코스터 같은 투자 시장에 앞다투어 뛰어들었다.

자, 잠시 눈을 감고 생각해보자. 만약 경제적 자유를 얻는다면, 어떤 방식으로 살고 싶은가? 크게 두 가지 유형이 떠오른다. 일이라고 불리는 것에서 최대한 멀리 떨어지고 싶어 하는 사람들과 여전히 자신의 재능으로 세상에 조금이나마 영향력을 끼치고 싶어 하는 사람들로. 물론 정답은 없고, 둘 중에 누가 더 우월하다고 말할 수도 없다. 다만 나는 후자를 중심으로 이야기를 이어가고자 한다.

자기가 기획한 제품을 마트에서 누군가가 집어 들까 말까 고민하고 있을 때 뒤에서 '그거 사세요'라고 뜨겁게 눈으로 응원하는 사람들, 식당에 가서 다른 사람들이 우리 회사 음료를 주문하는지 유심히 지켜보는 사람들, 회사 욕을 하다가도 '망하지 말고 오래오래 해주세요'라는 후기를 보고 배시시 웃으며 고단함을 잊는 사람들 말이다. 조직에 속해 있으면서도 세상의 한구석을 차지해서 세상을 더 좋은 곳으로 만들고 싶어 하는 사람들은 얼마든지 있으므로.

이 책은 회사형 인간이 되기는 싫지만 휘둘리지 않을 진짜 실력은 갖추고 싶은 사람들, 그리고 자신의 재능으로 세상에 자그마한 영향력을 끼치고 싶은 사람들을 위한 것이다. 좀 더 구체적으로는 성장하고 변화하는 조직에서 책임 있는 역할을 처음으로 맡기 시작한 3년 차부터, 낯선 상황에서 업무를 이끌어야 하는 리더들에게 가장 도움이 될 내용을 썼다. 가장 혼란스러운 상황에서 답을 찾아가야 하지만 변변한 멘토도, 사용설명서도 없는 대표적인 사람들이기 때문이다.

나는 여러 시행착오를 겪으며 배웠지만, 모두가 시행착오를 겪을 필요는 없다고 본다. 그래서 과거의 나와 비슷하게 우당탕탕 일하고 있는 사람들을 위해서 이 책을 쓰기로 했다. '서른네 살, 경력 7년 차에 유망한 성장 기업에서 일하게 된 평행우주의 또 다른 나'에게 보내주고 싶은 글이기도 하다.

또 다른 나에게 응원의 마음을 담아, 그리고 지금도 일을 통해 세상을 좀 더 나은 곳으로 만들고 있는 수많은 사람들에게 응원을 담아 책 한 권을 보낸다.

스스로 적응하고 배워나가야 한다.
나의 성장이 '책임'인 사람은
아무도 없기 때문이다.
오직 나 외에는.

IDEA PRACTICE COLLABORATION CAREER **WORK AND GROWTH**

PART 01 아이디어
: 과제를 만났을 때 멋진 답을 찾아내는

PART
01

IDEA

아이디어

과제를 만났을 때
멋진 답을 찾아내는

[WHY]
아이디어를 내야 하는 순간이 온다. 누구에게나

스스로 낸 아이디어 vs. 남이 준 아이디어

상황을 주면 금세
멋진 아이디어를 꺼내 오는 사람들

―――――

'저 사람은 어떻게 저런 생각을 다 할까.'

일하다 보면 상대적 박탈감을 일으키는 존재들이 있다. 분명히 똑같이 아무것도 모르는 상태에서 시작했는데, 가진 정보도 비슷비슷할 텐데, 끝내주는 아이디어를 가지고 온다. 모두가 한쪽만 바라보며 안달 나 있을 때 생각지도 못한 새로운 관점을 제안한다.

"고객이 말하는 진짜 문제의 본질은, 어쩌면 이게 아닐까요?"

"이런 방법을 해보면 어떨까요? 스페인의 K사에서 성공적으로 도입했다는 기사를 읽은 적이 있습니다."

그 한마디로, 숨통을 조이던 회의실 분위기가 달라진다. 어디선가 살랑바람이 불어와 답답한 공기를 휘저어주는 것만 같다. 주위를 둘러보면 사람들이 조그맣게 감탄하면서 고개를 끄덕이고 있다.

'나는 왜 그걸 못 봤지? 저 생각은 내가 해야 했는데….'

부러움과 시기심이 동시에 일어난다. 동시에 얼마 전 SNS에서 본 극강의 밸런스 게임이 떠오른다. 나 빼고 모두 천재인 팀에서 매일 자괴감 느끼면서 일할 것인가, 아니면 내가 유일한 희망인 팀에서 밤낮으로 고군분투하며 일할 것인가를 고르는 문제였다.

문구를 보자마자 '당연히 첫 번째(나 빼고 모두 천재)가 낫지. 다들 나만 바라보는 상황에서 나를 갉아가며 일하고 싶지 않아'라고 생각했지만, 이 순간만큼은 두 번째(내가 유일한 희망)가 좋아 보인다.

학창 시절엔 노트 필기 잘하고 이해력 빠르고 암기 잘하는 친구들이 부러웠다면, 일하는 사람들에게 부러움의 대상은 근사한 아이디어를 잘 떠올리고 시원시원하게 실행하는 사람들이다. 평범한 우리가 주어진 업무를 개미처럼 부지런히 처리해서 간신히 포인트 점수 10점을 쌓을 때, 멋진 아이디어로 단숨에 100점을 쌓는 부류들 말이다. 중요한 프로젝트나 커리어에 좋은 기회가 생길 때마다 가장 먼저 물망에 오르는 존재들이다. 회사에서도 이 사람이 혹시 다른 곳으로 갈까 봐 친절하게 대하는 게 느껴질 정도다(나에게 그토록 까칠하던 본부장이 그를 보곤 사람 좋게 웃는 모습이라니!). 가장 같이 일하고 싶은 동료이자, 동시에 같이 일하고 싶지 않은 묘한 존재들이라고나 할까.

아이디어를 스스로 찾아내야 하는 이유:
일의 본질이자 내공

일하는 사람이라면 좋은 아이디어 찾는 법을 배워야 한다. 그런데 아이디어라는 개념이 추상적이고 막막하다 보니 이런 말을 들으면 다들 한숨부터 쉰다. 그러면서 속으로 투덜거린다. 모두에게 꼭, 굳이 아이디어를 찾는 능력이 필요한 것일까. 다들 잘하는 영역이 있는 거 아닐. 솔직히 말하자면, 일하면서 반짝반짝 빛나는 창의력이 필요한 순간이란 게 별로 없었던 것 같은데.

이런 반응은 아이디어를 기발하고 신기한 생각 또는 너무 거대한 개념으로 오해하기 때문이다. 사실 일하는 사람에게 아이디어는 반짝이가 붙은 장신구라기보다는 손때 어린 업무 노트에 가깝다. 사람들이 우리에게 몰려와서 "우리 회사를 먹여 살릴 아이디어를 주세요", "제품을 대박 나게 할 방법을 말해주세요"라고 조아리며 간청하는 일은 없다. 하지만 생각해보라. 사실 우리는 일터에서 누군가로부터 아이디어를 내놓으라고 매일같이 쪼임을 당하는 중이다.

- 내년에 출시할 서비스를 어떻게 홍보할 생각인가요?
- 이번에 제휴를 맺은 파트너들과 시너지를 일으킬 구체적인 사업을 생각해보세요.
- A 제품의 수익성이 떨어지고 있는데 어떻게 개선할 건가요?

일하는 사람이라면 출근해서 매일같이 다양한 난이도의 과제를 마주한다. 사람들은 계속해서 어떻게 해결할 건지 묻는다. 그러면 우리는 주어진 패를 가지고 과제에 대한 적절한 답, 즉 좋은 아이디어를 어떻게든 생각해내야 한다.

왜냐하면, 우리가 '담당자'니까.

일하는 사람에게 아이디어란 주어진 과제의 답을 생각해내는 것이다. 좋은 아이디어를 찾는 일은 우리 업무의 본질이자 '진짜 일'이다. 업무에 도움 되는 외국어를 배우거나 자격증 하나 추가하는 수준으로 생각하면 안 된다. "가을 워크숍 장소 어디로 할까요?", "이번 회식 메뉴를 태국 요리로 할까요?" 같은 일회성 아이디어와도 다른 차원이다. 그래서 나는 사람들에게 종종 말해주곤 한다.

일하는 사람들은 좋은 아이디어를 찾아낼 수 있어야 해요.
그게 사실 일의 본질이거든요.

일하는 사람이 좋은 아이디어를 찾는 법을 반드시 배워야 하는 이유는 또 있다. 우리도 알다시피 일터에서 멋진 답을 가져오는 사람에겐 언제나 프리미엄이 있다. 아이디어의 수준이 실력의 범위를 말해주기 때문이다. 낯설고 막막하고 까다로운 과제를 만났을 때, 침착하게 방향을 설정하고 합리적인 답을 제시하는 능력이야말로 그 사람이 어디까지 할 수 있는지를 보여준다.

- 난이도 하: 이번 북토크를 어떻게 성공적으로 만들지?
- 난이도 중: 북 큐레이션을 독자들에게 효과적으로 제공하려면 어떻게 하지?
- 난이도 상: 북 큐레이션 콘텐츠를 기반으로 유료 콘텐츠 사업을 하려면 어떻게 하지?

'난이도 하'를 풀 수 있는 사람은 대리급, '난이도 중'은 매니저급, '난이도 상'을 풀 수 있는 사람은 임원급인 C 레벨이다. 만약 경력이 3년 차라도 '난이도 상'을 풀 수 있다면 세 가지 중 하나를 선택할 수 있는 프리미엄을 누리게 된다. 지금 있는 곳에서 가장 빨리 C 레벨로 올라가든지, C 레벨급으로 다른 회사에 스카우트되든지, 아예 자신의 사업을 시작하든지.

> **왜 좋은 아이디어 찾는 법을 배워야 할까?**
> 1. 업무의 본질이자 내공이기 때문

아이디어를 스스로 찾아내야 하는 이유: 남의 B급 아이디어

스스로 좋은 아이디어를 찾아내지 못하는 사람은 어떻게 될까? 어쩔 수 없이 남의 도움을 빌려서 일하게 된다. 남의 도움을 받는 게 뭐

어떠냐고 생각할 수 있겠지만, 남의 머릿속에서 찾아낸 해결책은 출발선부터 삐걱거리는 일이 흔하다.

왜냐하면, 남이 준 아이디어는 B급일 가능성이 크기 때문이다.

남들이 우리보다 모자란다는 의미가 아니다. 남들은 우리만큼 우리의 문제를 깊게 고민하지 않을 뿐 아니라 취향과 욕구도 잘 모른다는 얘기다. 오늘 저녁에 먹을 배달 음식을 남이 골라줬을 때 굉장히 만족할 가능성이 얼마나 되겠는가. 게다가 골라주는 사람이 엄마의 아들(그러니까 친오빠 말이다)이라면.

남의 아이디어로 일하는 상황이 왜 불안정한지 사례를 통해 살펴보겠다. 등장인물은 패션 회사에서 일하는 마케터다. 이름은, 음… 케빈이라고 하자. 케빈이 일하는 곳은 30년 된 유서 깊은 패션 회사인데, 이 브랜드는 한때 트렌디한 이미지로 사랑받았지만 이제는 젊은 층은 물론이고 중장년도 별로 눈길을 주지 않는다.

상황을 어떻게 타개하면 좋을까? 마케터인 케빈은 머리를 싸매고 고민하지만, 아이디어가 도무지 떠오르지 않는다. 며칠 후 케빈은 리더를 찾아가서 상의한다. 리더는 산더미같이 쌓인 다음 시즌 포트폴리오를 검토하느라 정신이 없다. 리더는 피곤한 기색으로 케빈의 말에 잠시 귀를 기울이더니 이렇게 말해준다.

"케빈님 의견은 뭐예요? 아이디어가 떠오르지 않는다고요? 음…,

나도 깊이 생각해보진 못했는데. 아! 그러면 홍대나 여의도의 더현대서울 같은 곳에서 팝업 스토어 해볼래요?"

몇 분 만에 즉흥적으로 떠올린 아이디어가 과연 멀쩡한 것일까? 더 문제는 팝업 스토어 아이디어가 케빈의 핵심 실적 목표(MBO 또는 KPI 같은 실적 지표)와 관련이 없다는 사실이다. 올해 케빈에게 맡겨진 업무는 '온라인 마케팅 활성화'다. 리더는 다른 중요한 프로젝트로 정신이 없다 보니 거기까진 미처 생각하지 못했다. 게다가 팝업 스토어는 케빈이 해보고 싶은 분야와도 거리가 멀다. 사실 케빈이 관심 있는 분야는 요즘 힙하다고 여겨지는 콜라보 프로젝트와 메타버스 마케팅이다. 팝업 스토어는 이미 몇 번이나 했던 업무라 시작도 하기 전에 기운이 빠지는 기분이다.

'어휴, 하지만 딱히 다른 아이디어가 없으니 어쩌겠어.'

케빈은 일단 그거라도 해봐야겠다고 결정한다.

몇 달 동안 케빈은 팝업 스토어를 위해 바쁘게 일했다. 몇 번 해본 익숙한 업무다 보니 매끄럽게 진행됐다. 성과는 뭐, 좋지도 나쁘지도 않게 적당히 나왔다. 하지만 케빈은 일하는 동안 재미있는 순간이나 성장한다는 느낌이 없었고, 지겹다는 생각만 가끔 들었다. '일이니까 하는 거지, 뭐'라고 자조적인 웃음을 지으며 그날의 업무를 묵묵히 마무리했다. 그런데 케빈은 연말 평가에서 리더에게 이런 이야기를 듣는다.

"올해 케빈님의 핵심 성과 목표는 우리 회사의 브랜드가 새롭고 힙한 이미지가 되도록 온라인 마케팅을 활성화하는 것이었는데, 그건 어디에 있죠?"

'…아니, 당신이 팝업 스토어 하랬잖아!'

케빈은 뒤통수를 얻어맞은 느낌이겠지만, 리더는 팝업 스토어를 하면 기존 목표 사업(온라인 활성화)을 안 해도 된다고 말한 적이 없다. 결국 케빈은 초라한 성적표를 받게 된다.

스스로 아이디어를 내지 못하고 남에게 맡기다 보면 이런 당황스러운 경험을 반복할 수밖에 없다. 남들은 우리에 관해 잘 알지 못한다. 나의 업무 목표, 배우고 싶은 분야, 도전하고 싶은 것, 흥미가 있는 영역을 가장 잘 알고 있는 사람은 누구도 아닌 바로 '나 자신'이다.

왜 좋은 아이디어 찾는 법을 배워야 할까?

1. 업무의 본질이자 내공이기 때문
2. 남이 준 아이디어는 B급일 가능성이 크기 때문

일하는 사람이라면 누구나 아이디어를 낼 줄 알아야 한다. 좋은 아이디어를 낼 수 있으면 일의 주도권을 가져올 수 있다. 멋진 아이디어를 낼 수 있으면 내가 원하는 방식대로 일할 가능성이 커진다. 회사에서 똑같은 분야의 일을 한 사람이라도 몇 년 뒤 커리어 포트폴리오와 경험 수준이 저마다 달라지는 이유가 이것이다.

그런 의미에서 '아이디어' 파트에서는 다른 사람들이 다음 질문에 어떻게 답을 찾아나갔는지 말해보려고 한다.

어떻게 하면 반짝반짝한 창의력과 인사이트를 가지고
멋진 아이디어를 내는 사람이 될 수 있을까.

"일하는 사람에게 아이디어란
주어진 과제의 답을 생각해내는 것이다.
그러므로 좋은 아이디어를 찾는 일은
우리 업무의 본질이자 '진짜 일'이다.

일하는 사람이라면 누구나
아이디어를 낼 줄 알아야 한다.
스스로 아이디어를 찾아내지 못하면
남의 B급 아이디어로 일하게 되기 때문이다.

좋은 아이디어를 낼 수 있으면
일의 주도권을 가져올 수 있다.
원하는 방식대로 일할 가능성도 커진다."

좋은 아이디어와
매력적인 이야기의 공통점

인물과 사건

우리가 사랑하는
매력적인 이야기란

외계인이 지구인의 습성을 관찰한 일지가 있다면 '이야기를 유난히 사랑하는 종족'이라는 항목이 한 자리를 차지할 게 분명하다. 지구인은 꼬꼬마 시절 동화 듣기부터 시작해 어른이 되어서도 여전히 이야기를 좋아한다. 그래서 여가의 상당 시간을 남의 이야기를 듣는 데 쓴다. 형태는 책·소설·영화·드라마·유튜브·뉴스·블로그 등으로 다양하지만, 남의 이야기를 듣는다는 본질은 비슷하다.

지구인들이 생각하는 이야기란 어떤 모습일까? 조금 가물거리긴 하겠지만, 중학교 때 국어 시간을 떠올려보자. 이야기는 '인물, 사건, 배경'으로 구성돼 있다고 배웠다. 특정한 시간과 공간이 등장하고, 이야기를 이끌어가는 주인공과 배경 인물들이 등장한다. 그리고 어떤 형태로든 변화가 일어나면서 이야기가 진행된다. '조선 시대에 유명한 상인인 김덕순이라는 사람이 있었는데, 살던 대로 쭉 잘 살았습니다'로는 이야기가 성립되지 않기 때문이다.

그렇다면 사람들이 좋아하는 매력적인 이야기란 어떤 모습일까?

첫째, 매력적인 캐릭터(인물)가 있어야 하고, 둘째, 흥미진진한 상황(사건)이 있어야 한다. 〈반지의 제왕〉처럼 세계관, 즉 배경이 뛰어난 이야기도 있지만, 그 이야기 역시 매력적인 캐릭터(호빗족 등 다양한 등장인물)와 흥미진진한 사건들(반지의 파괴 여정)이 없었다면 별로 매력적이지 않았을 것이다.

매력적인 이야기의 요소:
매력적인 인물 + 흥미진진한 사건

첫째, 매력적인 캐릭터부터 살펴보자. 우리가 이야기 속 인물에게 매력을 느끼고 마음을 주게 되는 시점이 언제일까? 바로 '남 이야기 같지 않다는' 기분이 들 때다. 우리와 공통점이라곤 없을 것 같은 인물이라도 친숙한 기시감이 느껴지면 시선을 떼기가 어렵다.

이야기 속의 주요 등장인물이라면 공통으로 가진 특징이 바로 무엇인가에 '열망desire'을 가지고 있다는 점이다. 열망의 종류는 성공,

돈, 사랑, 가족, 행복, 존재감, 취업, 결혼, 복수, 회복, 소속감, 성장, 인생의 의미 등등 다양하다. 창작자는 이 등장인물이 왜 이런 열망을 가질 수밖에 없는지를 여러 겹의 서사를 입혀서 보여준다. 서사의 개연성이 와닿을수록 사람들은 등장인물에 마음을 뺏긴다. 사실은 자신도 그런 열망을 마음 깊이 품어본 적이 있으므로 조마조마한 마음으로 이야기를 지켜보며 응원한다. '그들이 열망을 이뤘으면 좋겠다. 그리고 언젠가는 나도'라는 간절한 심정으로.

둘째, 우리가 좋아하는 흥미진진한 사건은 어떤 것일까. 다양한 요소가 있지만 그중에서도 중요한 건 뻔하지 않아야 한다는 점이다. 가난한 어린 시절이 한이 되어서 돈을 열망으로 품은 주인공이 '성실하게 일해서 돈을 벌었다'라는 서사는 누가 들어도 지루하다. 명절에 엄마 친구 아들의 서사로나 적당하지 매력적인 이야기로서는 실격이다. 우리가 매력적이라고 생각하는 이야기에는 의외성이 있어야 한다. 하다못해 '가난이 한이 되어 돈을 열망으로 품은 주인공이 위조지폐의 달인이 되어 베트남 대기업의 대주주가 되다' 같은 스토리라면 황당하더라도 이야기로서의 가치가 있다.

지금까지 이야기한 내용을 정리하자면 이렇다.

매력적인 이야기의 요소: 매력적인 인물 + 흥미진진한 사건

▶ 매력적인 인물: 열망에 깊이 공감될 것
▶ 흥미진진한 사건: 누구나 생각할 만한 흐름이 아니라 의외성이 있을 것

세계적으로 흥행한 〈오징어 게임〉을 예로 들어보겠다. 주인공은 이정재가 연기한 '기훈'이다. 〈오징어 게임〉 1화를 본 사람은 순식간의 기훈이라는 인물의 열망에 감정을 이입하게 된다. 기훈에게 누구나 깊이 공감할 수 있는 서사를 부여해서 그 인물에 애정을 느끼도록 창작자가 설계했기 때문이다.

- 인물: 사회적으로 실패하고 희망이 없는 기훈
- 열망: (1차 열망) 돈을 많이 벌어서 성공한 인생
  (2차 열망) 사랑하는 존재(딸, 어머니)를 지켜주고, 그들에게 자랑스러운 존재가 되는 것
- 열망의 좌절: 돈 때문에 딸을 더는 못 보게 되고, 어머니는 당뇨 치료를 제대로 받지 못해 목숨이 위험할 지경

1차 열망은 겉으로 보이는 피상적인 꿈, 2차 열망은 마음속 깊이 품은 진짜 내면의 꿈이다. 처음에 우리가 기훈을 봤을 때는 돈만 생기면 도박장에 가고, 나이 든 어머니에게 빌붙어 사는 사회적 루저라고 생각하며 약간 거리감을 느끼게 된다. 그래도 그가 딸과 이웃들에게 다정한 성품인 걸 알게 되면서 마음이 조금 누그러진다. 그러다가 그가 오직 돈 때문에 사랑하는 존재(딸, 어머니)를 잃을 지경이라는 사실을 알게 되는 순간부터는 말할 수 없이 짠해진다.

노력도 없이 부자가 되고 싶어 하는 1차 열망에는 거리를 두었지만, 사랑하는 존재를 지키고 싶어 하는 2차 열망에는 누구나 마음이

흔들린다. 돈 때문에 소중한 걸 포기해야 했던 좌절감, 소중한 이에게 자랑스러운 존재가 되고 싶었지만 초라함을 느꼈던 순간은 누구나 조금씩이라도 느껴본 감정이니 말이다. 자, 이제 기훈의 이야기는 비로소 '남 얘기 같지 않은' 상황이 됐다. 드디어 매력적인 캐릭터가 완성된 셈이다.

만약 이 상황에서 기훈이 돈을 벌기 위해 강도질을 하거나 절망감에 세상과 담을 쌓는다면, 우리의 마음은 빠르게 식을 것이다. 너무 뻔한 전개이고 그런 캐릭터라면 마음을 줄 필요도 없다. 그런데 〈오징어 게임〉은 의외성을 보여준다. 기훈 앞에 456억 원의 상금을 타기 위해 목숨을 걸고 참여하는 게임을 들이민 것이다. 심지어 동심 가득한 어린 시절에 즐겼던 놀이를 종목으로 선택해서 말이다. 피가 낭자한 잔혹 동화 같은 아이러니에 우리는 눈이 커진다. 그리고 생각한다.

'혹시 저런 순간이 온다면, 과연 나는 어떤 선택을 할까?'

그리고 사랑하는 존재를 지키기 위해 목숨을 걸고 게임에 참여하기로 한 남자를 보며 안타까운 마음이 생긴다. 착해빠진 성격으로 핏빛 낭자한 곳에서 어떻게든 살아남으려는 그의 고군분투를 보면서 손에 땀을 쥐고 응원하게 된다.

이게 이야기가 가진 힘이다. 매력적인 캐릭터와 흥미진진한 사건으로 당신의 마음은 이제 '남 얘기 같지 않은' 지경에 이르렀다. 지구인들은 일단 이야기 속 인물에게 깊이 공감하고 나면 그다음부터는 홀린 듯이 따라가고 싶어 하는 경향이 있다. 너무 궁금한 것이다. 그렇게 해서 결국 잘 사는지 어떤지.

좋은 아이디어의 요소: 매력적인 인물과 흥미진진한 사건

좋은 아이디어를 찾을 때도 매력적인 이야기의 요소를 참고하면 도움이 된다. 일상에서 접하는 제품, 서비스, 제도 등도 결국은 우리에게 일종의 이야기를 들려주는 셈이기 때문이다.

"이런 거 원하셨죠? 제가 이뤄드릴게요."

매력적인 이야기의 요소를 좋은 아이디어로 치환하면 다음과 같은 모습이 된다.

> **좋은 아이디어의 요소: 공감되는 인물 + 흥미진진한 사건**
>
> ▶ 매력적인 인물: 열망에 깊이 공감될 것
> ▶ 흥미진진한 사건: 누구나 생각할 수 있는 뻔한 흐름이 아니라 의외성이 있을 것

사례: 놀이와 학습 매칭 플랫폼 〈자란다〉, 〈째깍악어〉

유아 및 어린이를 대상으로 놀이와 학습을 도와주는 방문 플랫폼 〈자란다〉와 〈째깍악어〉 비즈니스는 부모들 사이에서 꽤 유명하다. 〈째깍악어〉는 2016년, 〈자란다〉는 2017년 시작한 플랫폼으로 이용자 수, 투자 유치 등 여러 부문에서 성공적인 소셜 벤처 사례로 뽑힌다.

방문교육을 원하는 어린 자녀의 부모를 대상으로 주변의 교사나 대학생 등을 연결하는 매칭 플랫폼인데, 시간제로 신청하는 방식이라 시작부터 큰 호응을 일으켰다. 예를 들면 플랫폼의 교사로 등록한 대학생이 여섯 살 아이의 집 앞 공원에서 몇 시간 동안 공놀이하며 신나게 놀아준다든지, 미술을 전공한 40대 주부가 스케치북과 교구 등을 활용해 여덟 살 아이와 거실에서 함께 그림을 그리고, 스티커도 붙이면서 재밌게 놀아주는 식이다.

사진: 자란다

〈자란다〉, 〈째깍악어〉 비즈니스는 어떤 인물과 사건을 내세웠을까? 먼저, 그들의 이야기에 등장하는 인물은 '어린 자녀를 키우는 부모'다. 좀 더 구체적으로 말하면 '좋은 부모가 되고 싶어 하는 어른들'이라고 할 수 있다. 등장인물을 이렇게만 묘사하면 좋은 아이디어가 될 수 없다. 좋은 부모가 되고 싶어 하는 사람들을 위한 제품과 서비스는 수만 개가 있으니 말이다. 서사가 더 필요하다.

이 인물의 삶을 좀 더 깊이 들여다보자. 어떤 열망을 가지고 있을까? 그들은 어린 시절 마음속 깊이 꿈꿔왔던 부모의 모습이 되고 싶어 하는 사람들이다. 몇 시간 동안 몸으로 부둥켜안고 놀아주고, 만들기 놀이도 같이하고, 박물관이나 미술관 같은 곳에 데려가서 어렸을 때부터 좋은 감성을 길러주는 존재 말이다.

하지만 안타깝게도 그들은 자주 좌절한다. 부모 세대보다 상대적으로 늦은 나이에 부모가 되다 보니 일단 체력이 부족하다. 사회적으로도 책임과 업무량이 폭증할 나이대인 데다가 부모와 놀아본 기억이 없어서 아이와 어떻게 놀아줘야 하는지도 잘 모른다. 공놀이는 30분만 해도 지치고, 아이가 그려달라는 곰이나 토끼는 매번 삐뚤빼뚤 엉망이며, 글자나 숫자를 조금이라도 가르치려 들면 아이와 부모 모두 기분이 상해서 끝나고 만다. 결국 찡얼거리는 아이에게 유튜브를 틀어주면서 좌절감이 쌓여간다.

'내가 원했던 부모 모습은 이런 게 아니었는데.'

여기까지 묘사한 이야기를 읽으면 어린 자녀를 키우는 부모들은 아마도 울컥하는 마음이 될 것이다. 잘하고 싶은데 몸과 마음이 따라주지 않는 상황을 직접 겪고 있다 보니 '남 얘기 같지' 않은 이야기로 들린다. 이제 우리는 첫 번째 요소를 완성했다. 즉, 열망에 깊이 공감되는 '매력적인 인물'을 찾았다.

- 인물: 어린 자녀를 키우는 부모
- 열망: (1차 열망) 좋은 부모가 되고 싶다. + (2차 열망) 자녀에게 즐겁고 행복한 경험을 주는 존재가 되고 싶다.
- 열망의 좌절: 체력과 시간, 경험이 부족하다 보니 아이와 함께 몸으로 놀아주는 게 기대에 미치지 못한다.

다음은 흥미진진한 사건이 나올 차례다. 늦깎이 부모의 부족한 체력을 키워주는 보약 또는 홈트 기구, 아이와 어떻게 놀아주면 되는지 알려주는 콘텐츠 등을 이야기할 수도 있다. 그런데 이런 이야기는 전형적이고 뻔하다. 이미 수백, 수천 개의 제품이나 서비스가 나와서 비슷한 이야기를 경쟁적으로 해왔기 때문이다. 몇 차례 언급했듯이 누구나 생각할 수 있는 뻔한 흐름이 아니라 의외성이 있어야 흥미진진한 사건이 된다. 그래서 〈자란다〉, 〈째깍악어〉는 부모에게 의외의 이야기를 건네기로 한다.

"에너지 넘치고 믿을 수 있는 어른이 집으로 와서 몇 시간 동안 아이와 신나게 놀아주면 어떨 것 같아요? 공놀이나 미술 놀이, 박물관 견학 등 아이가 맨날 해달라고 노래 부르는 제일 좋아하는 활동을 같이 해준다면 말이에요."

부모들은 "아휴, 그렇게만 해준다면 절이라도 하고 싶죠. 아이는 즐겁게 놀고, 저는 맘 편하게 혼자 있을 수 있는 시간이 생기잖아요"라며 반색할 것이다. 사실, 아까 등장인물에게는 표면에 드러나지 않은 열망이 더 있었다.

- 인물: 어린 자녀를 키우는 부모
- 열망: (1차 열망) 좋은 부모가 되고 싶다. + (2차 열망) 자녀에게 즐겁고 행복한 경험을 주는 존재가 되고 싶다. + (보이지 않는 열망) **나의 체력을 갈아 넣지 않아도 된다면 더 좋겠다.**
- 사건: 에너지 넘치는 어른이 와서 몇 시간 동안 아이와 놀아준다면 어떻게 될까? → 실컷 놀아서 만족한 아이, 휴식으로 에너지를 회복한 부모가 더 행복한 시간을 보내게 된다.

다들 부모가 무언가를 더 해내라고, 더 해낼 수 있도록 도와주겠다고 이야기하는 데 비해 이 비즈니스들은 영리하게 다른 결의 이야기를 들려주었다. 플랫폼 수천 개가 생겨났다가 망하는 와중에 이 플랫폼들은 왜 성공했는지를 짐작하시리라. 이 서비스들이 앞으로도 꾸준히 성장할지 시장에서 사라질지는 얼마나 현명하게 경영하느냐에 따라 달라질 테지만, 최소한 바른 출발을 한 것은 분명하다.

"사람들이 사랑하는 이야기에는
두 가지 요소가 있다.
무언가를 간절히 소망하는 등장인물에게
'남 얘기 같지 않은' 공감을 느껴야 한다.
그리고 열망을 이뤄가는 과정이
뻔하지 않고 의외성이 있어야 한다.

우리의 제품이나 서비스도
일종의 이야기인 셈이다.
등장인물과 사건이 매력적이어야
사람들의 마음을 흔들 수 있다."

일하는 사람은
현실 속 악당을 물리치는 영웅들

우리는 '누구'를 구할 것인가

일하는 사람은
현실 속 누군가를 구하는 중이다

"현실 세계의 영웅이 됩시다."

할리우드의 거장 스티븐 스필버그가 하버드 졸업식에서 학생들에게 한 조언이다. 졸업한 학생들은 대부분 직장에 들어가거나 창업하는 등 '일하는 삶'을 살게 된다. 스필버그는 영화 제작이라는 일이 어떻게 자신의 삶과 공동체에 의미를 부여했는지 설명하면서 졸업 후 그들 역시 각자의 악당을 물리치는 영웅이 되라고 격려했다.

사실 우리 일상에서 필요한 건 슈퍼맨과 아이언맨, 헐크, 스파이더맨, 블랙 위도우 같은 슈퍼 히어로가 아니다(물론 아이언맨은 세계 최고의 부자이니 친하게 지내고 싶지만, 그건 슈퍼 히어로라는 측면과는 다른 얘기이니 넘어가자). 진짜 우리에게 필요한 영웅은 외계인이 침공했을 때 구해줄 사람들이 아니라 평범한 일상을 탄탄하게 지켜줄 '일하는 사람들', 즉 동료들이다.

밀키트를 만든 사람들은 집에서 제대로 된 요리를 먹고 싶지만 긴 조리시간과 비싼 재료비라는 문제를 해결해주었다. 카카오 택시 등의 플랫폼은 길거리에서 무작정 택시를 잡을 때 불편함을 느꼈던 순간에서 우리를 구해주었다. 택시 플랫폼 등장 이후 나는 택시기사들이 "아휴, 방금 거기서 간신히 빠져나왔는데 또 가네. 쯧!", "그 동네 갈 거면 다음부터는 건너가서 타요!" 식으로 말하는 불편함을 다시는 겪지 않게 됐다.

결국 사람들이 사랑하는 제품과 서비스는 자신을 어떤 '악당'으로부터 구해준 것이다. 이 악당은 아토피, 낯가림, 길치, 인맥 부족, 가격, 좁은 공간, 시간 부족, 불친절, 지루함, 뒤처지는 느낌, 기다림, 평범함, 죄책감, 저질 체력 등 다양하다. 그래서 실리콘밸리에서는 새로운 서비스나 제품을 창업할 때 이런 질문으로 시작한다고 한다.

"지금까지 살면서 불편했던 경험을 다 적어보자.
이걸 해결하려면 어떻게 해야 하지?"

사람들은 자신을 구해줄 영웅을 지금도 간절히 기다리고 있다. 돈과 시간을 기꺼이 투자하겠다는 마음으로.

확실히 도울
'누군가'를 정하기

좋은 제품이나 서비스를 만들려고 할 때 가장 많이 저지르는 실수는 모든 고객을 데리고 가고 싶다는 마음이다. 그런 실수를 저지르는 첫 번째 이유는 자신감이다. 이토록 좋은 아이디어를 다들 사랑하는 게 마땅해 보이기 때문이다. 두 번째는 (사실 이게 더 흔한 경우인데) 불안감 때문이다. 고객의 범위를 줄이는 게 너무 두려운 것이다. 전체를 대상으로 해도 성공할까 말까 한데, 그중 상당 부분을 날리면 제대로 큰일이 날 것만 같아 불안하다. 그래서 '남녀노소 누구에게나 좋다' 식의 태도를 고수하려 한다.

이런 아이러니라니.

모든 사람을 대상으로 하는 순간 성공 가능성은 기하급수로 감소하는데 말이다. 대상이 넓어지면 제품이나 서비스의 매력도는 크게 떨어진다. 왜 그런지 구체적인 이유를 스타트업 P사의 예를 들어 이야기해보겠다.

사례: 간편 떡볶이를 야심 차게 출시하려는 스타트업 P

스타트업 P는 간편 떡볶이 출시를 준비하고 있다. 다른 부분은 모두 정해졌는데, 아직 한 가지 큰 과제가 남았다. 떡볶이의 '맵기'를 어느 정도로 해야 좋을지 고민 중이다. 빠듯한 자금 사정상 여러 가지 매운맛을 출시할 수는 없기 때문이다. 고객들에게 선호도 조사를 했는데 다음과 같은 결과가 나왔다(물론 3명을 대상으로 고객 선호도 조사를 하는 곳은 없지만, 이해를 돕기 위해 단순화했음을 이해해달라).

남고생
"매운 건 별로예요."
선호하는 맵기: 1단계

30대 여성
"신라면 맵기 정도가 좋아요."
선호하는 맵기: 3단계

여중생
"이게 맵나요? 전 괜찮은데요."
선호하는 맵기: 8단계

매운맛 강도를 기준으로 할 때 남고생은 1단계를, 30대 여성은 3단계를, 맵부심 있는 여중생은 8단계 맵기를 가장 선호하는 것으로 나타났다.

만약 하나의 맛을 결정해야 한다면
어떤 맵기 단계를 선택하겠는가?

많은 사람이 전체 평균인 4단계, 즉 '(1+3+8)÷3'으로 결정하고 싶어 한다. 모두의 의견을 종합한 것이니 안전해 보인다. 하지만 4단계는 남고생과 30대 여성에게는 너무 맵고, 여중생에게는 밍밍하다. 두 가지 맛으로 나눠서 2단계(순한 맛)와 5단계(매운맛)로 해도 마찬가지다. 3명 중에서 이 단계를 좋아하는 사람은 아무도 없다.

3명의 의견을 합해서 '모두를 위한 떡볶이'를 만든다면 결국 누구도 두 번 이상 사 먹지 않는 떡볶이가 될 것이다. 3명 모두 자기 취향에 더 맞는 떡볶이를 찾아 떠나가 버릴 테니까.

모든 고객을 대상으로 하면, 그곳에는 아무도 없다.

기업 규모가 크고 예산이 넉넉하다면 모두를 타깃으로 해도 문제가 없다. 맵기 단계별로 제품을 출시할 수도 있고, 가장 인기 있는 모델이 무엇인지 판가름 날 때까지 시행착오를 버틸 여력이 있다. 하지만 스타트업 기업 또는 중소형 기업의 신제품 담당자라면 그런 선택을 해선 안 된다. 올바른 방향을 찾아내기도 전에 가지고 있는 자원이 바닥날 수도 있으니 말이다.

자원이 부족할 때는 두루두루 사랑받는 떡볶이가 아니라 확실한 누군가를 타깃으로 해야 승산이 있다. 예를 들면, '맵부심이 있는 여중생이 쉬는 시간에 친구들과 먹을 수 있는 떡볶이' 같은 제품 말이다. 불닭볶음면이 좋은 예다. 불닭볶음면은 평소에 맵부심이 있고 자극을 원하는 마니아들을 확실히 만족시키기로 했고, 그들만 자신들의 배에 태웠다. 그리고 신라면의 매운맛 정도만 즐길 수 있는 나 같은 머글은 과감히 버리고 갔다. 확실한 소수의 팬과 관심 없는 다수의 무리를 분명하게 구분한 전략으로 세계적으로도 큰 성공을 거두었다.

소수를 타깃으로 하는 방식의 장점을 알면서도 왜 사람들은 비슷한 실수를 되풀이할까? 만약 아이디어가 성공하지 못했을 때 회사 반응이 어떨지 생각해보면 금방 이해할 수 있을 것이다. '모두를 위한 떡볶이'가 실패하면 담당자 잘못이 아니다. 세상 탓이다. '대기업이 생산과 마케팅에 저렇게 돈을 쏟아붓는데 경쟁이 되겠어? 정말 최선을 다해서 만들었지만, 그것만으로는 안 통하는 거지'라며 안타까워할 뿐이다. 하지만 '맵부심이 있는 여중생이 쉬는 시간에 친구들과 먹을 수 있는 떡볶이'가 실패하면 고스란히 담당자 잘못이 된다.

"아휴, 내가 뭐랬어? 어쩐지 그 방향은 아닌 것 같더라니."

"담당자가 타깃을 잘못 짚었대. 그래서 그 팀 분위기 지금 장난 아니야. 어쩐지 불안하더라니."

이런 회사 분위기라면 담당자들은 알면서도 가짜 답을 선택하게 된다. 실무자로서는 가장 영리한 전략이니까. 하지만 우리는 진짜 답을 알고 있다. 우리가 하는 일은 소수의 확실한 팬들에게 사랑받는 곳에서 시작해야 유리하다. "단종하지 말아 주세요. 계속 구매할 테니 망하지 말아 주세요."라고 말하는 확실한 1,000명의 팬만 있으면 성공 가능성은 커진다. 나는 마케팅 거장인 세스 고딘이 《마케팅이다》에서 조언한 다음의 문장을 잘 보이는 곳에 적어두었고, 중요한 의사 결정을 할 때마다 되새기고 있다.

모든 사람을 대상으로 삼겠다는 오만에서 벗어나면 모든 일이 수월해진다. 당신의 일은 모두를 위한 것이 아니다. 당신의 여정에 동참하려는 사람들만을 위한 것이다.*

지금 새로운 제품이나 서비스, 제도의 아이디어를 고민하고 있다면 다음의 질문을 곰곰이 생각해보자.

이 아이디어는 정확히 '누구'를 돕는 것인가?

남을 구하라고 했더니
자기 자신을 구하는 사람들

'츠타야Tsutaya 병'이라고 혹시 들어보셨는지 모르겠다. 츠타야는 도쿄의 유명한 서점인데, 책 대신 문화와 라이프를 파는 비즈니스 모델로 유명하다. 이 공간을 기획한 마스다 무네아키는 《지적자본론》이라는 근사한 이름의 경영철학 책을 펴내기도 했다.

한때 많은 직장인의 꿈이 퇴사 후 카페였다면, 그다음 열풍은 츠타야 서점 같은 문화공간이었다. 그곳의 사장이 된 자신을 상상하면서 다들 설레는 표정을 지었다. 지적 자극이 있으면서도 문화와 예술, 비즈니스가 함께 어우러지는 보헤미안 삶의 상징이랄까.

김건우 미디어자몽 대표도 이런 판타지를 꿈꾸던 대표 주자 중 하나였는데, 츠타야 서점을 롤 모델로 삼은 '자몽서점'이 어떻게 망하

---

* 세스 고딘, 《마케팅이다》, 쌤앤파커스, 2019, p. 62

게 됐나를 브런치에서 솔직하게 공개한 바 있다.[*] 본인의 츠타야 병 투병기와 치유 간증을 단짠단짠하게 썼는데 아주 유쾌하면서도 배울 점이 많으니 읽어보길 추천한다.

일하는 사람은 현실 세계에서 누군가를 구해주는 대가로 경제적인 보상을 받는 사람들이다. 그런데 의외로 구할 누군가를 '자기 자신'으로 삼는 사람이 많다. 남을 구하라고 했더니 자신을 구하고 있는 셈이다. 이들은 제품이나 서비스를 기획할 때 자기가 하고 싶은 일, 취향을 기준으로 삼는다.

상대방(고객, 소속 회사)보다 자신의 취향이 우선인 사람들은 어떻게 일할까? 예를 들면, 직장인들이 많은 지역에서 치킨과 맥주를 전문으로 하는 가게를 운영하면서 자기 취향의 스타일리시한 디자인 의자를 갖다 놓는 식이다. 왜 그런 거 있지 않은가. 요즘 감성 카페에서 많이 보이는, 예쁘지만 불편한 의자들 말이다. 퇴근 후 동료나 지인들과 치맥하러 가는 가게의 의자가 30분만 앉아도 엉덩이가 배기고 허리가 아프다면 사람들은 두 번 다시 찾지 않을 것이다. 직장 동료와 상사의 뒷담화를 하면서 인스타용 감성 사진을 찍을 것도 아니니까.

또는 나무 컵을 전문적으로 생산하는 공방을 창업하겠다는 식이다. 만약 지인이 이런 공방을 차려서 예쁜 나무 컵을 선물한다면 고맙게 받긴 하겠지만, 나에게 판매하려고 하면 조심스레 물을 거다.

---

[*]   김건우 미디어자몽 CEO 브런치, "츠타야 병에 걸려 날아간 억대 손실, 깨우친 사업의 교훈",
      2019.10.29, https://brunch.co.kr/@zamong/62

"혹시 컵 말고 도마나 컵 받침 같은 다른 건 없어?"

나는 나무가 입에 닿는 느낌을 좋아하지 않는다. 그리고 나무 컵은 식기 세척기에 넣을 수가 없으니 불편하다. 도자기류보다 위생적이지 않을 것 같다는 선입견도 있다. 만약 지인이 컵밖에 없다고 한다면, 격려차 몇 개를 사서 물건 담는 통으로 쓸 것이다. 아마도 몇 달이 지나면 공방 폐업 소식을 듣게 되지 않을까.

나무 컵의 매력은 분명히 있지만, 도자기류 컵이 강세인 우리나라에서 사업을 이어갈 정도로 매출을 발생시키긴 쉽지 않다. 사랑받는 아이디어가 되려면 확실한 소수에게 인정받게 설계해야 한다고 말했지만, 시장이 작아 그 시장의 상위 판매자가 되더라도 매출이 초라하다면 사업 아이디어로는 적절하지 않을 것이다. 아무리 소수를 대상으로 하더라도 최소한의 숫자는 필요한 법이다. 세스 고딘이 '최소한의 확실한 누군가'라고 말한 것처럼.

자기가 좋아하는 일을 하는 건 전혀 문제가 없다. 그게 일하는 사람 대부분의 꿈이기도 하니까. 하지만 중요한 건 '상대방(고객, 소속 회사)이 원하는 방식'이어야 한다는 점이다. 그래야 좋아하는 일을 오래오래 할 수 있다. 나무 컵이 아무리 자기 취향이라고 하더라도 수요가 별로 없는 우리나라 상황에서는 '나무로 만든 공방 제품'과 '컵' 중에서 노선을 정하는 게 낫다. 나무 제품을 사랑하는 사람들의 눈을 번쩍 뜨이게 할 매력적인 물건들을 시리즈로 갖추든지, 아니면 컵 덕후들이 열광할 컵 전문 비즈니스를 하는 거다.

둘 중 하나로 노선을 정한 후 사람들을 모으고 꾸준히 사랑받다 보면 언젠가 나무 컵을 야심 차게 시리즈로 출시할 기회도 올 것이다. 그때는 이미 '나무'든 '컵'이든 둘 중 하나에 확실히 꽂힌 사람들을 배에 태운 상태이니 말이다.

일하는 우리는 '누군가'를 확실히 돕는 대신 경제적 대가를 받는 사람임을 잊지 말자. 남을 도우라고 했더니 자기 자신을 구하고 있으면 곤란하다.

"남의 요구와는 상관없이 내 취향이 가장 우선인 것,
우리는 그걸 예전부터 '취미'라고 부르기로 했거든요."

"사람들이 사랑하는 제품과 서비스는
자신을 '어떤 악당'으로부터
구해준 것들이다.

이 악당은 아토피, 낯가림, 길치, 인맥 부족,
가격, 좁은 공간, 시간 부족, 불친절, 지루함,
뒤처지는 느낌, 기다림, 평범함,
죄책감, 저질 체력 등 다양하다.

사람들은 자신을 구해줄 영웅을
지금도 간절히 기다리고 있다.
돈과 시간을 기꺼이 투자하겠다는 마음으로."

모든 문제가 아니라
작지만 확실하게 거슬리는 '그 문제'

범위를 줄이면 좋은 답이 나온다

큰 프로젝트일수록
범위를 좁게 잡아야 한다

'지구 환경에 이바지할 수 있는 프로젝트를 발굴하라. 기한은 일주일, 예산은 10억 원이다.'

우리에게 이런 과제가 떨어졌다고 생각해보자. 지구 환경이라니. 인류의 미래가 우리 어깨 위에 있는 듯한 착각이 들 정도의 어마어마한 과제다. 그런데 고작 10억 원으로 지구를 구해야 한다니 당황스러운 일이다. 어쨌든 우리는 항의를 곱게 접어두고, 지구 환경을 위한 근사한 아이디어를 고민해야 한다. 도대체 무슨 프로젝트를 해야 할까?

'흠. 우선 인식 개선이 필요하지. 지구 환경의 중요성을 깨달을 수 있도록 동영상과 스토리 카드를 만들자. 그리고 슬로건도 정해서 팔찌 같은 굿즈를 제작하고, 세계평화에 이바지하는 일곱 가지 키워드를 정해서 부문별로 가장 뛰어난 기관들을 후원하자.'

가장 전형적인 의식 흐름이다. 나쁘지 않은 아이디어지만, 태평양에 물 한 바가지 붓는 느낌이다. 어떤 영향력이 있는지를 가늠할 수가 없다. 동영상 조회 수와 '좋아요'로 지구 환경 기여도를 측정할 수도 없으니 말이다. 게다가 일곱 군데로 쪼개진 기관 후원금은 물 한 양동이에 소금 한 꼬집처럼 순식간에 녹아 없어질 것이다. 결국 우리에게 남는 건 지구 환경을 위해 무엇인가 했다는 위안과 사회공헌 관련 보도자료에서 활짝 웃고 있는 대표님 사진뿐이다.

주제가 넓고 큰 프로젝트일수록 오히려 범위를 좁게 잡는 게 유리하다. 우리가 해결할 수 있는 건 모든 문제가 아니라, 작지만 확실하게 거슬리는 '그 문제'이기 때문이다. 다음은 똑같은 주제를 가지고 범위를 좁혀서 아이디어를 찾아낸 경우다.

'지구 환경을 위한 게 뭐가 있지? 수백, 수천 가지가 있겠지. 그중에서 무엇을 선택할까? 나는 자연보호를 중점으로 삼겠어. 자연보호 하면 뭐가 떠오르지? 산림보호가 제일 먼저 떠오르네. 역시 어렸을 때 포스터 만들면서 받던 주입식 교육 때문인가.

어쨌든 산림을 망치는 가장 큰 게 뭘까? 산불이나 병충해지. 산불이나 전염성 병충해 때문에 나무들이 초토화되니까. 이걸 막으려면 어떻게 하지? 초기에 알 수 있으면 되지 않을까? 우리 회사가 센서 전문 기업이잖아. 산 곳곳에 센서를 부착해서 산불이나 전염성 병충해의 초기 신호를 감지하는 시스템을 만들면 어떨까?'

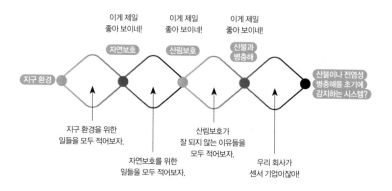

우리나라 대표적인 명산의 주요 봉우리 세 곳을 지정해서 시범 테스트를 해보기로 한다. 테스트 결과를 통해 보완을 거듭한다면 산림청이나 산이 많은 지자체 같은 국가 기관과 협업해서 국내 10대 명산으로 확대할 수 있을 것이다. 이런 곳들은 민간 기술과 협업해서 사회적 문제를 신선하게 해결하는 프로젝트에 무척 호의적이다. 정부 평가에서도 높은 점수를 받고 외부적으로 홍보하기도 좋은 사업이기 때문에 적극적으로 나올 가능성이 크다.

국가 예산을 기반으로 하면 프로젝트 규모가 훨씬 커진다. 여기까지 오면 이제부터는 탄탄대로다. 10대 명산을 제대로 해내고 나면 100대 명산으로 확대할 수 있고, 이 경험과 노하우를 기반으로 만든 제품과 서비스를 외국에 수출할 수도 있다. 외국 역시 산불과 병충해가 큰 고민거리인 곳이 많으니 말이다. 센서 전문 기업으로서는 엄청난 기회가 열리는 셈이다.

경영진이라면 '지구 환경'을 주제로 두 명의 담당자가 가져온 아이디어 중에서 어떤 것이 더 큰 프로젝트로 보이겠는가?

①첫 번째 담당자 : "지구 환경을 위해 인식 개선을 위한 홍보물과 굿즈를 잘 제작하고, 7대 기관을 선정해서 후원하겠다."

②두 번째 담당자 : "지구 환경을 위해 센서 기업인 우리가 가장 잘할 수 있는 걸 하겠다. 산불과 전염성 병충해의 초기 신호를 감지하는 시스템을 만들어서 재난을 막겠다. 일단 우리나라 대표 명산 한 곳부터 도전해보겠다. 하나만 제대로 성공해도 협업할 정부나 기업들을 찾을 수 있을 거다. 그리고 혹시 아는가. 우리의 솔루션과 도전이 전 세계 산림을 지켜줄 새로운 방식이 될지."

우리는 두 번째를 큰 프로젝트라고 부른다. 범위를 넓게 잡은 첫 번째는 오히려 자잘해졌고, '지구 환경을 위해 하겠다는 게 겨우 센서야?'라고 생각할 수 있는 프로젝트는 지구를 지킬 가능성이 더 커졌다. 더불어 회사를 먹여 살릴 새로운 비즈니스 모델이 될 수도 있으니 매력적인 아이디어다.

이제 '지구 환경'이라는 키워드를 우리가 흔히 만나는 디지털트랜스포메이션, 고객 경험, 콘텐츠 강화, 브랜드 이미지, 글로벌 생산성,

비용 절감 등으로 바꿔보자. 많은 실무자들이 '고객 만족을 위한 토털 솔루션 및 원스톱 서비스' 같은 아이디어를 들고 와서 경영진이 목덜미를 잡게 한다. '이노베이션'을 추구하겠다는 말도 마찬가지다. 그건 회사 홈페이지나 회의실 액자에 써넣을 슬로건이지 아이디어라고 부를 수 없다. 우리는 답을 찾아내야 하는 사람들이다. 그러니 막막하고 거대한 과제를 만나면 이런 질문을 해보자.

일하고 있는 회사 또는 업계에
작지만 확실하게 거슬리는 '그 문제'가 무엇인가?

범위가 넓으면 오히려 자잘해진다. 범위를 줄이면 거기에 기회가 있다.

범위를 좁히는 생각법: 개념화와 구조화

특정 대상으로 아이디어 범위를 좁히는 데에는 다양한 방식과 기법이 있다. 그중 도움이 될 만한 두 가지 생각법을 소개하려고 한다. 첫째는 개념화, 둘째는 구조화다.

개념화: '우리가 선택한 의미'로 목표 범위를 줄인다

개념화(conceptualization): 특정 용어를 사용할 때, 무엇을 의미하는지 구체적으로 정의하는 것

개념화는 넓은 목표 과제를 구체적이고 좁은 목표로 재정의하는 것을 의미한다. 예를 들어, '스마트한 업무 환경을 만들자'라는 과제를 해결해야 한다고 생각해보자. 어떤 아이디어가 있을까? 재택근무, 전자 결재, 회의 줄이기, 유연 근무제, 메신저 보고, 출장 대신 원격 회의 등이 순서대로 떠오른다. 하나같이 뻔하고 평범하다.

범위가 넓으면 창의적인 아이디어가 나올 것 같지만, 의외로 가장 진부하고 낡은 아이디어가 나오기 쉽다. 좁혀보자. 우리 부서 또는 회사가 가진 '작지만 확실하게 거슬리는 그 문제'에 집중해서 '스마트한 업무 환경'이라는 의미를 우리에게 맞춰 줄여보는 거다.

예를 들어 사업부가 여러 장소에 흩어져 있다 보니 업무 혼선이 많은 게 고민인 회사라면, '어떻게 하면 우리 조직이 서로 다른 장소에서 일하면서도 한 팀으로 일하는 시스템을 만들지?'라는 식으로 '스마트한 업무 환경' 과제를 개념화하는 것이다. 또는 문의 메일이 너무 많다 보니 정작 중요한 일을 하지 못해 고민인 부서라면, '어떻게 하면 하루에 100개씩 받는 문의 연락을 20통 이내로 줄이지?' 같은 방식으로 범위를 좁힌다.

- 과제: 스마트한 업무 환경을 만들자
  - ▶ 후보 1: 어떻게 하면 우리 조직이 서로 다른 장소에서 일하면서도 한 팀으로 일하는 시스템을 만들지?
  - ▶ 후보 2: 어떻게 하면 하루에 100개씩 받는 문의 연락을 20통 이내로 줄이지?

처음에 '스마트한 업무 환경을 만들자'에서 무작정 시작했을 때보다 훨씬 좋은 아이디어를 떠올릴 수 있게 된다. 그럼, 이 개념화를 적용해서 P사의 문제를 해결해보자.

- 한국형 이케아를 표방하는 P사: 가구 조립이 어렵다는 고객 불만을 어떻게 해결하지?

한국형 이케아를 표방하는 P사(가상의 회사다)는 가구와 소품들의 DIY 제품으로 시장에서 큰 호응을 불러일으켰다. 그런데 최근 P사 고객센터에 불만 접수율이 큰 폭으로 늘어나고 있다. 하나같이 조립이 어렵다는 불만을 토로한다. 송파구 김모 씨(42세)는 제품을 조립하는 데 7시간이 걸렸으며, 심지어 부품 하나를 잘못 연결해서 기울어진 옷장을 쓰고 있다며 분통을 터트렸다. 안양시 최모 씨(57세)는 설명서를 아무리 읽어봐도 무슨 소리인지 알 수가 없어서 옆집 청년의 도움을 받아 간신히 조립했다며 한숨을 쉬었다. 인도네시아 출신인 유학생 모하마드(18세) 씨는 한국어 위주로 되어 있는 설명서 때문에 번역기를 돌려 겨우 해결했다는 불만을 제기했다.

P 회사의 문제는 고객이 제품 조립을 어려워한다는 것이다. 그래서 많은 사람들이 '어떻게 하면 고객이 제품을 쉽게 잘 조립할 수 있을까' 같은 목표 과제를 선정한 후 고민하기 시작한다. 그런데 유사한 브레인스토밍 회의를 진행해본 사람은 알 것이다. 좋은 아이디어가 잘 나오지 않는다. 몇 시간 동안 회의해서 의견을 취합해보아도 마찬가지다. 왜 그럴까? '쉽게 잘 조립한다'는 목표는 범위가 너무 넓어서 목적지를 또렷하게 파악할 수 없기 때문이다. 목적지를 제대로 모르는 상황에서 좋은 교통편을 찾을 수는 없다.

이럴 때 개념화로 범위를 줄여보자. 쉽게 잘 조립한다는 것의 구체적 의미를 정하는 것이다. 예를 들어, 시간이 적게 드는 것 또는 조립 단계가 많지 않은 것 등을 떠올릴 수 있다. 그렇다면 다음과 같이 좁힌 목표 범위를 선정할 수 있을 것이다.

- 과제: 고객이 우리 제품을 더 쉽게 조립할 수 있게 하자
  - ▶ 후보 1: 어떻게 하면 조립 경험이 별로 없거나 한국어가 익숙하지 않아도 누구나 '1시간 내'에 조립할 수 있을까?
  - ▶ 후보 2: 어떻게 하면 모든 조립 단계를 '5개 이내'로 줄일 수 있을까?

여기서 시작하면 훨씬 더 좋은 아이디어를 생각해낼 수 있다. 참고로 이 질문을 했을 때 '어떻게 하면 영상으로 설명서를 만들 수 있

을까?'라는 답변이 많았는데, 그건 개념화보다는 구체적인 실천 방안이다. 쉽게 잘 조립한다는 의미를 구체적으로 정의하는 게 개념화다. 실천 방법을 제안하는 건 개념화 이후 단계다.

구조화: 전체를 잘 나누어서 집중할 범위를 정한다

> 구조화(structuration): 부분적 요소나 내용이
> 서로 관련되어 통일된 조직이 만들어지는 것

구조화는 인문학부터 공학까지 다양하게 쓰이는 용어이지만, 나는 '전체를 잘 쪼개는 것'의 의미로 즐겨 사용하고 있다. 구조화는 넓은 범위의 과제를 좁히는 데 매우 효과적이다. 전체 덩어리를 잘 나누다 보면 우리가 집중할 '바로 그 문제'를 찾아낼 수 있기 때문이다.

문제를 잘 쪼개다 보면 우리가 집중할 답을 찾을 수 있다.

덩어리를 나누는 방법에는 크게 두 가지가 있다. 전체를 요소factor로 나누거나, 아니면 시간process으로 나누면 된다.

첫째, 전체를 요소로 나누면서 답을 찾아나갈 수 있다. 가장 흥미로운 요소가 나올 때까지 쪼개다가 "유레카!"라고 외치고 싶은 시점이 오면 집중해서 고민해보는 방식이다. 앞에서 언급한 '지구 환경을

위한 프로젝트' 사례가 대표적이다. '지구 환경→자연보호→산림보호→산불과 병충해로부터 보호'는 즉흥적으로 나온 게 아니다. 단계별로 수십 개의 후보군을 떠올려보고 그중에서 가장 괜찮아 보이는 요소를 고르면서 좁혀가는 방식을 통해 나온 아이디어였다.

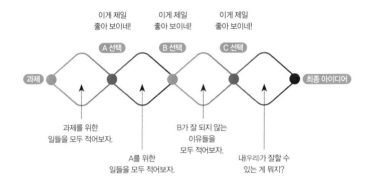

둘째, 전체를 프로세스, 즉 시간 순서대로 쪼개는 것도 좋은 방법이 된다. '고객 경험을 개선하려면 어떻게 해야 할까?', '제작 과정을 디지털화하려면 어떻게 하지?' 같은 과제를 요소로 쪼개려 하다 보면 처음에는 막막할 수 있다. 그럴 때는 전체 과정을 처음부터 끝까지 시간 순서대로 써본 후 단계별로 들여다보는 방식을 쓰면 된다.

다음은 강의 때 즐겨 사용했던 예시다. 우리가 CEO 직속 신산업 발굴 T/F에 소속되어서 새로운 사업 아이디어를 짜내야 하는 상황이라고 생각해보자.

집밥 관련 비즈니스를 해본다면?

어디서부터 시작해야 할지 막막할 것이다. 이럴 때는 시간으로 전체 과정을 잘 나누면 된다. 고객이 집밥을 먹는 전체 과정을 순서대로 써보자. '메뉴를 정한다 → 재료를 구매한다 → 재료를 손질한다 → 요리한다 → 설거지한다'의 과정이 있을 수 있겠다(얼마든지 다른 방식으로 나눠도 된다). 그리고 단계별로 주요 행동, 감정 그래프, 경험 등을 써본다.

- 재료를 구매할 때 사람들은 주로 어떤 행동을 할까?
- 재료를 구매할 때 느끼는 '바로 그 문제'는 무엇일까?
- '바로 그 문제'를 해결하는 아이디어는 무엇일까?

참고할 수 있도록 다음 페이지에 전체 표를 실어놓았다. 디자인씽킹을 배운 독자라면 눈치채실 텐데, 고객 여정 지도Customer Journey Map를 간소화한 형태다. 집밥 비즈니스 관련 아이디어를 떠올리기는 어려워도, 재료를 구매할 때 곤란한 상황은 좀 더 쉽게 떠올릴 수 있다. 생각해야 하는 범위가 줄어들었기 때문이다. 고객 여정 지도를 만든 후 이 중에서 가장 흥미롭고 중요해 보이는 걸 하나 건져내 생각을 확장하면 된다.

Journey (단계)	메뉴를 정한다	재료를 구매한다	재료를 손질한다	요리한다	설거지한다
Doing (주요 행동)	• 먹고 싶은 요리 고민 • 냉장고 재료 탐색 • 요리 레시피 검색	• 오프라인 구매 • 당일 배송 구매 • 새벽 배송/택배 구매	• 씻기 • 자르기 및 다듬기 • 여분은 냉장고에 보관	• 생선이나 익히는 등 조리 • 그릇 세팅 등 식사 준비	• 조리도구 씻기 • 먹은 그릇 씻기 • 음식물 쓰레기 버리기
Feeling (감정 그래프) 😣 🙂					
Experience (경험)	• 매일 뭐 먹을지가 고민 • 재료가 꼭 필요한 개 부족 • 냉장고에 먹을 게 없음 • 레시피 설명이 어려움	• 음퍼 1개만 필요한데 비싸 고 배송비도 듦 • 마트 나가기도 귀찮음 • 택배와 함께 쓰레기가 늘 어나니 스트레스임	• 칼질이 서툴러서 자르기 외 다듬기에 시간이 오래 걸림 • 도마 등 조리도구 많이 쓰 는 게 쉽잖(설거지)	• 생선구이나 삼겹살이라도 먹는 날에는 냄새가 심함 • 다양한 향신료, 소스 대부 분을 다 못 먹음	• 결과물은 한 그릇인데 설거 지가 산더미
Opportunity (연관된 아이디어)	• 급식처럼 매일 저녁밥을 배달해주면? • 냉장고를 분석해서 오늘 요리를 정해주면?	• 매주의 식재료를 정기적 으로 배송해주면? • 음퍼도 1시간 안에 배달해 주면?	• 손질이 이미 되어서 항구기 만 하면 되는 재료 전문점 은 없나?	• 생선구이와 삼겹살의 연 기를 막아주는 가전? • 미니 소스 패키지, 캡슐형 향신료?	• 30분 안에 끝나는 1인 가구 용 식기세척기?

개인적인 바람으로는 매일 식사를 배달해주는 서비스가 꼭 나오기를 바란다. 아무래도 환갑이 넘으면 매끼를 꼬박꼬박 차려 먹는 게 좀 귀찮아지지 않을까? 한 끼 정도는 누가 차려주면 좋을 것 같다. 그리고 부모님이 80세가 넘으면 꼭 신청해드리고 싶다. 유사한 서비스들이 있긴 하지만, 아직 '이거다!' 싶은 건 보지 못했다.

이 글을 읽는 분 중에 훌륭한 인재들이 많을 테니 언젠가 이런 멋진 서비스를 꼭 만들어주시길. 가끔 싫어하는 반찬이 나와도 '망하지 말아 주세요'라는 마음으로 피드백에 늘 '좋아요'를 누르고 정기결제도 착실히 하겠다.

"우리가 해결할 수 있는 건
모든 문제가 아니다.
작지만 확실하게 거슬리는 '그 문제'다.

거대하고 막막한 문제일수록
범위를 줄여서 '그 문제'를 찾아야
좋은 아이디어가 나온다.

범위를 줄이는 대표적인 방법이 있다.
개념화로 목표 범위를 줄이거나.
구조화로 잘 쪼개서 살펴보거나."

멋진 아이디어는
로그라인부터 다르다

한 문장으로 표현하는 단순함

로그라인:
간결하고 임팩트 있는 메시지

이야기의 핵심을 짧은 문장으로 전달하는 것을 '로그라인'이라고 한다. 감독이나 시나리오 작가가 이야기를 설명하기 위해 사용하는 방법인데, 투자자들은 45초가량 되는 로그라인을 듣고 이야기를 더 들어볼지, 아니면 자리에서 일어날지를 빠르게 결정한다고 한다. 로그라인에는 핵심 내용을 충실히 담으면서도 상대방의 흥미를 훅 끌만한 매력적인 요소가 적절히 들어가 있어야 한다.

> **로그라인(logline):**
>
> 이야기의 핵심을 짧은 문장으로 요약한 줄거리

로그라인은 제작사에서 공식적으로 발표하는 게 아니므로 정확히 알 수는 없지만 메인 줄거리와 마케팅 문구 등을 통해 짐작해볼 수 있다. 다음은 우리에게 친숙한 이야기들의 로그라인 예다.

- 〈라이온 킹〉: 셰익스피어《햄릿》의 사자 버전. 어린 사자는 비열한 숙부의 계략에 속아 아버지의 죽음을 겪고 도망치지만, 숙부 세력을 처치하고 진정한 왕으로서의 자신을 되찾기 위해 일생일대의 모험을 시작한다.

- 〈벤자민 버튼의 시간은 거꾸로 간다〉: 노인으로 태어나서 아기로 죽는 운명을 타고난 남자 주인공이 60대 노인의 모습으로 열두 살에 만난 동갑내기 첫사랑과 엇갈린 시간을 이어가며 사랑하는 이야기.

- 〈어벤져스〉: 독자적으로 활동하던 개성 강한 마블의 히어로들을 한자리에 모이게 하면 어떤 일이 벌어질까? 히어로들이 연합하여 인류를 위협으로부터 지켜내는 새로운 세계관의 이야기.

어떤 이야기인지 궁금해서 더 들어보고 싶은 마음이 뭉게뭉게 올라온다면 로그라인으로서 충분한 역할을 한 셈이다.

좋은 아이디어의 요소:
흥미로운 로그라인

우리가 사랑하는 제품이나 서비스 역시 흥미로운 로그라인을 가지고 있다. '당신을 위해 이런 일을 할 것이다'라는 메시지가 분명한데, 좋은 아이디어를 내더라도 메시지가 뚜렷하지 않으면 힘이 없어지기 때문이다. 영화나 드라마의 로그라인을 듣는 투자자들은 45초 만에 1차 판단을 끝낸다는데, 우리의 고객들은 더 매정하다. 15초(TV 광고) 또는 5초(유튜브 광고 및 배너) 수준에 불과하니까 말이다. 짧게 지켜보고, 이내 관심을 꺼버린다. 메시지의 홍수 속에서 살다 보니 명쾌한 걸 좋아하게 됐다.

사례: '열만 잘 관리해도 됩니다' 모바일닥터 〈열나요〉 앱
〈열나요〉는 모바일닥터라는 스타트업이 출시한 앱이다. 2015년 10월 처음 서비스를 시작한 이후 부모들에게 입소문이 나면서 다운로드 수 170만에 육박하는 성공을 거뒀다. 6개월 고객유지비율retention 이 52%라고 하니 고객 충성도가 유난히 높은 앱이라는 걸 알 수 있다. 고객들이 나서서 '제발 광고도 붙이고 수익 모델을 찾아라. 우리가 기꺼이 광고도 보고, 돈도 내겠다'라고 말했다는 게 과장이 아닌 듯하다. 도대체 얼마나 대단한 기능이 있는 앱이길래 부모들이 "없어지면 안 돼요. 망하지 말아 주세요"라고 얘기하는 것일까.

〈열나요〉 앱을 확인해보면 기능이 아주 간단하다. 아이가 열이 날 때 시간대별로 열이 몇 도인지 재서 기록하면 해열제를 먹여야 하는지 안 먹여도 되는지, 먹인다면 얼마나 먹여야 하는지 또는 다른 조치가 필요한지를 직관적으로 알려준다.

사진: 모바일닥터 〈열나요〉 공식 앱 소개서

이 서비스가 '확실히 도와주기로 한 누군가'는 어린 자녀를 둔 부모다. 그리고 모든 문제가 아니라 작지만 확실하게 거슬리는 '그 문제'는 이것이다.

---

*   동아비즈니스리뷰(DBR), "'아이 아플 때 꼭 필요…없어지면 안 돼요' 고객들이 수익 걱정해주는 듬직한 앱", 2018년 10월 2호

아이들은 초등학교에 가기 전까지 이유 없이 자주 열이 나고 아프
다. 심지어 어금니가 나는 일로 며칠 동안 열이 나기도 한다(이 때문에
초보 부모들은 어금니가 총 8개라는 사실을 뼈아프게 알게 된다고 들었다). 초보
부모들은 특히 밤중에 아이가 열이 나면 당황할 수밖에 없다.

'해열제를 먹여야 하나? 얼마나? 아까 먹였는데 또 먹여도 되나?
옷을 벗겨야 하나? 벌벌 떠는데 옷을 더 입혀서 따뜻하게 해줘야 하
나? 응급실에 가야 하나?'

그야말로 허둥지둥하게 된다. 검색을 해봐도 누구는 따뜻하게 해
주라고 하고, 누구는 옷을 벗겨서 시원하게 해주라고 하는 등 메시지
가 제각각이라 혼란스럽기만 하다. 부모들은 축 늘어지는 아이를 보
며 안절부절못하다가 불안한 마음에 응급실로 뛰어간다. 하지만 응
급실에 가도 별다른 조치가 없다. 폐렴이나 패혈증 같은 심각한 원인
이 아니라면 수액이나 해열제를 처방하는 정도가 전부다. 덧붙여 부
모에게 아이 몸을 물수건으로 자주 닦아주라고 할 뿐이다.

부모는 괜히 왔다며 후회한다. 해열제를 먹이고 몸을 물수건으로
부지런히 닦아주는 일이라면 집에서도 충분히 할 수 있으니 말이다.
심지어 병원에 온 탓에 아이의 컨디션은 더 나빠진다. 응급실의 낯선
환경과 의무적으로 거쳐야 하는 채혈, 엑스레이 검사 등 때문에 예민
해져 잠도 자지 못하기 때문이다.

의사 출신이기도 한 모바일닥터 신재원 대표의 말에 따르면, 한밤

중에 응급실에 오는 아이의 80%는 굳이 올 필요가 없는데 불안한 마음에 오는 경우라고 한다. 그는 집에서 열 관리만 잘해도 많은 문제를 해결할 수 있다고 판단했다. 하지만 부모들은 아이가 아플 때 혼란스러운 상태이고, 해열제를 언제 얼마만큼 먹여야 하는지도 정확히 모르는 경우가 많다. 그래서 앱을 통해 아이의 발열 상태를 기록하고, 지시에 따라 관리를 할 수 있도록 돕는 서비스를 출시했다.

> ▸ '누구'를 대상으로?: 어린 자녀를 둔 부모
> ▸ '그 문제'는 무엇?: 아이가 열이 나고 아플 때 어떻게 해야 하나요?
> ▸ 해결 방안: 열 관리만 잘해도 됩니다.

문제를 올바르게 정의했더라도 메시지를 명확하게 다듬는 건 다른 과제다. 이런 서비스를 가진 곳이라면 부모들에게 어떤 메시지로 다가가야 할까? 지금까지 길게 설명한 내용을 광고로 전했을 때 차분하게 들어줄 사람은 거의 없을 거다. 그래서 회사는 간결한 로그라인으로 메시지를 다듬었다.

"병원이 문 닫은 밤중에 아이가 열이 났을 때,
어떻게 열을 관리하는지 전문가들이 실시간으로 알려드립니다."

아이가 갑자기 아픈 상황도, 응급실에서 고생하는 상황도 양육자에게는 고통스러운 경험이다. 게다가 아이는 생각보다 꽤 자주 아프고, 반복해서 열이 난다. 그때 이렇게 말하는 서비스가 있다면 부모들의 눈이 번쩍 뜨이지 않을까. 그리고 자기를 구해줄 이 아이디어에 기꺼이 올라탈 것이다.

고민은 깊고 자세하게, 메시지는 로그라인으로 간결하게

다음의 로그라인을 보고 어떤 서비스인지 짐작해보기 바란다.

10분 조리만으로도 집에서 근사한 요리를 즐기실 수 있도록
깨끗하게 손질된 재료, 양념, 조리법을 박스에 담아 보내드립니다.

로그라인을 듣고 바로 눈치채셨으리라고 생각한다. 코로나19 이후 폭발적인 성장을 보인 밀키트다. 사람들은 저렴한 걸 좋아하지만 싸구려로 살고 싶어 하진 않는다. 짧은 조리 시간을 좋아하지만 몸에 나쁜 건 원하지 않는다. 이 복잡하고 미묘한 심리를 정확하게 읽은 게 밀키트였다. 대충 때우는 식사 대신에 홈파티나 식당에서 볼 수 있는 정성스러운 요리를 집에서 먹도록 해줬으니 말이다. 그것도 식당 가격의 70% 정도에.

책을 읽고 싶지만 바빠서 쉽지 않으신가요?
귀로 듣기만 해도 독서가 되도록 읽어드립니다.

200만이 다운로드했다는 오디오북 플랫폼 〈윌라〉 서비스의 로그라인이다. '시간 낼 필요 없이 틈틈이 듣기만 하면 독서가 된다'라는 광고 문구로 이 로그라인을 전면에 내세웠다. 책을 읽고 싶지만, 그리고 매년 새해 계획에 책 100권 읽기를 집어넣지만 실제로는 실천하지 못하는 사람들을 대상으로 했다. 그리고 그들에게 라디오나 음악을 듣듯이 무심코 듣기만 해도 독서를 완성할 수 있다는 메시지를 달콤하게 전달한다.

〈윌라〉가 명쾌하고 단순한 로그라인을 가지고 깃발을 흔들자 콘텐츠를 듣는 방식이 친숙한 사람들, 독서를 하고 싶지만 마음처럼 잘 되지 않던 사람들이 웅성웅성 몰려들었다. 만약 전면에 내세우는 로그라인이 다음과 같이 복잡하고 어수선했다면 어땠을까?

"여러분, 저희가 끝내주는 독서 앱을 만들었어요. 오디오북 전문입니다. 책을 귀로 들으시면 되는 거예요. 깔끔하고 세련된 방식으로 디자인했습니다. 도서 보유량도 무척 많아서 유행하는 책들을 얼마든지 들으실 수가 있어요. 종이책이 비싸죠? 저희는 훨씬 저렴하게 읽으실 수 있도록 도와드려요. 한 달 무료 이용권도 드립니다!"

핵심 강점이 오디오북인지 사용성이 좋은 앱인지, 도서 보유량인지, 저렴한 가격인지 헷갈린다. 사람들은, 특히 고객들은 헷갈리면 주의해서 들여다보는 대신 그냥 관심을 꺼버린다. 어떻게 해야 할지 혼란스러우면 아무것도 안 하게 되어 있다.

"에이, 누가 저렇게 어수선하게 말하나요"라고 할지 모르지만, 뭐하는 회사냐고 물어보면 '고객을 위한 최적 솔루션'을 '첨단 테크놀

로지' 방식을 통해 '가장 합리적인 가격'에 '원스톱'으로 제공한다는 회사가 널렸다.

로그라인을 직접 작성해서
메시지를 다듬어보자

이제 우리도 적용해볼 차례다. 지금 구상 중인 아이디어, 맡고 있는 주력 제품과 서비스의 로그라인을 적어보자. 로그라인은 단순 요약이 아니므로 핵심 역량과 끌리는 요소를 같이 써줘야 한다는 점을 다시 한번 기억해달라.

〈열나요〉 앱

- 열 관리를 도와주는 헬스케어 앱 → ×
- 병원이 문 닫은 밤중에 아이가 열이 났을 때, 열을 어떻게 관리하면 되는지 전문가들이 실시간으로 알려드립니다. → ○

항목	답변
'누구'를 대상으로?	어린 자녀를 둔 부모
'그 문제'는 무엇?	아이가 열이 나고 아플 때 어떻게 해야 하나요?
해결 방안	열 관리만 잘해도 됩니다.
로그라인	병원이 문 닫은 밤중에 아이가 열이 났을 때, 열을 어떻게 관리하면 되는지 전문가들이 실시간으로 알려드립니다.

우리가 맡고 있는 제품과 서비스의 로그라인을 적어보자. 이 항목을 작성하다 보면 아직 로그라인조차 혼란스러운 상태라는 사실을 깨달을지도 모르겠다. 훌륭하다. 방금 아주 좋은 출발을 한 셈이다. 나중에 아이디어를 실컷 진행하고 나서 "무슨 소리인지 잘 모르겠네요. 그래서 정확히 뭘 하겠다는 거예요?", "아니, 그래서 한마디로 어떤 제품(서비스)이라는 건가요?"라는 상사, 클라이언트, 투자자의 질문을 받고 당황하는 편보다 백배 낫다.

"이야기의 핵심을 짧은 문장으로
전달하는 것을 '로그라인'이라고 한다.
우리가 사랑하는 제품이나 서비스는
흥미로운 로그라인을 가지고 있다.
'당신을 위해 이런 일을 할 것이다'라는
메시지가 분명하다.

지금 구상 중인 아이디어,
맡고 있는 주력 제품과 서비스의
로그라인을 적어보자.
어떤 이야기인지 궁금해서
더 들어보고 싶은 마음이
뭉게뭉게 올라오는가?"

모호한 과제에서
구체적인 프로젝트를 찾아내는 법

신체적 약자를 위한 프로젝트

신체적 약자를 위한
프로젝트를 찾아내라고?

리더에게 이런 이야기를 들었다고 해보자.

"경영진(또는 클라이언트)으로부터 '신체적 약자를 위한 사업'을 기획하라는 요청이 왔습니다. 일차적으로는 사회공헌 개념이지만 기업 이미지도 끌어올리고, 단발성 수혜 사업이 아니라 미래 경쟁력을 홍보하고 확보하는 데에도 도움이 됐으면 좋겠다는 의견이었어요."

… 갑자기? 신체적 약자?

우리가 아이디어 자판기도 아니고 난데없이 신체적 약자를 위한 아이디어를 어디서 찾아내냔 말이다. 게다가 단순히 사회공헌 개념이면 안 된다고 한다. 이건 또 무슨 까탈스러운 소리람.

이처럼 모호하고 넓은 과제를 해내야 하는 순간은 생각보다 자주 온다. 리더급은 자주 겪을 것이고, 실무자 역시 피할 수 없다. 특히 의사 결정이 빠르게 이뤄지는 IT 분야나 스타트업에서 일하는 실무자라면 더욱 그럴 것이다. 우리의 정신 건강을 해치는 난해하고 막막한 과제를 만났을 때 어디서부터 답을 찾아가야 할까?

'신체적 약자'를 위한 아이디어를 내라고 하면 복지형 아이디어를 떠올리는 사람이 많다. 지팡이, 보청기 같은 물품을 나눠주거나 거주 공간 개선, 학습 도우미, 생활 보조 등의 아이디어를 떠올린다. 그게 미래 경쟁력과 무슨 상관이 있는지를 물어보면 멈칫하다가 "그럼, 스마트 지팡이?"라고 덧붙인다. '스마트'라는 단어가 무슨 만병통치약도 아닌데 말이다('AI 지팡이'라고 말하는 사람도 곧 나오겠지).

까다로운 과제를 만났을 때 나는 어떻게 아이디어를 빌드업해나가는지 보여주려고 한다. 훨씬 잘하는 분들이 많을 터라 얼굴이 화끈거리지만, 다들 비슷한 마음인지 구체적으로 말해주는 사람이 거의 없길래 용기를 낸다. 부디 정석이 아닌 레퍼런스로 봐주시길.

Step 1: 과제 목표를 명확하게 하기

중요한 키워드는 3개다.

- 신체적 약자
- 사회공헌으로 기업 이미지 향상

- 미래 경쟁력 홍보 및 확보

즉, 일방적인 퍼주기 사업은 모두 탈락이다. 물품 나눠주기 같은
방식은 일단 다 제외해야 한다는 뜻이다. 기업 이미지를 향상시키는
홍보성 결과가 필요하다면 왼손이 하는 일을 오른손이 모르게 하는
방식은 곤란하다. 어떻게든 남들의 눈에 띄는 모습이어야 할 것이다.
그리고 '미래 경쟁력 홍보 및 확보'라는 요청이 있으니 소속 회사(또
는 클라이언트)가 지향하는 미래 방향 3~4개를 적어둔다.

Step 2: 대상을 구체화하기
'신체적 약자'란 누구를 말하는 것일까?

- 아이, 노인, 장애인, 임산부

지하철의 노약자석을 생각하면서 대상을 잡았다. 아, 노약자석 안
내 그림을 보면 다리가 부러진 사람도 있더라. 환자를 추가하자.

- 아이, 노인, 장애인, 임산부, 환자

5개의 키워드를 어떻게 묶어볼까 고민한다. 뚫어지게 쳐다봤더니
'기간'으로 나눌 수 있을 것 같다. 신체적 약자가 되는 기간을 기준으
로 하면 환자와 임산부는 단기, 아이와 노인은 중기, 선천적 장애인

은 장기다. 이 기준으로 그룹을 만들어본다.

구분된 그룹을 바라보고 있자니 의외의 신체적 약자가 떠오른다. 누구보다 건강하지만 직업상 위험의 최전선에 있는 사람들도 신체적으로 취약한 사람들이 아닐까. 화재를 진압하는 소방관, 위험 속에 뛰어드는 구조 요원 등도 포함되어야 할 것 같다.

- 단기: 임산부, 환자, 소방관, 구조 요원 등
- 중기: 어린이, 노인
- 장기: 선천적 장애인

일단 여기까지 하고 다음 단계로 넘어간다. 나중에 더 좋은 아이디어가 생각나면 더 적기로 한다.

Step 3: '누구'를 정한 후 확실한 '그 문제'를 찾아나가기

앞서 배운 구조화를 사용해보자. 신체적 약자 중에서 '누구'를 어떤 대상으로 할까 고민하다가 '환자'로 정했다. 소방관도 잠시 고민했지만, 환자의 숫자가 훨씬 많고 나의 입원 경험도 있으니 더 잘 떠올릴 수 있을 것 같아서다. 원래는 대상별로 다 고민해보는 게 맞지만, 나는 일단 하나를 해보고 다음 대상을 고르는 편이다.

- '누구'를 대상으로?: 환자

대상자의 '그 문제'를 찾기 위해 리서치를 시작한다. 직접 인터뷰를 해보면 좋겠지만 쉽지 않다면 다큐멘터리나 언론 인터뷰들을 꼼꼼하게 살펴본다. 병원에 가서 몇 시간 동안 관찰하며 돌아다니기도 해본다. 그랬더니 '병원비, 병간호, 이동, 화장실, 머리 감기와 목욕, 통증, 불안감, 외로움, 학습 소외, 가족 갈등, 경력 단절 등' 다양한 키워드가 나왔다.

범위가 너무 넓다 보니 엄두가 나지 않아서 줄이기로 한다. '병원에 입원한 환자'로 정하고, 그중에서도 '거동이 불편한'이라는 조건을 추가했다. 그랬더니 과제가 다음과 같이 좁혀졌다.

병원에 입원한 거동 불편한 환자가 경험하는 불편함이 무엇일까?

아직도 너무 넓다. 더 좁혀보자. 지금까지는 요소로 쪼개는 방식으로 구조화를 했으니, 이제 시간으로 나누어보겠다(물론 '불편함'의 유형별로 요소를 나누어도 상관없다). 나는 병원을 선택해서 이동하는 과정부터 퇴원 후 경과 관리까지 다섯 단계로 나누어봤다. 그리고 단계별로 주요 행동, 환자가 느끼는 감정, 경험을 적은 후 연관된 아이디어를 마구잡이로 떠올려봤다.

그랬더니 우후죽순 아이디어들이 나왔다(82쪽 참고. 이미 존재하는 서비스들도 있겠지만, 지금은 예로 보여드리는 상황이니 너그럽게 넘어가 달라).

• 의료진 출신의 전문가가 1시간 이상 자세히 설명해주는 의료상담

Journey (단계)	병원 선택	입원 이동/수속	병원생활	퇴원	경과 관찰
Doing (주요 행동)	증상, 거리, 의료진, 시설 등을 고려하여 병원 선택	• 혼자 또는 동행인과 함께 병원으로 이동 • 입원물품 준비	• 수술·투약 등 치료 • 씻고, 먹고, 자는 등의 생활 일반	• 병원비 납부 • 가져온 물품 및 처방약을 가지고 집으로 이동	• 퇴원 시 지시에 따라 경과 관찰 및 약 복용 • 외래로 의료진 상담
Feeling (감정 그래프) ☺ ☹					
Experience (경험)	맞는 병원, 치료 기간, 비용, 치료 방식 등의 정보 없이 결정해야 함 (일단 진료받고 오는 검사 후 좁은 선정)	• 몸이 불편할 경우 혼자의 경우 수속하기가 너무 힘듦 (내가 드는 부모님 표현) • 입원을 위한 짐이 한가득 이라 번거로움	• 호출기기가 불편하면(또는 영유아 자녀가 환자이면) 다른 사람 도움 없이 몸같이 나 비품을 얻기 힘듦. 화장실 이용도 불편함	보험이 있어도 일단 병원 비는 모두 환자가 내고 나중에 청구하는 시스템. 비용이 놀랄 경우 신용대출 받는 경우도 다수	• 다음 외래 전까지 물어볼 수가 없음 • 혼자 자는 사람은 식사 챙기는 것도 큰 문제임
Opportunity (연관된 아이디어)	의료진 출신의 전문가까지 간 이상 자세히 설명해주는 의료상담 전문 서비스가 있다면?	• 자택에서부터 병원 동행 및 수속 서비스? • 입원용품 패키지 판매 및 대여 서비스?	• 자동으로 물건을 배달해 주는 서비스? • 가저가기보다 나은 기술적 대안은 없나?	보험사에서 먼저 병원비를 지불하고, 고객(환자)에게 지역을 청구하는 서비스?	• 퇴원 환자 대상의 경과 진행 상담 플랫폼? • 환자용 식사 배달 서비스

전문 서비스가 있다면?(성형외과의 상담 실장님처럼)

- 자택에서 병원까지 동행하고 수속까지 대신 해주는 서비스는?

- 입원 용품 패키지 판매 및 대여 서비스는?

- 자동으로 병실에 물건을 배달해주는 서비스는?

- 기저귀보다 나은 기술적 대안은 없나?

- 보험사에서 먼저 병원비를 지급하고, 고객(환자)에게 차액을 청구하는 서비스는?

- 퇴원 환자에게 경과를 상담해주는 플랫폼은?

- 퇴원 환자용 식사 배달 서비스는?

이 중에서 더 깊게 들여다볼 만한 좋은 아이디어는 무엇일까? 이 질문은 10만 원 한도에서 가장 좋은 맛집을 추천해달라는 말과 같은 맥락이다. 우리는 이런 말을 들으면 "누가 갈 건데요?"라고 물어볼 것이다. 좋은 맛집이란 사람에 따라 달라지기 때문이다. 마찬가지로 좋은 아이디어 역시 소속된 기업이 어떤 곳인지에 따라 달라진다. 'Step 1: 과제 목표를 명확하게 하기' 단계를 다시 한번 떠올리자.

- 신체적 약자
- 사회공헌으로 기업 이미지 향상
- 미래 경쟁력 홍보 및 확보

회사의 미래 사업 방향과 연관된 아이디어를 찾으라는 요청이 분명히 있었다. 그러니 플랫폼 회사라면 의료상담 서비스 또는 환자용 식사 배달 서비스가, 금융 회사라면 사전 보험 정산 서비스가, 소매 업 회사라면 입원 패키지 아이디어가 좋은 아이디어가 될 것이다.

우리가 속한 회사(또는 요청한 클라이언트)가 자율주행 관련 기업이라 고 가정한다면, 2단계 병원 이동 또는 3단계 물품 자동 배달 서비스 중 하나를 고를 차례다. 개인적인 선호도에 따라 물품 자동 배달 서 비스를 먼저 고민해보기로 한다. 여기서 막히면 병원 이동 문제로 옮 겨갈 것이다. 둘 다 막히면 문제를 바꿔보거나 대상을 바꿔볼 것이 다. 답을 찾을 때까지 이 과정을 반복한다.

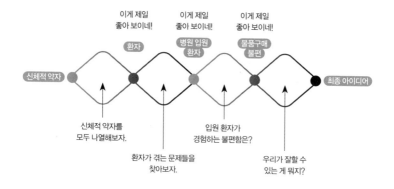

자, 드디어 '그 문제'가 나왔다(머리가 어질어질하다. 여기까지 같이 와주 셔서 감사하다).

> ▸ '누구'를 대상으로?: 병원에 입원한 거동 불편한 환자
>
> ▸ '그 문제'는 무엇?: 도와줄 사람이 없으면 물, 비품, 간식 등 필요한 물건을 얻기가 매우 불편하다.
>
> → 어떻게 하면 다른 사람의 도움이 없어도 환자가 원하는 물품을 쉽게 얻을 수 있을까?

Step 4: 최종 아이디어 찾기

자율주행 관련 회사가 가장 잘할 수 있는 게 무엇일까? 나는 다음의 사업을 떠올려봤다. 종합병원이나 요양병원에 환자와 보호자를 위한 자율주행 딜리버리 로봇 서비스를 시작하는 것이다.

프로젝트명 | 병원(종합병원, 요양병원) 시설의 자율주행 딜리버리 로봇 프로젝트

제안 내용

병원(종합병원, 요양병원)의 환자 및 보호자를 위한 자율주행 딜리버리 로봇 프로젝트
비품(추가 모포 등)과 구매 물품(휴지, 식음료, 슬리퍼 등)을 자율주행 로봇을 통해 배송해주는 사업

누가 대상인가?	어떤 문제를 타깃으로 삼는가?	어떻게 해결할 것인가?
거동이 불편한 입원 환자	슈퍼에 물건을 사러 가기 불편함, 소소한 비품(추가 모포 등)을 병원 측에 요청하기가 번거로움	보건복지부, 자율주행 로보틱스 기업, 유통사와 협업하여 병원 내 로봇 배송 시스템 구축

병원은 자율주행 딜리버리 서비스를 테스트하기에 매우 최적화된 곳이다. 공간 대부분이 바퀴가 굴러갈 수 있도록 평평한 바닥으로

되어 있고 문턱 같은 장애물이 거의 없다. 각 병실도 네모반듯하게 규격화되어 있으며, 규칙적인 숫자로 분류되어 있다.

의료진은 늘 만성 피로에 시달리고 있으므로 간단한 비품 요청 등을 로봇을 통해 처리할 수 있다면 환영할 것이다. 특히 항상 인력난에 시달리는 요양병원 같은 경우는 더욱더 그렇다. 게다가 요즘처럼 코로나바이러스 같은 전염성 질병으로 교차 감염에 민감한 상황에서는 평소 보수적인 정부 부처나 지자체도 매우 적극적으로 도와줄 가능성이 크다.

이 프로젝트가 무사히 성공한다면 자율주행 회사에 꿈과 같은 미래 경쟁력을 안겨줄 가능성이 있다. 병원에서 무사히 자율주행 데이터를 쌓고 나면 그 경험과 노하우를 호텔, 기업, 학교, 주거지역 등으로 무궁무진하게 확장할 수 있기 때문이다. 사회공헌 사업이지만 동시에 회사를 먹여살릴 미래 신사업이 되는 것이다.

Step 5: '왜 해야 하는가'를 정리하기

이제 이 과제를 내놓은 사람에게 제안할 차례다. 아이디어 자체가 객관적으로 형편없어서 통과가 안 되는 경우는 많지 않다. 대부분은 "우리가 할 수 있는 수천 가지 사회공헌 사업 중에 왜 하필 이걸 해야 하죠? 다른 의미 있는 사업들을 제쳐두고?"에 관한 답변이 분명하지 않아서 탈락한다. 예를 들어, '보험사에서 먼저 병원비를 지급하고 환자에게 차액을 청구하는 서비스' 같은 건 좋은 아이디어지만 자율주행 회사에 들이밀면 황당한 아이디어이니 말이다.

Step 1의 과제 목표(사회공헌, 미래 산업)를 기억하며 논리를 만들어 보자. 왜 우리는 여러 좋은 프로젝트 중에서 이걸 해야 할까? 참고로, 이 프로젝트의 이유 만들기는 실제 모 기업의 실습 과제였기 때문에 똑똑한 수강생들의 도움도 들어가 있다.

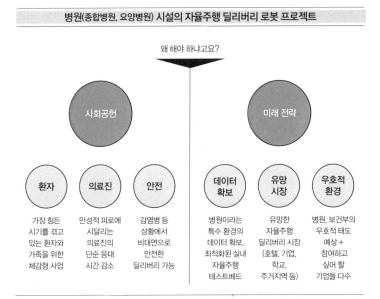

사회공헌과 미래 전략 두 가지 키워드를 가지고 우리가 해야 하는 이유를 각자 세 가지씩, 총 6개 제시했다. 힘든 시기를 겪고 있는 환자와 보호자가 바로 체감할 수 있는 혜택이고, 피로한 의료진과 요양병원 직원들에게 도움이 되며, 감염병 시대에 안전을 지키는 '사회공헌' 사업이다. 게다가 병원이라는 특수 환경에서 실내 자율주행 데이터를 쌓을 수 있는 최적의 기회이고, 이 경험을 기반으로 뻗어 나갈 수 있는 자율주행 배송 시장이 거대하며, 함께할 파트너들이 적극적일 것으로 예상하는 '미래 전략' 사업이다.

'분명 사회공헌이라고 해놓고 이렇게 회사 욕심을 채우려고 하다니!'라고 생각하는 사람도 있겠지만, 사실 일방적인 기부는 '비용'으로 간주하기 때문에 지속하기 어렵다. 하지만 이 프로젝트처럼 회사의 미래와 연계하는 순간 비용이 아니라 '투자'가 된다. 그러면 훨씬 적극적으로, 오랫동안 할 가능성이 커진다. 세상에 도움이 될 선한 영향력의 아이디어를 꿈꾸고 계신 분들에게 참고가 됐으면 좋겠다.

자, 이제 얼추 아이디어 스케치가 완성됐다. '신체적 약자를 위한 아이디어'를 내라는 모호한 과제에서 '병원 전문 자율주행 딜리버리 로봇 프로젝트'를 도출하는 과정까지 보여드렸다. 중간의 우당탕탕 과정을 가능한 한 자세히 적었는데 도움이 되셨으면 좋겠다. 사실 나도 "문제를 깊이, 다르게 보고 대상자의 마음에 공감하면 답이 나옵니다" 같은 현자의 말을 하고 싶었지만, 이 책의 지향점과 다르므로 조용히 포기했다. 우당탕탕 레퍼런스를 넓은 마음으로 봐주시길.

"모호하고 까다로운 과제를 풀어야 하는
순간은 생각보다 자주 온다.
특히 리더나 스타트업에서
일하는 실무자라면.

난해하고 막막한 과제를 만났을 때
어디서부터 답을 찾아가야 할까.

문제에서 출발해
범위와 대상을 줄인 후
자신이 가장 잘할 수 있는,
또는 잘하고 싶은 분야부터 공략한다.

우당탕탕 중간 과정은
하나씩 하나씩 해결하면 된다."

스티브 잡스가 아이폰 아이디어를 반대했던 아이러니

아이디어 초기 버전의 반응에 쫄 필요 없는 이유

멋진 아이디어는
처음부터 근사해 보일까?

그렇지 않다. 아무리 멋진 아이디어라도 처음 떠올렸을 때부터 근사한 경우는 많지 않다. 물론 "유레카!" 하면서 모두 감탄할 때도 있겠지만, 처음엔 대부분 미심쩍게 보인다. '에이, 이건 아니다'라고 생각했던 아이디어가 시간이 지날수록 확신이 생기는 경우도 많다.

애플의 아이폰이 대표적인 예다. 많은 사람이 스티브 잡스라는 크리에이티브한 기업가가 아이폰이라는 멋진 아이디어를 떠올렸다고 알고 있다. 하지만 사실은 다르다. 아이폰은 개발자인 토니 퍼델Tony

Fadell과 엔지니어 직원들이 고집스럽게 주장한 제품이었고, 잡스는 오히려 개발을 끈질기게 반대한 쪽이었다.

잡스는 자신의 화려한 복귀작인 아이팟이 아이폰 때문에 부진해지는 걸 원치 않았다. 당시 잡스에게 아이팟이 얼마나 특별한 의미였는지를 생각해보면 금방 수긍할 수 있다. 자신을 쫓아냈던 애플에 절치부심하면서 복귀한 그가 '봤지?'라고 통쾌한 한 방을 먹인 제품이 바로 아이팟이다. 그리고 그때만 하더라도 스마트폰으로 할 수 있는 일이 많지 않았기에 아이폰 개발에 더 부정적이었을 것이다. 아이폰 아이디어를 들었을 때 잡스는 아마 이렇게 생각하지 않았을까.

'우리에겐 이미 근사한 아이팟과 맥북이 있는데, 무엇하러 시시한 전화기를 만들어야 해?'

잡스는 심지어 아이폰을 반대하는 이유를 목록으로 만들기도 했다. 잡스의 신경질적인 반응에도 불구하고 그의 팀들은 포기하지 않고 끈질기게 설득했다. 심리학자 애덤 그랜트Adam Grant가 2021년 〈하버드비즈니스리뷰〉에 기고한 글*을 보면 팀들이 잡스의 마음을 돌리려고 얼마나 애썼는지가 나온다.

"애플이 모바일 폰을 만든다면 얼마나 아름답고 우아할까요?"

"마이크로소프트에서 언젠가는 모바일 폰을 만들지 않겠어요?"

심지어 비밀리에 프로토타입(시제품)을 제작해 보여주며, 그의 마

---

* Harvard Business Review, 'Persuading the unpersuadable', Adam Grant, 2021년 3월, https://hbr.org/2021/03/persuading-the-unpersuadable

음을 돌렸다고 한다. 아이폰을 만들기로 한 후에도 길고 긴 설득 과정이 이어졌다. 그리고 마침내 세상을 뒤흔들 새로운 기기가 나왔고, 그 덕에 우리는 엄청나게 달라진 세상에서 살게 됐다. 스티브 잡스는 창의적인 기업가의 아이콘이 됐다.

초기 아이디어에 대한
싸늘한 반응을 이겨내는 노하우

멋진 아이디어도 초기에는 대부분 볼품이 없다. 성공 여부가 미심쩍어 보이고, 하지 말아야 할 이유가 수십 가지는 되어 보인다. 그러나 누군가는 초기의 냉소적인 반응과 베타 버전의 빈약함을 묵묵히 감수하고 다음 단계로 나아감으로써 아이디어를 성공시킨다.

처음에는 초라해 보이던 아이디어지만 시장 조사를 하다 보니 구성원들 사이에서 성공하겠다는 확신이 점점 굳어지기도 하고, 그 과정에서 좀 더 바른 방향으로 보강되기도 한다. 또는 A 영역에 말도 안 되는 아이디어라고 생각해서 덮어놨는데, 전혀 다른 B 영역에 딱 들어맞는다는 걸 발견해서 과감하게 피보팅pivoting* 하기도 한다.

처음에 아이디어를 들려줬을 때 주변의 반응이 시큰둥하더라도 부디 쫄지 마시길. 시대를 바꾼 아이폰도 처음에는 스티브 잡스에게

---

* 기존 사업 아이템을 바탕으로 사업의 방향을 다른 쪽으로 전환하는 것을 의미한다(출처: 시사상식사전)

면박당했다는 걸 잊지 마시라.

우리의 소중한 아이디어가 주변의 저항을 받아서 피어오르기도 전에 사그라지는 건 안 될 일이다. 하지만 멘탈이 개복치인 우리에게 초기 단계의 냉정한 반응은 무척이나 쓰라리고, 용기를 강낭콩만큼이나 줄어들게 한다. 담력 문제야 내가 어떻게 해줄 수 있는 게 아니지만, 실무진에 유용할 두 가지 소소한 팁이라면 알고 있다.

첫째, 제안자가 휘둘리지 말 것 = 빛의 속도로 의견 변경 금지

의사 결정자들은 야심 찬 아이디어를 들었을 때 양가적 생각에 휩싸이게 된다. '기회가 될 좋은 아이디어일까, 아니면 황당한 헛소리일까?' 미래는 뿌옇고 베팅할 수 있는 자원에는 한계가 있다. 그래서 결정을 하기 전에 제안자에게 꼬치꼬치 따져 묻는다.

"시장 규모는 생각해봤습니까?"

"성공한 사례가 있어요? 지금까지 A, B, C 회사가 모두 실패했는데 우리가 된다고 주장하는 이유가 뭐죠?"

"현실성이 없어 보이는데 할 수 있긴 한 건가요?"

"비용은 얼마나 듭니까?"

공격적으로 채근하는 모양새에 제안자는 당황한다. 하지만 지금까지 현장에서 경험하고 공부하고, 팀원 간에 치열하게 토론한 내용이 있지 않은가. 긴장한 목소리로 하나하나 대답한다. 그러자 기다렸다는 듯이 대답에 꼬리를 물고 날 선 질문이 이어진다. 제안자는 몇 개는 잘 대답했지만, 몇 개는 형편없이 대응했다. '아, 망했구나'라고 생각하며 자포자기하려는 순간, 의외의 소리를 듣는다.

"생각해볼 만한 아이디어 같군요. 일단 오늘은 여기까지 하고 다음 회의에서 더 토론해봅시다."

생각해볼 만한 아이디어라면서 아까 왜 그렇게 공격적으로 나온 거람. 제안자는 황당한 마음을 속으로 삼킨다. 많은 의사 결정자가 보이는 이런 모순적인 태도는 제안자의 태도를 유심히 지켜보기 때문이다. 어차피 아이디어가 대박일지 헛짓거리일지 확신할 수 있는 사람은 없다. 심지어 경영진이라도. 그래서 제안자가 얼마나 많은 고민과 조사를 했는가, 얼마나 확신이 있는가를 지켜본다.

그런데 물어보는 족족 빛의 속도로 태도를 바꿔대는 제안자가 있다고 생각해보자.

의사 결정자: 왜 이 크기를 2인용에 맞춰서 제작하겠다는 거죠? 기왕 하는 김에 4인용이 낫지 않나요?

제안자: 아…, 네. 그럼 4인용으로 하겠습니다.

의사 결정자: 왜 소재가 플라스틱이죠? 요즘은 플라스틱에 관한 인식이 안 좋지 않나요?

제안자: 그럼…, 친환경 소재로 바꾸겠습니다.

세상에! 당연히 탈락이다. 의사 결정자는 딱히 4인용을 좋아하거나 플라스틱 소재를 혐오하는 사람도 아니다. 제안자가 디테일을 선택한 이유가 궁금했을 뿐이다. 제안자가 디테일을 결정할 때 충분한 고민을 거쳤는지, 그만큼 내공이 쌓인 아이디어인 건지 검증하고 싶었던 거다. 그런데 제안자가 줏대도 없이 말 한마디에 의견을 확확 바꾼다면 어떻게 그의 손을 들어주겠는가(물론 고집불통으로 우기라는 말은 아니다. 적어도 선택에 확신이 있어야 한다는 뜻이다).

둘째, 상대방 입장에서 설득: 열망, 위기, 반짝이는 작은 조각

아이디어를 제안하는 것은 물건을 파는 것과 비슷하다. 돈을 쓸 사람은 상대방이기 때문이다. 따라서 상대방 입장에서 설득하는 게 유리하다. 상대방은 어떤 경우에 마음이 흔들릴까? 대표적인 세 가지 키워드를 꼽아봤다.

• 열망

아이디어가 상대방의 열망과 깊은 관련이 있음을 어필하는 전략이다. 상대방(리더, 경영진, 클라이언트 등)이 꿈꿔오던 열망을 달성하는 데 도움이 된다는 점을 맨 앞에 내세운다. 애플의 팀들은 스티브 잡스가 'Think Different(다르게 생각하라)'를 기조로 세상을 이끌고자 하는 열망이 있음을 잘 알고 있었다. 그래서 이렇게 속삭였다.

"애플이 모바일 폰을 만든다면 얼마나 아름답고 우아할까요?"

• 위기

지금의 위기를 강조하면서 아이디어의 중요성을 설명하는 전략이다. 대한제분 곰표의 콜라보 프로젝트가 좋은 예다. 1952년에 설립된 대한제분은 70년 역사의 건실한 회사로, 매출 90% 이상이 기업 거래였기 때문에 일반 소비자를 타깃으로 브랜드를 홍보할 이유가 별로 없었다.

그런데 곰표의 브랜드 전략 TF를 맡은 김익규 마케팅팀장은 개인 소비자 브랜드의 홍보 필요성과 대한제분의 위기를 연결했다. 다음은 콘텐츠 서비스 '폴인' 매거진의 '콜라보는 어떻게 브랜드를 바꾸는가' 시리즈를 통해 그가 밝힌 내용이다.

지금의 2030 소비자들이 곰표를 모른다면 먼 훗날 제과 제빵 기업들도 곰표 밀가루를 외면할 것이라는 생각이 들었습니다. 이러다 대한제분의 주력 사업에 미래가 없을 수도 있겠다는 위기의식이 들어, 대대적인 브랜드 정비 작업에 돌입했습니다.[*]

어떤 아이디어가 해도 그만, 아니어도 그만이라면 추진 동력이 빈약하기 마련이다. 하지만 개인 소비자 브랜드의 홍보가 회사의 미래를 결정할 사업이라고 인식된다면, 중요도가 달라질 수밖에 없다. 애플의 팀들 역시 우리가 모바일 폰을 안 하면 결국 경쟁사인 마이크로소프트가 할 것이라는 주장으로 스티브 잡스에게 위기감과 경쟁심을 불러일으켰다.

---

[*]   폴인, "밀가루 브랜드 곰표, 맥주 회사와 콜라보 하는 이유", 2020.8.11, https://www.folin.co/story/1087

• 반짝이는 작은 조각

아이디어가 성공했을 때의 작은 조각을 미리 보여주는 전략이다. 영화에서 보면 바닷속 보물섬을 찾는 일에 후원자를 설득할 때도 비밀스러워 보이는 지도나 15세기 금화를 살짝 보여주지 않던가. 머릿속 상상만 서로 이야기하다 보면 몸을 움직여 추진하기까지 지지부진한 시간이 길어질 수 있다. 이럴 때 시제품이든 시범 사업이든, 결과의 일부를 보여주자. 처음 집을 꾸며보는 신혼부부에게 가구와 인테리어 카탈로그를 보여주는 것처럼 말이다.

애플의 팀들은 아이폰 시제품을 만들어서 스티브 잡스에게 보여주었다. 대한제분 곰표는 주력 사업을 건드리는 대신 MZ세대에게 호응이 좋고 비용도 크게 들지 않는 굿즈를 하나씩 출범해서 시장이 열광적으로 반응하는 걸 눈으로 확인한 후 사업을 확장해나갔다.

"그게 되겠어요?"라고 미심쩍게 말하는 상대방이 있다면 "그럼 A를 작게 한번 해볼까요?"라고 가볍게 제안하자. 설사 실패해도 부담이 없는 선에서 말이다. A에서 검증된 성공의 작은 조각은 다음 단계로 나아가는 데 든든한 지원군이 된다.

"아무리 멋진 아이디어라도
처음부터 근사한 경우는 많지 않다.
시대를 바꾼 아이폰 아이디어도
처음에는 스티브 잡스에게 면박당했다.

처음에 자신의 아이디어를 들려줬을 때
주변의 반응이 시큰둥해도 부디 쫄지 마시길.

누군가는 초기의 냉소적인 반응과
베타 버전의 빈약함을 묵묵히 감수하고
다음 단계로 나아감으로써
아이디어를 성공시킨다."

아이디어 감각을 키우는
루틴 1

양질의 영양분을 공급받는 습관: Input System

우리는 크리에이티브한 영역을 유난히 어렵게 생각하는 면이 있다. 노력으로는 결코 넘을 수 없는 재능처럼 생각하는 것이다. 예체능의 일부 분야는 그럴지 몰라도, 대부분은 그렇지 않다. 왜냐하면, 우리는 남들 보기에 기발한 아이디어를 추구하는 사람들이 아니기 때문이다. 일의 현장에서 멋진 아이디어를 내는 사람들은 탄탄한 데이터와 경험을 바탕으로 '누구'를 위한 '그 문제'를 찾아낸 뒤 새로운 시각을 제시하는 존재들이다.

근육질의 몸매를 가지기 위해서는 영양학적으로 훌륭한 식단을 따르고, 바른 방식으로 운동을 해야 한다. 마찬가지로 아이디어 감각을 키우려면 양질의 데이터를 많이 보고, 만지고, 느끼고, 깊게 생각하는 과정을 성실하게 반복하는 수밖에 없다. 어떻게 하면 자연스럽게 양질의 영양분을 공급받는 습관을 만들 수 있을까? 개인의 성향이나 일하는 분야별로 방식은 다르겠지만 공통으로 추천하고 싶은 네 가지 방법이 있다.

전문 매거진 또는 뉴스레터를 정기구독 하기

아이디어 감각을 키우려면 양질의 정보를 봐야 도움이 된다. 포털 뉴스와 댓글을 매일 꾸준히 2시간씩 본다고 하더라도 사회와 인간에 관한 이해도가 딱히 깊어지진 않는다. 지금 당장 무슨 일이 벌어지고 있는지를 아는 수준인데, 95%는 굳이 몰라도 되거나 하루에 15분 정도만 훑어봐도 충분한 내용이다.

책을 꾸준히 읽을 수 있는 환경이면 가장 좋다. 하지만 충분한 양을 독서하는 게 어렵다면, 자기 분야의 전문 매거진이나 뉴스레터, 전문 영상 같은 채널은 꼭 정기구독 하라고 권하고 싶다. 일하는 분야마다 가장 유명하고 뛰어난 평판을 가진 'Top 10'이 있을 것이다. 형태는 전문 매거진, 뉴스레터, 플랫폼, 팟캐스트, 영상 등으로 다양할 것이다. 그중에서 일단 세 가지를 정하면 된다. 이때 성격이 다른 것을 선정하면 좋다. 예를 들면 현황이나 사례를 깊이 있게 분석하는 전문 매거진, 수준 높은 강의나 영상이 있는 커뮤니티, 트렌드를 빠르게 요약해주는 뉴스레터 중에서 하나씩 선택하는 식이다.

다음은 나의 패턴이다.

- 롱폼: 책 100여 권(연간), 특별기획 시리즈 영상(지상파, EBS 등), 코세라·K-MOOC·클래스101 등 온라인 강의
- 미드폼: HBR(하버드비즈니스리뷰)·DBR(동아비즈니스리뷰)·르몽드 디플로마티크 등 전문 매거진, 기업 연구소 또는 정부기관의 정기 간행물, TED·헤이조이스 등의 분야별 세미나
- 숏폼: 폴인, 퍼블리, 커리어리, 구독 일간지, 관심 분야의 블로그 등

"이 정도까지 해야 한다고요?"라며 질색하는 분이 있을까 봐 미리 고백하자면, 나 역시 직장인일 때는 이렇게까지 한 적이 없다. 직장인이라면 'Top 3'를 정한 후 일정 시간을 반드시 여기에 쓰겠다고 결심하면 충분하다. 여유가 생기면 'Top 10'도 설렁설렁 읽어본다. 중요한 점은 성실하게 루틴을 지속하는 일이다. 여기서 읽었던 기사가, 적어두었던 스웨덴 회사의 솔루션이, 다른 업계의 관점이 천천히 성실하게 축적되면 '지금 풀어야 하는 A 문제를 예전에 봤던 B 방법과 연결해보면 어떨까?' 같은 아이디어가 자연스럽게 나오게 된다. 그때 다른 사람들은 이런 반응을 보일 것이다.

"어떻게 그런 생각을 하셨어요? 그런 건 어떻게 아셨어요?"

그때 당신은 어깨를 으쓱하면서 "예전에 기사에서 본 게 있어서요. 적용하면 좋을 것 같았어요"라고 담담하게 말하면 된다(자연스럽게 보이도록 실룩이는 입가는 잘 감추자).

양질의 데이터가 어디에 있는지, 'Top 10'이 어디인지조차 모르는 경우라면 어떻게 해야 할까? 검색을 반복해도 정보가 너무 많아 혼란스러운 사람이라면 몇 년 앞서간 선배에게 도움을 청하면 된다. 크몽과 같은 재능 거래 플랫폼에서는 다양한 분야의 실무 전문가들이 활약하고 있다. 프로필에 적어둔 전문 분야와 경력, 서비스 가격들을 참고해서 한두 명을 선정한 후 정중히 부탁하는 메시지를 보낸다. 일정 비용을 지급할 테니 추천할 만한 사이트 이름과 주소를 리스트로 정리해줄 수 있는지 말이다. 후배의 마음가짐으로 정중하게 요청하면 대부분은 친절하게 응해줄 것이다.

생각과 경험을 넓혀줄
공간 방문하기

브레인스토밍의 아버지로 불리는 알렉스 오즈번Alex F. Osborn은 '양이 많을수록 더 좋은 질의 결과가 나온다Quantity breeds quality'라는 조언을 한 바 있다. 그 후 여러 실험 연구에서도 한 그룹에는 결과물의 양에, 다른 그룹에는 질에 집중하라는 지시를 했는데 양에 집중한 그룹이 상대적으로 뛰어난 결과물을 보여줬다.

많이 가보고 많이 경험하면, 아이디어 감각이 당연히 좋아진다. 그런데 우리의 부족한 시간을 고려할 때 무작정 많이 갈 수는 없으니 나름의 기준은 필요할 것이다. 참고로 나의 기준은 이렇다.

'어휴. 뭐, 이렇게까지.'

이런 생각이 드는 곳을 방문한다. '나라면 돈과 시간이 있어도 이렇게까지는 못 하겠다. 세상에는 다양한 재능과 취향이 있어서 정말 다행이야'라는 생각이 드는 공간이라면 모두 환영이다. 고정관념의 벽과 평균적 경계선이 조금 물러나는 기분이 들기 때문이다.

예를 들어, 실험적 큐레이션을 한 전시회에 가면 평소에 생각해본 적도 없는 색감과 공간 배치를 볼 수 있다. 디자인 전시회에 가면 일상 제품이 예술처럼 보일 수도 있다는 걸 깨닫는다. 강릉의 테라로사 본점에 가면 '커피 서비스' 키워드를 가지고 기업형 조직을 만든 스케일에 감탄하게 된다. 한국판 CES인 KES(한국전자전)나 서울디자인 페스티벌처럼 큰 규모의 연례 오프라인 전시를 관람하면 나와 전혀 다른 분야의 사람들이 어떻게 멋진 세상을 짓고 있는지 관찰할 수 있다. 더불어 매년 조금씩 바뀌는 미묘한 트렌드도 감지할 수 있다.

공간을 오프라인으로 한정 짓지 말자. 클리오·칸 국제광고제·뉴욕 페스티벌·런던 페스티벌 등의 세계적 광고제, 대한민국광고대상 등에서 선정한 수상작 아카이브를 구경하는 것도 재미있다. 최근에 나는 29CM라는 기업이 다른 회사의 제품 및 브랜드를 프레젠테이션한 아카이브(https://shop.29cm.co.kr/pt/history)를 즐겨찾기에 추가했다. 브랜드 스토리텔링에 관해 많은 것을 배울 수 있다. 그리고 생활변화 관측소(https://story.some.co.kr) 역시 흥미롭게 구독하고 있다. 이곳에선 데이터로 포착한 생활의 변화를 매주, 매월 올려준다.

사실은 그다지 궁금하지 않았던
정보 차단하기

알고리즘에 따라 검색을 하다 보면 흥미로운 기사나 영상, 사진 위주로 꼬리에 꼬리를 물게 되고, 어느 순간 3시간이 훌쩍 지나가 버린다. '3시간 동안 무엇을 봤지?' 하고 돌이켜 봐도 머릿속이 희미하기만 하다. 물론 이 행위가 휴식을 위한 것이었다면 상관없지만, 딱히 그것도 아니었다면 시간이 좀 아까운 일이다.

구글에는 구글 알리미(google.co.kr/alerts)라는 서비스가 있다. 키워드를 등록하면 관련 기사나 정보들을 모아서 메일로 보내준다. 예를 들어 #인공지능, #이노베이션, #조직문화, #빅데이터, #로보틱스, #디자인, #스타트업 등을 넣는 식이다. 물론 #고양이, #감성캠핑, #데이트코스 같은 걸 넣어도 된다. 그러면 키워드별로 리스트를 모은 메일을 하루에 한 번 받을 수 있다. 제목을 훑어보고 흥미로운 기사는 클릭해서 읽어보면 된다.

자투리 시간에 이것저것을 눈에 띄는 대로 무심하게 클릭하는 대신 원래 관심 있던 주제를 둘러보면 더 재미있다. 구글 알리미에 평소 잘 접하지 않는 키워드를 포함하는 것도 좋다. 굳이 따로 찾아서 깊게 공부할 정도는 아니지만 궁금한 다른 분야의 영역들 말이다. 요즘엔 국내외 주요 기사를 요약해주는 뉴스레터들도 많다. 세상에 일어나는 굵직한 사건을 모르는 사람이 될까 봐 걱정이라면, 또는 시간이 부족한 사람이라면 적극적으로 활용해도 좋을 것이다.

다른 분야의 사람들과
커뮤니티 구성하기

아이디어 감각을 키우는 데 꼭 추천하고 싶은 방법이다. 커뮤니티의 멋진 점은 전형적인 보통 사람들이 모였는데 의도치 않게(?) 크리에이티브한 영감을 주는 모임이 된다는 것이다. 각자 자신 있는, 상식적인 얘기만 했는데도 서로에게 인사이트를 준다.

예를 들어, '의자'를 가지고 토론한다고 생각해보자. 모인 사람들은 로봇공학 엔지니어, 디자이너, 개발자, 심리학자, 작가, 유통 플랫폼 기업 마케터, 카페 사장 등이다. 전공은 더 제각각이다. 한 사람씩 이야기를 시작하는데 별다를 것도 없다. 같은 업종에 있는 사람이라면 누구나 아는 상식적인 내용이다. 하지만 다른 업종의 사람들은 깜짝 놀란다. 의자에 관해 그런 관점에서 얘기하는 사람은 처음 봤으니까 말이다. 이색적인 접근과 해석에 신선한 충격을 받는다.

'의자에도 첨단 소재와 센서를 적용할 수 있겠구나.'

'최근 유행하는 디자인의 의자들이 저런 이유로 탄생했단 말이지? 단지 시각적 이유 때문만이 아니었어.'

'하드웨어인 의자를 디자인하고 유통하는 단계를 소프트웨어 개발처럼 적용하는 비즈니스 모델도 가능하겠네.'

'고객과 문제를 세밀하게 정의한다는 말이 그런 뜻이구나. 몰랐던 걸 새롭게 보게 되었어.'

이런 커뮤니티를 어디서 찾을까? 배움의 욕구가 맞는 사람들이 자연스럽게 모이고, 입소문이 나서 더 좋은 사람들이 몰리는 게 가장 좋은 패턴이다. 하지만 '나는 아직 잘 모르니 누군가가 이끌어주세요' 같은 상황이라면, 유료 북클럽이나 스터디 그룹을 추천한다. 주말 반나절 정도만 포털, SNS 검색에 투자하면 후보군을 추릴 수 있다. 초심자로서 커뮤니티에 들어갈 때는 돈을 내고 참여하겠다는 마음을 가지는 게 시행착오 비용을 줄일 수 있다. 물론 여기서 말하는 비용은 뒤풀이 회비가 아니라 양질의 모임을 운영하는 데 지급하는 걸 의미한다.

만약 본인의 콘텐츠가 어느 정도 있다면 '발견'되는 방법도 있다. 사람들이 관심 있을 만한 유용한 콘텐츠와 지식을 SNS에 올리고, 다양한 업종의 일하는 사람들이 모인 커뮤니티에 정기적으로 공유하는 것이다. 자기 분야의 지식을 성실하게 공유하는 사람이 의외로 드물다 보니 좋은 사람들이 점점 연결된다. 그리고 어느 정도 결과물이 쌓였을 때 커뮤니티에 참여하고 싶다는 의향을 종종 내비치다 보면 자연스럽게 제안이 들어올 것이다.

"근육질의 몸매를 가지기 위해서는
영양학적으로 훌륭한 식단을 따르고,
바른 방식으로 운동을 해야 한다.

마찬가지로 아이디어 감각을 키우려면
양질의 데이터를 많이 보고, 느끼고,
깊게 생각하는 과정을
성실하게 반복하는 수밖에 없다.

자기만의 커리큘럼,
즉 루틴이 필요하다."

아이디어 감각을 키우는
루틴 2

깊게 잠수하듯 생각하는 힘: Deep Diving

우리는 과연
아는 걸까, 모르는 걸까

누군가가 갑자기 이런 미션을 준다고 생각해보자.

"외국인 대상으로 한국의 역사를 2시간 정도 얘기해보시겠어요?"

한국 역사? 고조선부터? 나는 더듬더듬 설명을 시작하겠지만, 이내 소재가 떨어져서 머리가 하얘질 것 같다. 아마 이 글을 읽는 분들도 크게 다르지 않으리라 믿는다(설마 나만 그런 건 아니겠지). 도대체 우리의 한국사 지식은 왜 이리 빈약한 걸까. 10년 가까이 정규 커리큘럼에 맞춰 공부해왔는데 말이다. '역시 우리나라 교육이 문제라니까!'라며 괜히 분통을 터트리기 전에, 다음의 단어들을 살펴보자.

고조선, 백제, 신라, 고구려, 조선, 당나라, 청나라, 임진왜란, 위화도 회군, 일제 강점기, 독립운동, 웅녀, 주몽, 광개토대왕, 태조 이성계, 세종대왕, 왕건, 의자왕, 황희 정승, 장영실, 암행어사, 고려 백자, 한양, 과거시험, 양반, 짚신, 고무신, 주막, 김치….

얼핏 봐도 굵직한 왕조의 변화부터 사건, 인물, 문화까지 어우르는 한국사 키워드다. 정규 교육을 받은 성인이라면 대부분 키워드의 의미를 알고 있다. 황희 정승이 어느 왕 밑에서 무슨 업적을 남겼는지는 정확히 모르더라도 높은 벼슬을 한 유명한 신하라는 정도는 아는 식이다. 적어도 이 책을 보는 분 중에는 "황희요? 고려 시대의 절세미인이었어요. 나중에 사약을 마시고 죽었죠"라고 말하는 사람은 없다는 뜻이다. 아마 키워드를 몇백 개로 늘린다고 하더라도 비슷한 결과가 나오지 않을까.

한국의 역사에 관해 2시간짜리 설명도 버거워하는 것, 하지만 한국사 관련 키워드를 몇백 개 제시해도 "아, 뭔지 압니다. 자세히 설명할 수는 없지만"이라고 쉽게 대답할 수 있는 것. 이 기묘한 간극을 어떻게 이해하면 좋을까.

한국사에 대한 우리의 기묘한 포지션은 우리의 지식이 일방적인 습득에서 끝났기 때문이다. 성적과 과제를 위해 최단기간에 습득하고 목표가 달성되면 즉시 잊어버렸다. 그러다 보니 우리 뇌의 한구석에 '들어본 적은 있지만, 확실히는 모르는' 정보들이 흔적처럼 남게 됐다. 건드리면 먼지처럼 폴폴 올라오지만 연결되거나 활용되지는 못하는 어정쩡한 상태로 말이다.

우리가 일하면서 습득하는 많은 정보도 마찬가지다. 양질의 데이터와 좋은 경험을 통해 감각을 키워나가더라도 정작 활용할 때가 되면 오류가 난다. 나만의 관점으로 한번 더 깊게 생각해보는 훈련까지는 하지 않았기 때문이다. 그러면 아무리 넣은 게 많아도 실제로 출력할 때가 오면 울퉁불퉁한 오프로드를 달리듯 덜컹거리게 된다.

깊게 잠수하는 법, 즉 한 단계 더 깊게 관찰하고 생각하는 습관을 들여야 아이디어 감각이 제대로 키워진다. 앞에서 양질의 정보를 흡수하는 법을 소개했다면, 여기에서는 조금 뻐근한 근력 운동에 관해 말해보려고 한다. 어떻게 훈련하고 키워나갈 수 있을까? 이 분야 전문가들이 조언한 방법 중에서 가장 유용하다고 생각되는 세 가지를 골라봤다.

첫째, 문제를 설정하고
답을 찾아나가기

아이디어를 내는 건 해결해야 하는 문제의 답을 찾는 과정과 비슷하다. 일상을 둘러보며 매주 하나씩 질문을 뽑아서 자기만의 답을 채워가는 연습을 해보면 실력이 빠르게 성장한다. 예를 들면 다음과 같은 질문에 답을 찾아보는 것이다.

식당 키오스크는 왜 이 모양인가?

나는 오프라인보다 온라인 쇼핑이 편한 사람이고, 다양한 디지털 기기를 편안하게 사용하는 사람이지만 키오스크만큼은 무척 불편하다. 무엇을 먹을지 완벽히 결정하고 갔을 때를 제외하고는 항상 쫓기는 기분이 된다. 처음 가보는 식당이고 뭘 파는지도 모르는 터에 얼른 눌러서 주문하고 결제까지 빠르게 진행해야 한다는 압박감이 있다. 메뉴는 키오스크 앞에 서야 비로소 알 수 있는데, 일행과 "너는 뭐 먹을래?" 같은 얘기를 몇 마디 주고받다 보면 어느새 뒷사람의 따가운 눈초리가 날아온다.

더 속상한 건 부모님 때문이다. 우리 부모님(그리고 비슷한 연령대 다수)은 키오스크로 파는 식당이라면 못 드실 테니까. 눈이 침침해서 디스플레이 화면의 글자가 번져 보이고, 더듬더듬 터치했더니 갑자기 앞 화면으로 바뀌고, 뒤에 선 사람이 답답한 마음에 한숨이라도 쉰다면 도망치듯이 그 자리를 빠져나올 것이다. 물론 직원에게 요청하면 주문을 받아주는 걸 알고 있다. 하지만 누가 그렇게 평범한 일상마저 부탁하면서 살고 싶을까.

그러니 키오스크로 시작해서 질문을 다듬어본다.

기술 약자에게도 편안한 키오스크를 만들려면 어떻게 해야 할까?

왜 식당 키오스크가 불편하게 느껴질까? 고민을 시작한다. 키오스크별 인터페이스도 분석해보고, 다른 나라 사례도 살펴보고, 식당에 가서 사람들이 어떻게 주문하는지도 지켜본다. SNS에 관련 키워드를 넣어 사람들의 리얼한 반응도 찾아본다. 그리고 어떤 키오스크가 나오면 고객 경험이 올라갈지 나름의 답을 찾아본다.

나는 기존의 오프라인 경험과 더 밀접한 버전이 추가로 나오기를 바란다. 식당에서 사람에게 주문하는 것과 기존의 키오스크 사이에 중간 기술이 있으면 좋지 않을까? 메뉴판을 천천히 보면서 일행과 무얼 시킬지 고민하고, 준비되면 "이거랑 이거요"라고 말하는 경험과 가장 유사한 버전으로 말이다.

이 생각은 코로나19 사태 초기에 출입등록 시스템을 보면서 하게 됐다. 당시 나는 출입등록 방법이 QR코드와 수기라는 두 극단만 있을 뿐 중간 버전이 없다는 게 무척 불만이었다. 새롭게 생성되어 보안이 보장되는 QR코드와 누구나 볼 수 있게 종이판에다 적는 방법은 시스템 격차가 너무 크니까 말이다.

이후에 전화를 걸면 자동으로 출입등록이 되는 시스템이 나와 조금 마음이 나아졌다. 주민센터에서 고유의 QR코드를 발급받아 도서관 카드처럼 만들어서 지갑에 넣고 다니는 시스템도 괜찮지 않았을까. 한 번쯤은 자녀가 깔아주더라도 매달 새로 인증을 해야 하는 QR코드는 나이 드신 분들에게 명백한 기술 장벽이다.

자, 이제 좋은 대답을 떠올려보자. 키오스크에 중간 기술을 적용해서 오프라인 경험과 가장 유사하게 만들려면 어떻게 해야 할까?

일상에서 문제를 설정하고 질문과 답을 찾아가는 법을 이런 식으로 반복해보면 된다. 질문은 어떤 걸 골라도 상관없지만, 일하는 분야와 관련된 것을 뽑으면 좀 더 동기부여가 될 것이다. 처음에 10개 내외의 질문을 미리 적어두고 매주 하나씩 답을 해나가자. 3개월 정도만 그렇게 해도 좋은 습관으로 자리 잡는다.

- 왜 A사 쇼핑몰은 막강한 자본을 가지고도 고전할까?
- 방지턱이나 굴곡에도 문제없는 바퀴 디자인은 무엇일까?
- 지하철 역사의 공간을 특색 있고 핫하게 구성할 수는 없을까?
- 무신사는 어떻게 메이저 쇼핑몰로 올라올 수 있었나?
- 배송의 라스트마일 비용을 줄일 방법은 무엇일까?
- 사람들이 남에게 대행시키고 싶어 하는 서비스에는 무엇이 있을까?
- '편안한 잠'처럼, 평범하지만 사람들이 이루기 힘들어하는 욕구는 무엇일까?
- 오늘 입사한 사람도 3시간 만에 바로 업무를 시작할 수 있으려면 어떤 매뉴얼이 필요할까?
- 시각 장애인이 점자 없이도 마트의 물건 이름을 바로 알 수 있게 하려면 어떤 기술이 필요할까?
- 소방관이 무리하게 수색하지 않아도 건물의 생존자 수와 위치를 알아낼 방법은 없을까?

나름대로 찾은 자신의 대답을 브런치, 블로그, 뉴스레터, SNS, 커뮤니티 게시판 등 선호하는 공간에 규칙적으로 올려보자. 왜냐하면, 약간의 강제성이 필요하니까. 중요한 건 남의 대답을 정리한 게 아니라 자신의 대답을 써야 한다는 것이다. 우리는 지금 리서치 능력이 아니라 답을 내는 아이디어 감각을 키우려고 하는 중이니까 말이다. 세련된 남의 의견보다 자신의 관점에서 해석한 어설픈 오리지널리티가 더 가치 있다.

'콘텐츠가 너무 부족한데 올려도 될까?'라는 걱정은 하지 않아도 된다. 어차피 내용이 시원찮으면 아무도 안 볼 테니 말이다(…아얏!). 비방, 표절, 악의적 해석 같은 잘못 없이 그저 살짝 허술한 내용이라면 누구도 다치게 하지 않는다. 그러니 용기 내 공유하시길. 그래야 루틴으로 자리 잡아서 실력이 올라간다.

둘째,
관점을 낯설게 하기

_____

또 다른 추천 방식은 '낯설게 하기'다. 당연한 전제를 낯설게 바꾸는 생각법이라고 보면 된다. 여러 방법 중 《틀 안에서 생각하기》라는 책에서 추천하는 '핵심 요소 빼기'는 꽤 유용하다. 전체에서 절대 빼면 안 될 것 같은 핵심 요소를 하나씩 빼보는 방식이다. 책에서 소개한 질문은 이렇다.

냉장고에서 핵심 요소를 뺀다면?

오! 우리도 한번 해보자.

일단 흔하게 볼 수 있는 냉장고를 관찰한 후 요소별로 나눈다. 냉장실과 냉동실이 분리되어 있으며, 내부 공간은 선반 같은 형태로 칸이 나누어져 있다. 뒤쪽이나 아래쪽 어딘가에는 내부를 시원하게 만드는 냉각 관련 부품들이 들어 있다. 공학과 디자인 분야에 지식이 있는 분들은 더 자세히 나눌 수 있을 것이다.

자, 이제 하나씩 빼보는 거다.

문을 빼면 어떨까?

'말도 안 돼. 냉장고에 문이 없으면 안 되지'라는 생각이 첫 번째로 들겠지만, 우리는 그게 말이 된다고 가정하고 답을 찾아내야 한다.

'애초에 문이 왜 있는 건가? 냉기가 빠져나가는 걸 막기 위해서다. 그러면 문 없이도 냉기가 유지되도록 만들면 되지 않을까? 그런데 문이 없으면 좋은 게 무엇일까? 마트의 신선 제품은 문 없이 진열하는 게 소비자들에게 더 편리할 것 같다. 그러고 보니 하루에도 수십 번씩 냉장고 문을 열어보는 식구들에게도 유용하겠네. 참, 그런데 문이 없다는 게 꼭 물리적인 것만 얘기하는 건 아니지 않을까? 투명한 재질로 안을 볼 수 있게 만들면?'

냉장고의 문을 뺀다는 극단적 가정은 마트 쌈채소 매대에 가면 볼 수 있는 에어커튼, 냉장고 문을 두드리면 투명해져서 내부를 볼 수 있는 기술 아이디어로 이어질 수 있다.

참고로, 《틀 안에서 생각하기》에서 뺀 핵심 요소는 냉각에 쓰이는 컴프레서였다. 컴프레서가 없으면 냉장고는 그저 네모난 가구에 지나지 않으니 다들 말도 안 되는 소리라며 경악했다. 그런데 컴프레서가 꼭 냉장고 안에 있어야 할까? 에어컨 실외기처럼 밖에 설치한다면 어떤 이점이 있을까? 이렇게 질문을 시작하자, 냉장고의 열기도 줄어들고 소음 문제도 나아질 것이라는 의견이 나왔다.

그리고 외부의 컴프레서와 연결하는 방식을 활용한다면, 원하는 공간을 냉장고처럼 시원하게 만들 수 있을 것이라는 아이디어가 나왔다. 예를 들면 주방의 서랍이 채소나 음료수 전용 칸이 되는 등 모든 수납공간이 냉장고가 될 수도 있다는 것이다. GE에서는 이날 나온 아이디어를 바탕으로 실제 사업화를 했다고 한다.*

관점을 낯설게 하는 방식에는 '핵심 요소 빼기' 외에도 여러 가지가 있다. 다음은 추천하는 생각법이다.

상관없는 두 가지 키워드 연결하기

책을 들고 아무 곳이나 펼쳐서 키워드를 찾는다. 그리고 다른 성격의 책을 펼쳐서 또다시 키워드를 찾은 후 둘을 연결한다. 예를 들면 '가방-이동', '과학-모자', '규칙-대화'처럼 결과물이 나온다. 이 생각법은 손정의 소프트뱅크 회장이 즐겨 썼다는 방법과 유사하다.

예를 들어, '과학'과 '모자'를 연결해본다면 무엇이 있을까. 방금 떠오른 건 '체온이나 산소포화도를 측정하는 모자를 만들면 어떨

---

* 드루 보이드 · 제이컵 골든버그, 《틀 안에서 생각하기》, 책읽는수요일, 2014, pp. 156~164

까?'라는 생각이다. 난방이 제대로 되지 않는 국가에서는 신생아의 체온을 보호하기 위해 모자를 씌우는데, 그때 체온 이상이나 산소포화도 이상을 알려줄 수 있으면 좋지 않을까?

또는 한국에서도 인큐베이터에 있는 신생아는 비니 같은 모자 형태로, 입원한 영유아는 머리핀 같은 형태로 상태를 점검할 수 있으면 좋을 것 같다. 아이들은 입원하는 동안 손가락에 꽂고 있어야 하는 산소포화도 기기를 아주 싫어하고, 부모들은 수시로 열을 검사하고 싶어 하니까 말이다(혹시 말이 안 되는 아이디어라고 해도 예로 든 것이니 너그럽게 넘어가주시길).

이처럼 전혀 상관없어 보이는 2개의 키워드를 연결해서 생각을 확장해가는 방식은 아이디어 감각을 키우는 데 큰 도움이 된다.

제약 조건을 극단적으로 키우거나 줄이기

제약 조건을 10배로 변동해서 생각을 확장하는 방식이다. 습관적인 생각의 경계를 허무는 데 좋은 방법이다. 예를 들면 이런 것이다.

- '만약 지금 하는 업무에 10배의 예산과 인력을 준다면, 나는 어떤 프로젝트를 할 것인가?'
- '지금 프로젝트의 예산과 인력을 10분의 1로 줄이고 똑같은 성과를 내야 한다면 어떤 전략을 쓸 것인가?'

자원이 10배로 늘어난다고 가정할 때 떠오르는 생각은 꼭 해보고 싶지만 엄두가 안 나는 좋은 아이디어일 가능성이 크다. 반대로 자원이 형편없이 줄어들었을 때 대처하는 전략은 사실은 꼭 하지 않아도 되는 일이거나 기존의 방식을 넘어서는 혁신적인 아이디어일 수 있다. 인류가 마주한 문제를 기술을 통해 해결하는 사람에게 어마어마한 상금을 주는 '엑스프라이즈 재단'이라는 곳이 있는데, 이 재단을 창업한 기업가 피터 디아만디스Peter Diamandis는 예비 혁신가들에게 비슷한 조언을 했다.

"10% 큰 것을 목표로 한다는 것은 모든 사람과 경쟁하겠다는 뜻이다. 모두가 10% 큰 것을 목표로 삼기 때문이다. 10배 큰 것을 목표로 하면 그곳에는 당신뿐이다. 10%가 아니라 10배 크게 생각하는 것은, 꼭 100배 더 힘들지는 않지만 보상은 100배 더 크다."

셋째, 과거에서 여행 온 사업가처럼 아이디어 스케치하기

우리가 과거에서 현재로 비밀리에 여행 온 사업가라고 가정해보는 것이다. 지금 눈앞에는 성공이 보장된 비즈니스 모델이 펼쳐져 있다. 하지만 제약이 있다. 타임머신 여행 계약서 약관에 따르자면, 원래의 과거 세계로 가져갈 수 있는 건 두꺼운 노트 한 권뿐이다.

과거 세계로 돌아가서 이 제품(서비스, 공간)을 똑같이 구현하려면 어떻게 해야 할까?

과거로 돌아가 완벽히 재현하기 위해서는 현재 우리가 보고 즐기는 제품과 서비스, 공간과 매뉴얼을 가능한 한 자세히 관찰하고 신중하게 스케치해서 노트에 적어야 한다. 비즈니스 모델의 핵심, 마케팅, 직원 구성, 조직문화, 파트너와 협업하는 법, 공간 배치, 고객 대응, 앱의 구성, 데이터 습득 방법 등을 꼼꼼하게 살펴본다. 시그니처 로고와 슬로건, 매장에 들어선 순간 느껴지는 소리와 향까지 예민하게 살펴본 후 빠뜨리지 말고 모두 적는다.

고난의 시기들을 지나 마침내 성공의 반열에 오른 비즈니스 모델은 성공 요인이 한두 가지로 이뤄져 있지 않다. 시행착오를 겪은 후 하나씩 더해진 디테일들도 굳건하게 함께 있는 셈이다. 따라서 현재 보이는 겉모습을 넘어 디테일을 깊이 관찰하고 의미를 분석해야 과거로 돌아가서도 성공할 수 있을 것이다.

인생 역전을 꿈꾸며, 약간의 탐욕을 가지고, 눈앞의 제품이나 서비스를 관찰해서 적어보자. 진짜로 과거에서 온 사업가처럼.

"깊게 잠수하는 법,
즉 한 단계 더 깊게 관찰하고
생각하는 습관을 키워야
아이디어 감각이 제대로 키워진다.

이 단계가 없으면
아무리 넣은 게 많더라도
실제로 출력할 시점이 왔을 때는
울퉁불퉁한 오프로드를 달리듯
덜컹거리게 된다.
들으면 아는 것 같지만
정작 말은 하지 못하는
어설픈 지식만 흔적처럼 남게 된다."

아이디어 내공을
키우는 힘

데이터 너머를 발견하는 능력: Data Literacy

데이터 속에 사람들의 마음과 행동이 있다. 그리고 좋은 아이디어의 실마리가 되는 진실이 숨어 있다. 사람들의 열망을 관찰할 수 있는 중요한 힌트가 데이터에 있기 때문이다. 따라서 가장 적절한 해답을 아이디어로 제안하기 위해서는 데이터를 볼 줄 알아야 한다. 일하는 사람이라면 데이터를 직접 가공하고 생산하는 것까지는 아니더라도 데이터 리터러시, 즉 보고 해석하는 능력은 갖추고 있어야 하는 시대가 온 것이다.

예전 같으면 직접 눈으로, 귀로, 손으로 느끼면서 관찰했다. 지하철에 앉아서 사람들의 행동을 관찰하는가 하면, 물건을 구매하는 사람들의 동선과 표정을 관찰하고 시식 평을 들으며 정보를 얻었다.

하지만 이제는 사람들이 대부분의 행동과 결정을 온라인상에서 한다. 예전에 눈으로 볼 수 있었던 정보들, 즉 살까 말까 고민하는 표정, 바구니에 넣었다가 다시 꺼내놓는 행동, 동선 등의 정보는 알 수 없게 됐다. 이제 그런 정보들은 온라인 데이터를 보며 짐작해야 한다.

> 리터러시: 글을 읽고 이해하는 능력
> 데이터 리터러시: 데이터를 읽고 해석하는 능력

데이터 리터러시에 관해서는 이미 훌륭한 글들이 많이 있으니, 여기서는 아이디어 내공을 키우는 측면에서 가장 중요하다고 생각하는 세 가지를 말해보려고 한다.

첫째, 데이터 뒤에 보이는 사람의 마음과 행동을 관찰한다

대형마트의 온라인몰에서 자주 구매하는 K라는 사람이 있다. 고객 정보에 따르면 20대 여성이다. 그런데 주로 구매하는 품목은 비비고 국(소고기 뭇국, 미역국, 육개장)과 햇반이다.

이 데이터 자체는 큰 의미가 없다. 국과 햇반에 월 5만 원가량을 쓰는 평범한 소비자일 뿐이다. 그런데 이 데이터 너머 고객의 마음과 행동을 생각해보자. 국과 햇반을 정기적으로 산다는 건 집에서 밥을 먹는 경우가 많다는 의미다. 그것도 한식을. 그런데 햇반만 구매할 뿐 쌀을 사지 않는 걸 보면 요리를 즐기지 않거나 시간이 부족하다는 걸 짐작할 수 있다. 그런데 왜 반찬이나 간식거리는 하나도 사지 않을까? 본가에서 보내주는 걸까, 아니면 경쟁 업체에서 사는 것일까? 이 고객을 대상으로 20대 여성이 좋아할 만한 소포장 반찬이나 밀키트 할인 쿠폰을 보내보면 어떨까.

데이터 속에 사람들의 마음과 행동이 있다. 그리고 숫자 너머를 올바르게 해석하는 법은 일하는 사람에게 견실한 내공이 된다. 사람의 마음이란 복잡다단하기 때문에, 겉으로 보이는 데이터보다 한 단계 더 들어가서 진실을 파헤쳐봐야 할 때도 많다.

예를 들면 설문조사 같은 경우가 그렇다. 회사에서 주니어 직원들을 대상으로 리더에게 바라는 점을 조사하면 늘 단골처럼 나오는 대답이 이것이다.

"소통을 늘려주세요."

인사 담당 부서에서는 이 내용을 리더들에게 부지런히 전달하며 소통을 늘리라고 주문한다. 얼마나 노력했는지 적어 내라는 곳도 있다. 워크숍이나 부서별 체험 활동 지원을 대폭 늘리기도 한다. 그런데 정작 리더들이 면담 시간을 늘리거나 회식을 하려고 하면 분위기가 영 좋지 않다. 부서원들의 얼굴에 싫어하고 부담스러워하는 기색이 역력하다.

"아니, 소통을 늘려달라며!"

리더는 억울할 뿐이다.

인사 담당자라면 소통을 늘려달라는 답변이 65%가 나온 것을 봤을 때 데이터 너머의 마음을 읽으려고 노력해야 한다. 그래야 진실에 다가가서 좋은 답을 찾아낼 수 찾아낼 수 있다. 직원들이 정말로 리더들과 친해지고 싶어하는지를 생각해보자. 그동안의 직장 경험에 따르면 아무래도 아닐 것 같다. 그래서 몇몇 직원을 불러서 맛있는 걸 사주며 살짝 물어본다.

"이번에 조직문화 설문조사 결과가 이렇게 나왔는데, 좀 의아해서요. 진짜 이래요?"

대부분은 웃으며 고개를 절레절레 저을 것이다. 딱히 쓸 말이 없으니 가장 무난한 걸 적은 것뿐이다. 게다가 소통을 늘려달라는 의미는 친해지고 싶다는 의미가 아니라 '업무를 지시할 때 맥락과 정보를 정확히 전달해서 쓸데없는 시행착오를 줄여달라', '피드백을 정확하게 해달라'라는 의미라는 거다. 다음은 두 명의 인사 담당자가 똑같은 데이터를 보고도 전혀 다른 솔루션을 제시한 경우다.

• A 담당자: 워크숍 및 부서별 체험 활동 확대
• B 담당자: 맥락과 정보, 피드백을 정확하게 전달하고 공유하는 리더 대상 커뮤니케이션 교육

둘 중에 뭐가 더 좋은 방법일지는 독자의 판단에 맡기겠다.

둘째, 튀는 데이터를 보면
알아볼 수 있다

전체 맥락을 보면서 '이 데이터는 좀 이상한데?'라고 찾아낼 정도의 능력이 있으면 생각지도 못했던 아이디어를 찾을 수 있다. 《데이터 리터러시》를 쓴 강양석 전략컨설턴트는 책에서 미국 은행 콜센터의 고객 응대 소요 시간 분포 그래프를 예로 들며 튀는 데이터를 통해 인사이트를 얻는 방식을 보여주었다.

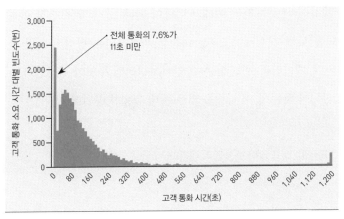

참고: 콜센터 통화 횟수는 31,492건, 1,200초 이상 통화는 그래프에서 제외
출처: Based on Shen(2003), as referenced in Moore and McCabe(2006, pp 10~11)

X축은 고객 응대 시간이 몇 초인지를 나타내고, Y축은 해당 초의 횟수를 의미한다. 그렇다면, 가장 튀는 데이터값은 무엇일까? 다음 문단으로 넘어가기 전에 그래프를 한번 유심히 관찰해보라.

맨 앞에 가장 삐죽 올라온 값이 튄다. X축을 보니 상담 시간이 11초 미만에 불과한 상황이 7.6%나 된다. 그러면 '이 데이터는 좀 이상한데?'라는 생각이 바로 들어야 정상이다. 딱 봐도 콜센터 상담 시간이 11초 이내라면 뭔가 잘못된 것 아니겠는가. 설비에 문제가 있거나 일부러 전화를 끊는 행위가 다수 일어난다는 뜻이니 말이다. 사실을 파헤쳐보니 긴 통화 응대를 징계하는 제도 때문에 평균 응대 시간을 줄이려고 이런 행동이 나왔다고 한다(더 자세한 내용을 알고 싶은 사람은《데이터 리터러시》pp. 160~162를 읽어보길 권한다).

콜센터의 튀는 데이터를 알아본 직관에는 '상담 시간이 10여 초인 건 정상이 아니다'라는 이해가 바탕이 된다. 다시 말해, 은행 콜센터 상담을 위해서는 적어도 1분 이상은 필요하다는 상식이 기반이 된 것이다. 데이터를 보고 튀는 걸 알아차리려면 무엇이 정상인가를 알고 있어야 하는데, 이 능력을 키우는 데 유용한 방법이 있다.

기준 데이터를 많이 보면 감이 생긴다.

경영진은 튀는 데이터를 직관적으로 알아본다. 관리자급이라면 다들 이런 경험이 있을 거다. 보고하기 전에 숫자들을 몇 번이고 점검했음에도 눈치 못 챈 숫자 오타를 경영진이 정확히 찾아내는 기묘한 상황 말이다. 경영진은 실무를 모르기 때문에 17이 맞는지 27이 맞는지 알 수가 없을 텐데, "이 데이터가 맞는 겁니까?"라고 지적한 걸 확인해보면 신기하게 꼭 틀려 있다. 어떻게 그 많은 숫자 중에서 틀린 걸 콕 집어내는 걸까.

비결은 기준 데이터를 많이 아는 것이다. 일테면 연간 재무 분석을 매년 검토하면서 최근 5년간 제품의 평균 연구개발 비용이 15억 원이라는 사실을 알고 있다. 그렇기에 A 부서에서 이번 L 제품 연구개발 비용에 5억 원이 들었다고 보고하면 바로 이상하다고 느낀다. 작년에 B 부서에서 추진한 더 작은 규모의 연구에도 7억 원이 들었으니 뭔가 잘못된 숫자일 거라는 생각이 든다. 그래서 고개를 갸웃거리며 "이 수치가 맞는 거예요?"라고 물어본다. 보고하는 사람은 당황하며 그 자리에서 실무자에게 전화를 걸어 확인해본다. 아니나 다를까, 총금액은 17억 원이고, 5억 원은 올해에만 들어간 액수라는 대답이 돌아온다. 그러고는 자기도 몰랐던 사실을 어떻게 경영진이 알아챘는지 뜨끔해하며 속으로 고개를 절레절레 젓는다.

데이터를 봤을 때 '어? 튀는 데이터잖아' 할 수 있으려면 기준 데이터를 많이 알아야 한다. 예를 들어, 다음과 같은 데이터를 본 담당자라고 생각해보자.

• 경쟁사 ○○ 매장의 9월 매출 10억 원

기준 데이터를 모르는 사람에게는 이 숫자가 아무 의미가 없다. 하지만 유사한 매장 월평균 매출이 3억 원이고 9월은 1년 중 가장 매출이 저조하다는 기준 데이터를 아는 사람이라면 이 데이터를 보자마자 멈칫할 것이다. 숫자 오류가 아니라면 뭔가 비밀이 있는 매장인 것이다. 과연 비결이 무엇일까. 당장 찾아가서 분석해봐야겠다는 열의가 생긴다.

이런 걸 스스로 알아채는 사람과 누가 말해주기 전까지는 모르는 사람은 경쟁력의 차이가 클 수밖에 없다. 그러니 자기가 일하는 분야의 기준 데이터들을 자주 들여다보고, 중요한 건 메모해두자. 그러면 튀는 데이터가 나왔을 때 누구보다 빨리 눈치채고, 인사이트를 얻을 수 있다.

셋째, 원하는 데이터를 정확히 요청할 수 있다

데이터는 산처럼 쌓여 있다. 그리고 요청에 따라 뽑아내고 가공할 수 있는 전문가들도 꽤 많다. 이제 일하는 담당자가 '요청을 제대로 할 수 있는가?'가 어느 때보다 중요해졌다. 우리 회사가 어떤 목푯값을 가지고 있고, 가설은 이런데, 검증을 위한 모 데이터가 필요하다고 가장 정확하게 말할 수 있는 건 바로 현장의 담당자이기 때문이다.

어떻게 하면 데이터를 잘 요청할 수 있을까? 데이터 분석을 하는 분들은 모두 동의하실 텐데, 담당자가 무엇을 알고 싶어 하는지가 명확할수록 좋은 결괏값이 나온다. 예를 들어, 제니퍼라는 마케터가 편의점 마케팅 전략을 고민하는 중이라고 해보자. 전국에 1,000개의 가맹 편의점이 있고, 결제 기록까지 합치면 수억 건의 데이터가 있다.

이 수억 건의 데이터를 가지고 마케팅 아이디어를 찾아내려면 어떻게 해야 할까?

"마케팅 전략을 짜려고 하는데 고객 데이터 좀 분석해주세요."

이렇게 말하면 당연히 안 된다. 예전에 짝사랑했던 동창을 만날 때 입으면 좋을 만한 옷의 원단을 추천해달라는 식의 질문이다. 데이터 분석가는 당황해서 입을 떡 벌리고 쳐다보다가 심란한 표정으로 "그게 다인가요?"라고 물어볼 것이다. 담당자가 별다른 요청을 추가하지 않으면, 지역·성별·나이·구매 품목·구매 횟수·매장 매출 순위 등의 일반적인 특징을 정리해서 건네줄 것이다.

물론 약간의 인사이트를 발견할 수는 있겠지만, 건초 더미에서 바늘 찾는 식이라 가능성이 크지 않다. 좋은 데이터를 얻고 싶으면, 올바른 질문에서 시작해야 한다. 지금 맡은 업무를 더 잘하려면 어떤 데이터가 필요한가? 우리가 도와주고자 하는 '누구'의 '그 문제'를 해결하려면 어떤 데이터가 필요한가? 이 질문에 가장 잘 대답할 수 있는 사람은 현업의 담당자다.

우리 회사 마케팅 전략에 어떤 데이터가 필요할지는 현업에 있는 담당자가 더 깊이 이해하고 있다. '지난번 프로모션은 효과적이었나', '할인 제품은 반응이 어땠나', '분기별로 진행한 콜라보 프로젝트는 전체 매출에 도움이 됐나', '어느 지역이 가장 반응이 좋았나' 같은 질문을 떠올릴 수 있는 사람은 데이터 분석가가 아니라 담당자다. 따라서 담당자는 질문을 구체적으로 정해놓고 데이터를 요청해야 한다. 그 질문을 기반으로 데이터 분석가와 상의할 때 훨씬 좋은 결과가 나오기 때문이다.

- 목표: 고객 성향에 맞는 마케팅 전략을 찾아서 매출을 늘리고 싶다.
- 질문: 본사에서 하는 프로모션이 효과적인지, 어떤 프로모션의 반응이 좋았는지 알고 싶다.
- 검증을 위한 데이터
  - 1년에 추진한 프로모션을 리스트화하여 가맹 편의점들의 출시 전과 이후의 판매량 추이 비교
  - 판매량 증가에 따라 5단계로 그룹을 나눠줄 것

얼마 전 독서 플랫폼 〈밀리의 서재〉가 고객의 독서 만족도를 늘리기 위해 '완독 데이터'를 새로운 기준으로 내세웠다. 베스트셀러라고 하지만 실제로는 다들 얼마 읽지 못하고 포기해버린다면 결국 고객 경험이 훼손되기 때문이다.

'독자인 고객에게 가장 만족감을 주는 방법은 좋은 책을 읽는 경험이지. 그렇다면 그들이 좋은 책을 읽었는지 어떻게 알지? '좋아요' 버튼으로? 아니지, 끝까지 읽었는지를 알아야지. 그리고 오래오래 천천히 읽는 것과 빨리 읽는 것 중에 뭐가 더 좋을까? 우열을 가릴 수는 없지만, 이것도 구분을 해주는 게 좋겠어.'

완독률과 독서 시간을 기준으로 네 가지 카테고리, 즉 밀리픽, 홀릭, 마니아, 히든으로 나누어 기존의 베스트셀러 집계만으로는 충족되기 어려웠던 책들을 소개했다. 여기에는 어떤 까다로운 수학도, 공

식도, 복잡한 데이터 분석 기법도 존재하지 않는다.

그러니 용기를 내시길. 현장에서 일하는 실무자에게 가장 필요한 건 올바른 가설과 구체적인 질문이다. 그다음은 다른 분야에서 활약하는 똑똑한 파트너들의 도움을 받아 나아가면 된다.

"데이터 속에 사람들의 마음과 행동이 있다.
좋은 아이디어의 실마리가 되는
진실이 숨어 있다.

일하는 사람이라면 데이터 리터러시,
즉 데이터를 보고 해석하는 능력을
기본적으로 갖춰야 한다.

까다로운 수학이나 공식,
복잡한 데이터 분석 기법은 몰라도 된다.

숫자 너머의 상대방 마음을 읽고,
튀는 데이터를 통해 인사이트를 얻고,
원하는 데이터를 요청하는 법을
배우자."

실행

머릿속 아이디어를
현실로 구현해내는

PART
02
PRACTICE

[WHY]
타임머신을 타고 과거로 간다면, 나는 당근마켓을 론칭할 수 있을까?

아이디어 vs. 실행력

아이디어와 실행력 중
무엇이 더 중요할까?

───────

SBS 〈생활의 달인〉이라는 프로그램을 가끔 본다. 맛집 고수들이
출연할 때가 많은데 어떤 과정을 거쳐 만드는지, 비법 재료들은 무엇
인지까지 세세히 알려준다. 처음 볼 때는 가게의 비법을 저렇게 다
공개해도 괜찮은 건지 걱정이 됐는데, 계속 보다 보니 괜한 염려라는
걸 알게 됐다.

'안다고 해도 누가 저걸 따라 할 수 있겠어.'

달인이 소개하는 비법 자체는 어렵지 않았다. 하지만 생각지도 못

한 비싼 재료가 많이 들어가고, 공들이는 시간 역시 엄청났다. 웬만한 사람들이 감당할 수 있는 재료비와 노동 강도 수준이 아니었다. 그걸 볼 때면 예전에 유명한 일본 국숫집 명인이 조리 과정을 공개하면서도 "상관없다. 비결을 모두 알더라도 우리처럼 품질을 꾸준히 유지할 순 없을 것이다"라고 자신하던 일화가 생각나곤 했다.

성공한 맛집의 비밀을 전부 공개해줘도 실행에 옮기기는 쉽지 않다. 마찬가지로 멋진 아이디어를 생각해냈더라도 실현하는 건 쉽지 않다. 하지만 우리는 멋진 아이디어만 찾아내면 그다음은 탄탄대로가 이어지리라고 믿어버린다. 글쎄, 과연 그럴까.

만약 우리가 타임머신을 타고 과거로 갈 수 있다고 해보자. 아직 다음의 아이디어들을 누구도 구현한 적이 없다.

- MZ세대에게 힙한 쇼핑몰 '무신사'
- 독서 플랫폼 '밀리의 서재'
- 배달의 판도를 바꾼 '배달의 민족'
- 새벽배송 시대를 연 '마켓컬리'
- 새로운 중고 거래의 시작 '당근마켓'
- 금융 전문 플랫폼 '토스'
- 레깅스로 유명한 애슬레저의 선두 '안다르'

아이디어를 현실로 만들 수 있을까? 물론 창업은 엄두가 안 날 수 있겠지만, 이 핵심 아이디어들은 기존 유사한 업종에 있던 사람이라면 얼마든지 시도해볼 수 있는 것들이었다. 예를 들면, 대형 유통사나 반찬 및 국 배달 전문 회사에서 일하고 있는 사람이 '새벽 배송'을 제안하는 식으로 말이다. 그래도 너무 커서 감이 안 온다며 고개를 젓는 분들을 위해서 좀 더 좁은 범위의 아이디어를 말해보겠다.

- 기업 역사가 70년인 대한제분에서 곰표 브랜드로 MZ세대의 취향을 저격할 콜라보 굿즈와 밀 맥주 출시하기
- 〈곰돌이 푸〉 대사를 기반으로 에세이 책 출시하기
- 미술관에서 사진을 마음껏 찍도록 허용하기
- 호텔과 협업해서 밀키트 출시하기
- 카카오톡에 '선물하기' 또는 '경조금 보내기' 기능 넣기
- 배가 아플 정도로 매운 불닭볶음면 만들기
- 유재석과 조세호를 섭외해서 평범한 이웃들과 삶의 스토리를 나누는 토크 프로그램 만들기

이것 말고도 수백, 수천 가지가 있을 것이다. 우리를 배 아프게 했던 경쟁 업체의 성공만 꼽아도 한두 개가 아니니까. 어쨌든 현재에 사는 우리는 이 아이디어들이 성공했음을 확실히 알고 있다. 하지만 이 확실한 아이디어를 가지고 과거로 간다면 동료들을 설득해 실제로 구현해낼 수 있을까? 미심쩍어하는 주변 반응과 비협조적인 상대방을 견디면서 말이다. 당신 외의 사람들은 안 되는 이유를 모두 한 트럭씩 갖고 있다.

멋진 아이디어를 찾아낸 것만으로는 충분하지 않다. 회사의 동료와 리더에게 어떤 모습일지 스케치해서 보여주고, 성공할 거라고 설득하고, 팀들을 모아 실제 결과물을 만드는 길고 긴 과정이 남아 있기 때문이다. 오랫동안 논쟁이었던 다음 질문을 떠올려보자.

멋진 아이디어와 뛰어난 실행력 중 무엇이 더 중요할까?

대답하기에 앞서, 둘 중 하나가 부족한 경우에 어떤 모습이 펼쳐지는지 슬쩍 들여다보겠다.

멋진 아이디어가
부족한 실행력과 만나면 무슨 일이 생길까?

많은 사람이 즐겨 사용하는 사례가 제록스 파크Xerox PARC다. 제록스 파크는 제록스 팰로앨토연구소Palo Alto Research Center의 약자인데, 현재 우리가 누리는 정보통신 기술에 큰 업적을 남긴 곳이다. 하지만 뛰어난 연구 성과에도 불구하고 상용화까지는 이르지 못해서 정작 열매는 다른 기업들이 누린, 비운의 사례로 자주 언급된다.

다음은 이 연구소에서 나온 기술들이다.

- 네트워크 표준인 이더넷Ethernet
- 유비쿼터스 컴퓨팅

- 분산 컴퓨팅
- 레이저 프린팅

제록스는 값진 연구들에 돈을 지원하고도 레이저 프린팅을 제외한 나머지 분야의 사업화는 실패하고 말았다. 가장 유명한 사례는 최초로 그래픽 방식(GUI)의 PC를 개발한 '제록스 알토'다. 키보드 대신 마우스로 조작하는 이 개인용 컴퓨터는 우리가 지금 쓰는 컴퓨터와 흡사하다. 하지만 프린터 비즈니스가 주력이던 제록스에서 이 아이디어는 사업화되지 못한 채 지지부진하게 떠돌다가 묻히고 말았다.

1980년 이 연구소를 방문한 스티브 잡스는 이 기술의 가치를 단번에 알아봤다. 몇 년 후 매킨토시를 내놓았고, 이후의 성공은 우리 모두 아는 바다. 그 밖에 개인용 컴퓨터의 열매는 IBM이, 그래픽 기반 사용자 환경의 열매는 마이크로소프트와 애플이 가져갔다.

스티브 잡스는 후에 "제록스가 기회가 왔다는 걸 알았더라면 이미 IBM에 마이크로소프트를 합친 회사가 됐을지 모른다"라는 말을 했다고 한다. 위로하는 듯하지만, 은근히 맥이는(?) 이 발언을 들었을 때 제록스는 얼마나 속이 쓰라렸을까?

잘못된 아이디어가
뛰어난 실행력과 만나면 무슨 일이 생길까?

'도대체 왜 저런 걸 만들었지?'

이런 생각이 들었던 모든 제품과 서비스, 제도가 여기에 해당한다. 세상에 나온 지 몇 달 또는 몇 년 후에 흐지부지 사라졌던 것들 말이다. 엄청난 욕을 먹으면서 경영진의 사과와 함께 사업을 철수한 예도 있다. 안 그래도 해당 기업에는 가슴 아픈 기억일 테니 구체적인 사례를 일일이 적지는 않겠다.

구글의 경우는 최초의 엔지니어링 디렉터인 알베르토 사보이아 Alberto Savoia가 직접 《아이디어 불패의 법칙》에서 소개했기 때문에 부담 없이 슬쩍 언급해보려 한다. '구글의 무덤'이라고 불리는 사이트 (https://killedbygoogle.com)에 가보면 그동안 구글이 도전했다가 실패한 200여 개의 사업이 각자의 묘비 아래 얌전히 묻혀 있는 걸 볼 수 있다 (삼가 명복을 빕니다). 예전에는 헌화하며 애도를 표할 수 있는 웃픈 사이트가 있었는데, 이 글을 쓰면서 다시 찾아보니 없어진 것 같다.

잘못된 아이디어가 뛰어난 실행력과 만나면 누구도 원하지 않은 방향으로 뻗어 나간다. 1990년대 뉴욕과 펜실베이니아 지역에서 도입한 심장 전문의 '진료성적표' 제도가 유명한 사례다. 이 제도를 도입한 의도는 나쁘지 않았다. 의사결정자들이 모여서 아마 다음과 같은 과정을 거치지 않았을까?

- 문제 상황: 환자는 왜 의사의 실력도 정확히 알지 못한 채 무작정 수술을 결정해야 하나?
- 문제 정의: 어떻게 하면 환자가 수술을 맡을 의사의 실력을 투명하게 알 수 있을까?

• 아이디어: 병원과 의사의 성적을 공개하는 '진료성적표' 제도를 도
  입하자!

얼마나 합리적이고 명쾌한 아이디어인지!

실력 있는 사람들이 뛰어난 실행력을 발휘해 즉시 제도를 만들어
서 현장에 도입했다. 이 제도 덕분에 명명백백하게 누가 실력이 있고,
누가 실력이 없는지가 만천하에 드러나게 됐다. 만세! 드디어 환자들
은 투명한 정보 속에서 더 좋은 의료 환경을 보장받게 된 것이다.

하지만 과연 그럴까?

경제학자 데이비드 드라노브David Dranove 연구팀이 진료성적표의
현실을 조사한 결과는 우울하기 짝이 없다. 진료성적표라는 제도는
의도야 좋았지만 환자에게 더 유리한 의료 환경을 주지 못했다. 시스
템이 환자에게 안 좋은 쪽으로 움직였기 때문이다.

병원과 의사는 진료성적표를 의식하게 되자 가장 합리적인 방향
으로 행동했다. 즉, 수술 결과가 안 좋을 가능성이 큰 환자는 꺼렸고
예후가 좋을 것으로 판단되는 건강한 환자에게는 수술을 적극적으
로 권유했다. 이 제도는 잘못된 아이디어가 실행될 때 어떻게 현실을
망치는가에 대한 대표적인 사례로 꼽힌다.

좋은 아이디어를 찾아내는 것, 그 아이디어를 현실로 구현해내는
능력은 모두 우열을 가릴 수 없게 중요하다. 자, 이제 우리는 아까의
질문에 대답할 준비가 됐다.

멋진 아이디어와 뛰어난 실행력 중 무엇이 중요할까?

당연히 '둘 다'이다.

물론 성향과 재능에 따라 더 잘하는 영역이 있을 것이다. 누구는 아이디어에 좀 더 강점이 있고, 누구는 실행에 더 뛰어나겠지만 일정 수준 이상의 기초 역량은 모두 갖추고 있어야 한다. 실행 방식에 깜깜한 사람이 좋은 아이디어를 찾기 어렵고, 좋은 아이디어를 알아보는 눈조차 없는 사람이 실행을 통해 멋진 결과물을 내기는 어렵다. 파트 1에서 둘 중에 한 축인 '아이디어'를 다루었으니, 이번 파트에서는 '실행'에 관해 이야기해보려고 한다.

머릿속 아이디어(또는 상대방이 준 과제)를
어떻게 현실에서 근사하게 구현해낼까?

우당탕탕 현실 세계로 초대한다.

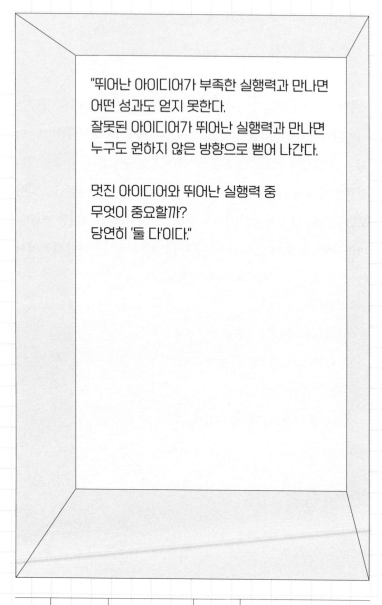

"뛰어난 아이디어가 부족한 실행력과 만나면
어떤 성과도 얻지 못한다.
잘못된 아이디어가 뛰어난 실행력과 만나면
누구도 원하지 않은 방향으로 뻗어 나간다.

멋진 아이디어와 뛰어난 실행력 중
무엇이 중요할까?
당연히 '둘 다'이다."

작게 시작해서
완성도를 높여가는 방식

애자일(Agile)

일을 실행하는 방법론:
애자일 vs. 워터폴

최근 몇 년간 유행처럼 세상을 휩쓴 용어가 애자일agile이다. 2001년 소프트웨어 업계의 선언에서 시작된 이 방법론은 곧 빠르게 세계로 퍼져나갔다. 소프트웨어를 기반으로 한 스타트업이 거대한 기업으로 성장하는 일들이 늘어났고, 그 외 업계에서도 예전보다 더 기민하게 소비자에게 대응할 이유가 커졌기 때문이다. '혹시 좀 더 나은 방법은 없을까?'라는 고민이 깊던 상황에서 애자일이라는 새로운 방식은 많은 사람에게 인사이트를 주었다.

애자일이 어떤 가치를 추구하는지 알려면, 대비되는 개념인 워터
폴waterfall을 살펴보면 된다. 실행 관점에서 두 방식을 가장 단순하게
표현하면 이렇다.

애자일(agile): 작게 시작해서 완성도를 높여가는 방식
워터폴(waterfall): 목표를 작은 덩어리로 나누어 실행하는 방식

다음은 두 개념을 설명하는 가장 유명한 그림 중 하나다.

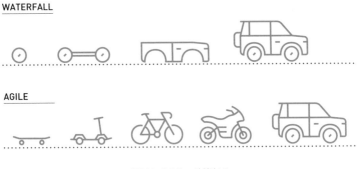

참조: Henrik Kniberg의 일러스트

워터폴 방식에서는 요소들이 합쳐져서 자동차가 완성된다. 누구
는 디자인을 하고, 누구는 차체를 만들고, 누구는 바퀴를 만든다. 이
모든 요소가 합쳐지면 비로소 자동차가 완성된다. 이에 비해 애자일
방식은 '바퀴가 달린 이동 수단을 만들자'에서 시작해 스케이트보드,

자전거, 오토바이, 자동차 순으로 진행한다.

둘 중 무엇이 더 좋은 방법일까?

각 분야의 옹호론자들은 극단적인 태도를 보이는 경향이 있지만, 이 글을 읽는 현명한 독자들은 상식적인 답을 알고 있을 것이다. 둘 다 훌륭한 방법이다. 좀 더 우월한 방식이 있는 게 아니라 상황에 따라 적절한 방법이 있을 뿐이다.

자동차라는 완성품이 머릿속에 있고, 바로 그 제품을 세상에 소개하고 싶다면 당연히 워터폴이 유리하다. '일단 가볍게 자전거부터 만들어볼까?'라는 생각은 말도 안 된다. 하지만 '바퀴를 이용해서 사람이 편리하게 이동하도록 만들면 어떨까?'라는 질문에서 시작해 답을 찾아나가는 사람이라면, 예산과 제작 부담이 가장 적은 스케이트보드부터 시작하는 게 좋은 전략일 것이다.

애자일 방법론에 관해서는 워낙 많은 책과 논문 등이 나와 있으므로 자세히 설명하지는 않겠다. 특히 소프트웨어 분야에서 일하는 사람이라면 스크럼, 스프린트, 린 같은 방법론을 통해 애자일 기법을 이미 업무에 적용하고 있을 테니 말이다.

1,000개의 회사가 있으면 1,000개의 애자일 형태가 있고, 정의할 수 있으면 이미 그건 애자일이 아니라는 극단적 입장도 있다. 하지만 그렇게 말하다 보면 너무 어수선해진다. 우리는 애자일의 정확한 정체가 아니라, 업무에 어떻게 영리하게 적용할 수 있을지가 궁금한 사람들 아닌가. 그러니 여기서는 애자일의 핵심 마인드셋이자 다양한 업종에서 일하는 사람들에게 공통으로 도움이 될 만한 두 가지를 말

해보려고 한다.

정답은 찾아나가는 것:
최소기능제품MVP을 가지고 고객에게 물어보자!

아이디어를 실행할 때 우리가 지금 제대로 된 길을 가고 있다는
걸 누가 확신할 수 있을까?《아이디어 불패의 법칙》에서 사보이아는
이에 대해 아주 분명한 견해를 밝혔다.

대부분의 신제품은 시장에서 실패한다.
유능하게 실행해도 마찬가지다.*

어떤 제품이나 서비스가 성공할지 실패할지는 누구도 알 수 없다.
다만, 대개는 높은 확률로 실패한다. 아무리 시장 조사를 열심히 하
고, 유능한 사람이 달라붙는다고 하더라도 실패의 암울한 가능성에
서 벗어날 수가 없다. 사보이아는 "당신 아이디어의 가장 가능성 큰
결과는 실패다"라고 뼈를 때리면서, 우리의 아이디어가 될성부른 떡
잎인지 아닌지를 미리 작게 검증하라고 조언했다.
애자일의 기본 입장도 비슷하다. 완성품을 만들고 나서 시장에 내
놓는 기존 방식은 위험하기 짝이 없다고 생각한다. 시장이 원하지 않

---

* 알베르토 사보이아, 《아이디어 불패의 법칙》, 인플루엔셜, 2020, p. 41

는 제품이나 서비스라면 반드시 실패할 것이기 때문이다. 그러니 시간과 비용을 최소화한 '최소기능제품Minimum Viable Product, MVP'을 만들어 검증해보라고 조언한다. 여기서 주의할 점은 최소기능제품이 미완성 제품을 말하는 게 아니라는 것이다. 제품이나 서비스는 멀쩡하게 완성본이다.

예를 들어, 우리가 두 가지 아이디어의 가능성을 검토하는 중이라고 생각해보자.

- 1인용 식기 세척기가 있으면 어떨까?
- 신체 사이즈를 정확하게 알려주는 서비스를 출시하면 어떨까?

사전 조사를 아무리 열심히 해도 한정된 정보뿐이다. 이럴 때 좋은 전략은 직접 부딪쳐서 피드백을 받는 것이다. 제품이나 서비스가 바른길로 가고 있는지를 고객에게 어떻게 물어볼까?

사례 1: 1인용 식기 세척기를 만들자

1인용 식기 세척기가 왜 필요할까? 만든다면 어떤 모습이어야 할까? 다음의 질문들을 먼저 꼼꼼하게 생각해본다.

- 그동안 1인용 식기 세척기가 없었던 이유가 무엇일까?
- 1인용이면 크기가 어느 정도여야 할까?
- 디자인은 어떤 느낌이면 좋을까?

- 가격은 얼마 정도가 적절할까?
- 제작 공정은 어떻게 되나?
- 신뢰할 만한 파트너는 누구인가?
- 실제 제품으로 생산되기까지는 얼마나 걸리나?

질문의 답을 바탕으로 기능과 디자인, 가격, 스펙 등을 상세하게 포함한 제품을 디자인해본다. 기존 방식대로라면 1인용 식기 세척기를 만들어서 고객에게 테스트하는 게 다음 순서겠지만, 비용이 너무 많이 든다. 작은 기업이라면 엄두도 안 나는 일이다. 만약 회사 예산의 50%를 쏟아부었는데 망하면 어떻게 할 건가.

이 경우에는 완성도 낮은 최소기능제품low-fidelity MVP을 활용할 수 있다. 디자인과 기능을 세세하게 반영한 제품 사진을 만드는 것이다. 제품이 눈앞에 있는 것처럼 말이다.

완성도 낮은 최소기능제품(low-fidelity MVP):
실제 제품(서비스)의 형태만을 모방하여 구현한 최소기능제품

실제 제품은 없지만 세세한 제품 사진 및 설명서, 가격은 있다. 소비자에게는 온라인으로 사는 다른 완성품과 다를 게 없는 정보가 주어진다. 이 상태에서 아이디어를 검증해보자. 우리에게는 이미 훌륭한 플랫폼이 있다. 텀블벅이나 와디즈 같은 크라우드 펀딩 사이트에

제품을 오픈하고 사전 주문을 받으면 된다.

- 가설의 검증: 크라우드 펀딩 사이트에 제품을 등록하고 사전 주문을 받는다.

확실한 '누군가'가 있는 '그 문제'라면 시장이 뜨겁게 반응할 것이다. 반응이 미적지근하다면 무엇인가가 잘못된 것이다. 세상에 아직 나올 필요가 없는 제품이거나, 대대적인 보완이 필요하거나.

피드백을 들으며 대폭 수정한 후 다시 도전해본다(어차피 사진밖에 없어서 큰 비용은 들지 않으니까). 반응이 좋아지면 바른길을 찾은 것이다. 반대로 반응이 싸늘해도 낙심할 것 없다. 더는 그쪽으로 가지 말아야 한다는 걸 안 셈이니까. 어쨌든 우리는 맞는 길을 찾을 수 있다.

사례 2: 신체 사이즈를 정확히 알려주는 서비스를 출시하자

대부분 사람은 자기 치수를 정확히 모른다. 심지어 정확한 발 치수조차 모르는 사람도 드물지 않다. 제품에 분명히 어깨 길이, 바지 길이, 엉덩이둘레 등을 상세히 적어놓아도 그 정보가 유의미한 사람들은 많지 않다. 게다가 온라인으로 옷이나 신발을 주문하는 일이 늘어나면서 맞는 제품을 고르는 게 점점 까다로워지고 있다. 55, 66 또는 S, M, L 또는 100, 110 등 치수 기준도 복잡한데 다른 나라 기준까지 추가되니 더 골치가 아프다. 그러다 보니 혼란스러운 표현들이 넘쳐난다. "마른 66인데 이 옷이 맞을까요?", "100 사이즈인데 크게 나왔어요", "키가 175cm인데 소매가 길까요?", "한국 기준으로는 105인데 이거 입어도 될까요?" 등등.

자기 치수만 정확히 알아도 옷을 구매할 때 훨씬 편해지지 않을까? 이 질문이 아이디어의 출발점이 됐다.

- 사람들은 자기 치수를 얼마만큼 알고 있는가?
- 사람들이 알고 싶어 하는 치수는 무엇인가?
- 제품 상세 페이지에서 주로 알려주는 치수는 무엇인가?
- 왜 사람들은 정확한 치수를 모르는가?
- 정확한 치수를 재는 방법은 무엇인가?
- 왜 지금까지 유사한 서비스가 나오지 않았나?

이 아이디어가 가능성이 있는지 없는지를 어떻게 검증할까? 사전 조사와 인터뷰를 기반으로 최소기능제품을 만들어보자. 온라인에 채널을 개설해 분야별로(어깨너비, 팔 길이 및 둘레, 다리 길이, 허벅지·허리·가슴·엉덩이·머리·목둘레, 발 크기 등) 치수를 정확히 재는 법을 보여준다. 그리고 구독자를 대상으로 오프라인에서 치수를 무료로 측정해주는 이벤트를 진행한다.

참고로, 제품 사진만 있었던 1인용 식기 세척기를 '완성도 낮은 MVP'라고 했는데, 이것처럼 실제 제품과 서비스 수준에 가깝게 구현한 경우는 완성도 높은high-fidelity MVP라고 한다.

> 완성도 높은 최소기능제품(high-fidelity MVP):
> 실제 제품(서비스)에 가깝게 구현한 최소기능제품

이제 검증을 해볼 차례다. 온라인 채널을 개설해서 영상을 하나씩 빠르게 게시한다. 오프라인으로는 홍대 AK몰처럼 접근성이 좋고 패션 의류 가게들이 즐비한 곳에 공간을 임대한다. 또는 패션 브랜드와 협업하여 이미 탈의 공간이 넉넉한 매장들에서 진행할 수도 있다. 옷을 사러 온 사람들이 탈의실 앞에 서 있다가 '무료라는데 나도 잠깐 해볼까?'라고 생각할 수 있으니 말이다.

- 가설의 검증
  - 온라인 채널을 개설해 치수를 정확히 재는 영상을 게시한다.
  - 패션몰 공간 대여 또는 패션 의류 회사와 협업을 통해 무료로 치수를 재주는 이벤트를 진행한다.

실제로 검증해보면 생각지도 못했던 변수가 나온다. 예컨대 사람들이 의외로 발 사이즈에 가장 뜨거운 반응을 보인다거나, 정확한 치수를 알고 싶지만 남에게 그 정보가 유출되는 것을 매우 민감하게 반응한다는 점 등을 발견할 수 있다. 또는 뜻밖의 타깃층을 발견할 수도 있다. 온라인 쇼핑과 해외 직구를 가장 즐기는 20대가 제일 필요로 할 줄 알았는데, 예상외로 나이 든 후 체형이 바뀐 40대 이상이 가장 뜨거운 반응을 보일 수도 있다. 해보기 전에는 알 수 없었던 귀중한 정보들이다.

작은 성공을 반복하며 나아간다:
스프린트처럼

애자일은 회사와 업종마다 다르게 적용되므로 정형화된 모습을 추구하진 않는다. 그럼에도 공통점이 아주 없는 것은 아니다. 세계은행 지식경영 책임자를 역임한 스티븐 데닝Stephen Denning은 애자일을 잘 적용하는 기업들의 특징 열 가지를 꼽았다. 다음은 그의 저서《애자일, 민첩하고 유연한 조직의 비밀》에서 밝힌 열 가지 법칙 중 상위 5개다.[*]

1. 업무를 작은 단위로 나누어 처리한다.

2. 소규모의 기능혼합팀을 만든다.

3. 업무량을 제한한다.

4. 자율적인 팀

5. 업무 '완료'하기

리더(스크럼 마스터 또는 프로덕트 매니저 등)가 목표를 이루기 위한 세부

---

[*] 스티븐 데닝, 《애자일, 민첩하고 유연한 조직의 비밀》, 어크로스, 2019, pp. 78~80

업무들을 받아 와서 할 일 리스트(백로그)에 올리면, 개발자·디자이너 등 기능으로 혼합된 팀이 각자의 역할을 가져가서('하는 중' 항목으로 이동) 팀 속도에 맞춰 진행한 후 완성한다('완성' 항목으로 이동). 이 과정을 1~2주 단위로 반복한다. 여기서 나오는 용어들이 생소하다면 괄호 안에 있는 내용은 무시하고 중심 문장만 읽으면 된다.

만약 실무자가 나 혼자뿐이라면 어떻게 해야 할까? 기능혼합팀은 커녕 나와 리더 단둘뿐이라면 말이다. 그렇다면 애초부터 애자일을 선택할 수가 없는 것 아닌가? 그런 경우에는 1번, 3번, 5번의 시사점만 뽑아서 적용하면 된다.

1~2주 안에 완료할 수 있도록 업무를 작은 단위로 나눈다.

이를 단거리 전력 질주에서 이름을 따와 스프린트sprint라고도 부른다. 물론 매일 전력으로 질주하듯이 일하라는 의미가 아니라 단거리 과제로 쪼개서 집중도를 가지고 완성해나간다는 의미다. 이 점을 강조하는 이유는 애자일이 유행했을 때 임원 중에서 스프린트를 잘못 이해해서, 전력 질주를 해야 간신히 완성할 수 있는 과도한 업무를 2주마다 반복하고 있다는 슬픈 이야기를 들었기 때문이다.

스프린트, 즉 단거리 과제란 어떤 의미일까? 점심 정기구독 서비스를 출시하려는 상황을 예로 들어보겠다.

• 목표: 모바일을 통한 점심 배송 정기구독 시스템

▶ 큰 과제: 고객이 모바일을 통해 점심 배송 신청 업무를 수행한다.

▶ 중간 과제: 고객이 점심 배송 신청을 하기 위해 이번 주 식단 메뉴를 볼 수 있다.

▶ 작은 과제: 음식 사진이 포함된 '일주일 식단 메뉴 소개' 화면을 만든다.

목표를 위해 범위별로 과제를 잘게 쪼갠 모습이다. 작은 과제들이 모여 중간 과제가 되고, 중간 과제들이 모여 큰 과제가 되며, 큰 과제들이 모여 목표가 이루어진다. 스프린트는 위의 예시에서 가장 아래쪽에 보이는 작은 과제(보통 '태스크'라고 부른다)를 수행하는 걸 말한다. 보통 1~2주 정도 소요되는 분량이다. 이게 왜 중요한지는 다음 두 문장을 비교해보면 알 수 있다.

• 모바일을 통한 점심 배송 정기구독 시스템을 만든다.
• 음식 사진이 포함된 '일주일 식단 메뉴 소개' 화면을 만든다.

우리의 반응은 다르다. 첫 번째 문장을 읽으면 막막하고 심란하며, 어디서부터 해야 할지 모르겠고, 왜 리더는 이런 대형 폭탄을 넘기나 싶어서 원망스럽다. 밤에 잠은 잘 안 오고, 시간이 지날수록 두려움에 휩싸인다. 벤치마킹 조사를 해도 불안한 마음은 가시지 않는다.

하지만 두 번째 문장을 보면 어떤가. '뭐, 이 정도는 해볼 만하지 않나?'라는 생각이 든다. 아무리 거대한 프로젝트라도 실상은 별거 없다. 이렇게 해볼 만한 작은 과제를 5~10개쯤 성실히 반복하면 3개월 프로젝트가 되고, 15개 정도면 6개월 프로젝트가 되니까 말이다.

여기까지만 보면 목표의 세부 과제를 쪼개는 워터폴 형식과 무엇이 다른지가 의문이 들 텐데, 애자일의 강점은 목표 과제를 제한하는 데 있다고 보면 된다. '디자인 개선'을 3개월 동안 하는 것과 '메뉴에 사진 추가'를 2주 동안 하는 건 다르다. 전자는 '완료'라는 개념이 없지만, 후자는 하나를 완료한 후 다음 과제에 뛰어들 수 있어서 피로도가 덜하고 작게나마 성취감을 반복할 수 있다.

애자일에서 배울 수 있는 두 번째 인사이트는 이것이다.

거대한 프로젝트 역시 작은 실행들로 이루어져 있다.

1~2주에 '완료'할 수 있는 작은 과제들을 적고,

하나씩 성공시켜보자.

"애자일은 작게 시작해서
완성도를 높여가는 방식이다.

애자일이 해주는 멋진 조언은 두 가지다.

첫째, 정답은 누구도 알 수 없으니
최소기능제품(MVP)을 만들어
직접 고객에게 물어보는 게 가장 효과적이다.

둘째, 스프린트처럼
1~2주 안에 성공시킬 수 있는
작은 과제를 반복하다 보면
아무리 거대한 과제라도 완성할 수 있다."

애자일 방식을 적용한
빠른 사업화

애자일 방식을 적용해서 멋진 결과물을 만들어내는 모습은 어떨까? 구체적으로 적용해볼 수 있도록 점심 구독 서비스 아이디어를 즉흥적으로 떠올린 동료들이 애자일 방식을 사용해서 어떻게 실제로 빠르게 사업화하는지를 보여주려고 한다. 애자일의 핵심 마인드셋과 흐름을 좀 더 편안하게 적용하는 데 도움이 됐으면 좋겠다.

오늘
뭐 먹지?

앨리는 서울 공덕동에 있는 공유 오피스에서 근무하고 있다. 함께 일하는 사람들은 5명 정도다. 여느 때와 같이 점심시간이 되어 밥을 먹으려는데 딱히 떠오르는 식당이 없다. 점심시간에는 어디를 가든 사람들로 가득하다. 밖에 나가서 먹으면 이동 15분, 기다림 15분, 식사 15분, 그리고 돌아오는 시간이 15분이다. 돌아와서 커피 한 잔으로 정신을 차리고 서둘러 오후 업무를 시작해야 한다.

'아휴, 그냥 시켜 먹어야겠다.'

하지만 배달 앱 상황도 비슷하다. 가장 바쁜 점심시간이라 배송에 40분 이상 걸리고, 배달비 역시 비싸다. 배달비가 아까워서 옆자리 동료 에밀리에게 같이 시킬까 물어보니 먹고 싶어 하는 메뉴가 완전히 다르다. 이래저래 귀찮아진 앨리는 편의점 도시락이나 빵집 샌드위치를 사 들고 온다. 공유 오피스 전용 카페테리아에 가니 앨리와 비슷한 사람들이 많다. 아까 그 동료는 삼각김밥에 튀김우동을 먹으며 휴대전화를 들여다보고 있다.

"아, 학교 다닐 때처럼 메뉴 신경 안 쓰고 싶다. 점심때마다 누가 알아서 먹을 것 좀 가져다줬으면 좋겠어요."

앨리가 중얼거리는 소리를 듣고 에밀리가 고개를 든다.

"저도요. 정기 배송처럼 점심밥을 받고 싶어요."

에밀리는 튀김우동을 우물거리며 잠시 생각에 잠기더니, 어깨를 으쓱하며 덧붙였다.

"앨리님. 그럼, 우리가 만들어볼까요?"

2주 후에
'점심 구독 서비스'를 론칭해보자

————

점심 구독 서비스가 잘될 수 있을까? 유망한 사업 아이템일까? 물론 누구도 확신할 수 없다. 빠르게 검증해보는 수밖에.

앨리와 동료들이 회의실에 모였다. 무엇을 논의해야 할까? 브레인스토밍으로 마구 쏟아내는 방식도 좋지만, 약간의 토론 가이드라인이 필요할 수도 있다. 브레인스토밍이 익숙하지 않다면 보편적인 WHY(왜), WHAT(무엇을), HOW(어떻게)에서 시작하면 된다.

WHY: 왜 이 점심 구독 서비스가 필요한가?

앞에서 '일하는 우리는 현실 속 악당을 물리치는 영웅들'이라고 한 말을 기억할 것이다. 확실히 구해줄 '누군가'가 있어야 하고, 작지만 확실하게 거슬리는 '그 문제'가 있어야 한다.

먼저, 회사에서 점심을 먹을 때 불편한 점들을 적어 내려간다.

- 이동하고 기다리느라 아까운 점심시간 다 가요.
- 걸어서 갈 수 있는 식당 중에서 고르려니 메뉴가 매번 뻔해요.
- 메뉴 고르는 것 자체가 귀찮아요. 누가 정해줬으면 좋겠어요.
- 저는 샐러드 같은 가벼운 걸 먹고 싶은데 회사 근처에는 제대로 된 샐러드 전문점이 없어요.
- 혼자 가서 먹기엔 눈치 보이는 식당이 아직 많아요.

- 점심을 빨리 먹고 나머지 시간은 자유롭게 쓰고 싶어요.
- 편의점에서 사 먹는 음식은 금방 질리고, 건강에도 해롭지 않을까 좀 걱정돼요.
- 점심시간에 배달시키면 너무 오래 걸리고 배달비도 비싸요.

쏟아낸 항목들을 살펴보며 이게 우리만의 문제일지, 다른 사람들도 비슷하게 겪는 경험일지 토론해본다. 그랬더니 최소한 이 건물과 근처의 직장인들은 비슷하게 느끼는 문제라는 결론이 나왔다. 앨리와 동료들은 결론을 내린다.

"해볼 만하겠네요. 해봅시다."

이제부터는 시간과 비용을 최소화한 MVP를 만들어서 검증해볼 시간이다. 출시까지 기간은 2주로 잡았다. 빠르게 검증하고 아니다 싶으면 빨리 털어내려는 전략이다.

WHAT: 무엇을 제공할 것인가?

> ▶ 핵심 서비스: 다양하고 맛있는 점심을 편리하게 정기 배송
> ▶ 핵심 가치: 당신의 소중한 점심시간과 돈, 건강을 지켜드릴게요!

우선, 가장 중요한 것은 무슨 메뉴를 제공할 것인가이다. 시간이 2주밖에 없으므로 메뉴를 직접 개발하는 건 선택지에 없다. 주변

식당과 연계하는 방법을 써야 하는데, 원활한 공급을 위해 회사 반경 2km 이내의 식당 중에서 선정하기로 했다. 그리고 회사 바로 앞에 있는 식당이라면 사람들에게 큰 유인이 없을 것 같아서 회사에서 500m 이내의 식당들은 배제하기로 했다. 식당은 일단 10개만 선정하기로 했는데, 그 이상 넘어가면 혼돈이 생길 것 같았기 때문이다. 그리고 짜장면이나 파스타처럼 면이 붙는 음식이나 즉시 냉장 보관을 해야 하는 초밥 등의 메뉴는 빼기로 했다.

- 공급 파트너: 식당 10곳(음식 종류별로 다양하게 선정)
  - 회사에서 2km 이내일 것(회사 근처 500m~2km 거리 우선)
  - 1인용 메뉴 및 포장을 할 수 있는 곳일 것
  - 온도에 민감한 메뉴가 아닐 것(1시간 정도 상온 보관 가능)

서비스를 시작하려면 최소한 한 달 치 메뉴가 필요하다. 주 5일의 근무일 기준으로 20일 치의 메뉴를 먼저 구성해보기로 한다. 그때 잭슨이 메뉴가 하루에 한 가지인 것보다 두 가지 중에 고를 수 있으면 좋겠다는 의견을 낸다. 몇 분간의 토론 끝에 '든든한 한 끼'와 '가벼운 한 끼' 두 종류 중에 고르자는 의견으로 모인다. 그러면 든든한 메뉴 20개, 가벼운 메뉴 20개, 총 40개의 메뉴가 필요하다.

- 해야 할 일: 식당 및 메뉴 조사, 10개 식당 선정, 한 달 치 메뉴 선정(든든한 한 끼 20개, 가벼운 한 끼 20개, 총 40개)

- 담당자: 잭슨, 헤일리
- 소요 시간: 3일

HOW: 어떻게 제공할 것인가?

모바일 앱으로 만들기로 한다. 가장 저렴하면서도 타깃 소비자들이 선호하는 방식이니 말이다. 모바일앱에 최소한으로 필요한 내용은 다음과 같다.

- 서비스 소개
- 한 달 치 메뉴판
- 이번 주 메뉴 소개(사진 추가)
- 든든한 한 끼, 가벼운 한 끼 중 고를 수 있는 버튼
- 주문 시스템

여기까지 작성하고 나자, 개발자인 에밀리가 메뉴의 사진을 어떻게 구하냐는 의문을 제기한다. 그러자 케빈이 식당을 선정할 때 이미 메뉴 사진이 있는 곳을 우선으로 하면 된다는 해결책을 내놓는다. 배달 포장이 되는 식당이라면 배달앱 서비스에 이미 등록되어 있고 메뉴 사진들도 있을 거라는 의견이다. 혹시 없으면 본인들이 찍겠다고 한다. 그럼 해결됐으니 이 문제는 넘어간다.

그러자 헤일리가 다른 의견을 제시한다. 매번 든든한 한 끼와 가벼운 한 끼 중에서 골라야 하는 게 번거롭지 않겠냐는 의견이다. 한

참의 토론 끝에 사전에 선택할 수 있게 하기로 했다. 사전에 '든든한 한 끼 5' 또는 '든든한 한 끼 3 + 가벼운 한 끼 2'라는 식으로 기본 설정하고, 변경 의견이 없으면 여기에 맞춰서 가자는 것이다.

전날에 '내일의 메뉴'를 알려주는 메신저 알림 기능이 있으면 좋겠다는 의견도 나온다. 지금은 최소한의 기본 기능만 추가할 예정이므로 이건 추후 과제로 넘긴다.

- 해야 할 일: 앱 개발(서비스 소개, 한 달 치 메뉴, 이번 주 메뉴 등 포함)
- 담당자: 에밀리, 알렉스
- 소요 시간: 일주일

다음은 배송 문제다. 주문한 음식을 어떻게 안정적으로 배송할 것인가? 이 문제는 다마스 같은 배송기사를 1시간 동안 고용해서 정해진 식당들을 경유해서 배달하는 방식으로 하기로 했다. 주문한 음식들을 어떻게 전달할 것인가? 이 문제는 금방 해결됐다. 이 회사가 있는 공유 오피스 빌딩부터 서비스를 시작할 계획인데, 이곳에는 외부 음식을 먹을 수 있고 커피 같은 음료도 무료로 마실 수 있는 공용 공간 카페테리아가 있기 때문이다. 심지어 전자레인지도 있다. 이곳을 점심 나눠주는 거점으로 삼기로 한다.

- 해야 할 일: 픽업 배송기사 섭외(11~12시 근무, 대형 차량 보유), 공유 오피스 운영진과 사전 협의하기, 점심 구독 서비스를 이용할 같은 층

다른 회사 동료들 설득하기(반값 식사 제안)

- 담당자: 앨리
- 소요 시간: 일주일

총 3개의 업무 덩어리(메뉴, 앱, 섭외)가 있지만 하나가 완결되어야 다른 하나가 이어지는 시스템이 아니므로 동시에 진행하면 된다. 그러면 일주일 후에 대략적인 윤곽이 나온다. 일주일이 되는 시점에 전체 토론을 한다. 토론 내용을 기반으로 일주일 동안 한 번 더 점검하고, 보완 사항들을 추가한다. 열흘이 되는 시점에 앨리와 동료들을 대상으로 주문, 배송, 전달까지의 과정을 시범적으로 테스트한다.

피드백을 통해
눈덩이처럼 키워나가기

목표했던 2주가 무사히 지나갔다. 첫 번째 스프린트가 끝난 것이다. 이제 다음 단계로 나아갈 시간이다. 같은 층 사람들을 대상으로 드디어 서비스를 시작한다. 처음에는 혼선이 있겠지만, 2주일 정도 지나면 어느 정도 체계가 잡혀나간다. 그리고 새로운 아이디어나 보완할 점들도 보인다.

- 우리 서비스라는 걸 알 수 있도록 식사 포장에 전용 로고 스티커를 제작하여 붙이자.

- 공용 카페테리아에서 금방 찾을 수 있도록 스탠드형 게시판(A4 사이즈)을 갖다 놓자.
- 앱을 굳이 다운받지 않아도 카톡 같은 메신저로 서비스를 제공할 수 있지 않을까?
- 차별화된 서비스를 위해 '종이컵 + 된장국 파우더'를 같이 주면 어떨까? 뜨거운 물만 부으면 따끈한 된장국이 되는 제품이 있다. 같이 먹으면 조금 식은 음식도 맛있게 느껴지지 않을까?(커피와 녹차는 이미 카페테리아에서 무료 제공)
- 호응이 좋았던 메뉴, 반응이 안 좋았던 메뉴들을 반영하여 메뉴 구성을 다시 하자.
- 외부 약속이 있거나 나가서 먹고 싶은 날도 있으니 주 3일, 주 2일도 선택할 수 있으면 좋겠다.

두 번째 스프린트가 끝났다.

이제는 같은 층만이 아니라 빌딩 전체에 서비스할 수 있도록 전체적인 정비를 할 차례다. 홍보문을 붙이고, 찾아가서 제안도 한다. 메뉴 구성도 다시 정비한다. 로고를 만들고 전용 인스타 채널도 개설한다. 그리고 2주 후, 빌딩 전체를 대상으로 점심 정기 배송 서비스를 시작한다. 20% 할인과 배송비 무료라는 혜택을 내세운다.

> **프로젝트명: 점심 정기구독 서비스 '오늘의 점심 한끼'**
>
> ▸ 서비스 대상: 앨리 팀이 근무하는 공유 오피스 빌딩 근무자
> ▸ 혜택: 기존 메뉴 가격의 20% 가격에 점심 제공, 배송비 무료
> ▸ 주요 서비스: 주 5일 오전 11시 30분에 구독한 점심 배송
> ▸ 기간: 한 달
> ▸ 장소: 공유 오피스 카페테리아

여기까지가 세 번째 스프린트다. 이제부터는 피드백을 통해 진짜 데이터를 누적할 수 있다.

- 사람들이 진짜 이 서비스를 좋아하는 거 맞아?
- 이 서비스에 기꺼이 돈을 낼 의향이 있어?

사람들이 시큰둥한 반응이면 다른 방향으로 몇 번 더 시도해보고, 여전히 별로이면 이 프로젝트는 접는다. 시장이 원하지 않는 서비스이기 때문이다. 아니면 앨리의 팀이 역량이 안 되든지. 두 달 남짓의 노력과 몇백만 원이 들어갔다는 게 아까워서 속이 쓰리긴 해도 훨씬 큰 노력을 투입하기 전에 알게 된 것을 다행으로 여기면 된다.

이와 반대로, 사람들이 좋아하면서 "망하지 말고 잘 운영해서 계속 살아남아 줘요. 너무 편해졌단 말이에요"라는 피드백이 늘어난다면 어떨까? 오, 축하한다. 이제는 본격적으로 해도 된다는 신호를 흔드는 멋진 깃발이다.

앨리와 동료들은 지금까지 해온 공유 오피스 경험을 기반으로 서비스를 확장하기로 결정한다. 공략 지역은 선릉으로 정했다. 선릉에는 위워크, 패스트파이브, 스파크플러스, 파크뷰 등 공유 오피스 건물들이 몰려 있기 때문이다. 공유 오피스에는 1~2인 회사도 많고 같이 식사하러 우르르 몰려가기보다는 간단하게 먹고 자기 시간을 가지는 걸 선호하는 사람들이 많아서 수요가 많다. 또 결정적으로 입주민 전용 카페테리아가 있어서 거점 배송이 가능하다.

이곳을 중심으로 서비스 홍보를 시작한다. 운영 담당자들과 협의해서 서비스 협조를 받는다. 입주 기업들에 건강하고 편리한 식단을 제공하는 것이 공유 오피스 평판에 얼마나 도움이 될지를 강조하고, 기존에 고객들이 했던 긍정적 피드백도 전달하면서 말이다.

- 프로젝트명: 점심 정기구독 서비스 '오늘의 점심 한끼'
  ▸ 서비스 대상: 선릉에 있는 공유 오피스 빌딩(사내 식당 있는 곳 제외)
  ▸ 주요 서비스: 오전 11시 30분에 구독한 점심 배송(주 5일, 3일, 2일 중 선택 가능), 도착 시 알람, 종이컵 + 된장국 서비스
  ▸ 메뉴: 든든한 한 끼, 가벼운 한 끼 중 선택(매일 다른 메뉴)
  ▸ 장소: 공유 오피스 카페테리아(전용 표시판)
  ▸ 가격: 주 5일 월 ○만 원, 주 3일 월 ○만 원, 주 2일 월 ○만 원

한 달 정도의 프로모션을 통해 신청자를 접수한다. 내부 지표를 만들어 건물마다 상황을 주시한다. 만약 유난히 반응이 미미하거나

활발한 곳이 있다면 이유를 확인해본다. 신청자가 거의 없는 빌딩이 있다면 아예 제외하는 것도 방법이다. 그건 지표를 보며 전략적으로 판단하면 된다. 또한 빌딩별로 나눠서 서비스 방식을 다르게 한다면 나름의 A/B 테스트*가 될 수 있다. 그러다 보면 이 서비스를 '하루에 한 끼 프리미엄 채식'으로 대폭 변경하는 등의 굵직한 방향 전환을 할 수도 있다.

한 달 후, 선릉에 있는 공유 오피스 빌딩을 대상으로 점심 정기 배송 서비스를 시작한다. 고객들의 호응이 좋고, 공유 오피스 회사에서 다른 지점도 해달라는 식의 반응이 온다면, 이제는 본격적으로 뛰어들 때가 된 것이다. 벤처 투자자들을 만나서 IR(기업홍보)을 시작할 때라는 의미다. 이미 탄탄하게 성공한 사례들을 가지고.

머릿속 아이디어를 애자일로 실행하는 방식을 대략 그려봤다. 비용 분석 등 빠진 부분이 군데군데 있지만, 너그럽게 이해해주길 바란다. 작게 시작해서 고객에게 보여주고 피드백을 통해 점점 키워나가는 과정이 어떤 것인지 이해하는 데는 도움이 됐으면 좋겠다.

---

* 과학실험에서 대조군 비교 방법을 떠올리면 된다. 두 그룹에 다른 조건을 준 후 반응을 보는 것이다. 요즘은 웹페이지 디자인이나 새로운 기능 등을 사용자들에게 다르게 보여준 후 더 반응이 좋은 것을 검증하는 방법론으로 많이 쓰인다.

"점심 구독 서비스가
유망한 분야일까?
과연 우리가 잘할 수 있는 분야일까?

정답은 누구도 알 수 없다.
그러니 2주 안에 빠르게 검증해보자.
최소한의 기능으로 가까운 곳에서부터
간단하게 시작하자.

'Yes'라는 깃발이 힘차게 나부끼면
건물 전체로, 유망 지역으로 넓혀나간다.
'No'라는 경고음이 몇 번 울리면
그 자리에서 멈춘다. 설사 아쉽더라도."

목표를 작은 덩어리로 나누어
실행하는 방식

워터폴(Waterfall)

폭포처럼 물이 위에서 아래로
내려가는 방식: 워터폴

워터폴 방식은 물이 위에서 아래로 쏟아지는 것처럼, 업무가 아래로 내려가는 방식이라서 붙여진 이름이다. 기존에 소프트웨어를 개발할 때 업무가 '기획 → 디자인 → 개발 → 테스트 → 출시 → 유지관리'라는 순서대로 위에서 아래로 진행되는 모습을 폭포에 빗댄 것이다. 하지만 우리가 일상에서 하는 업무들을 생각해보면 업무가 꼭 순서대로 하나씩 진행되는 건 아니다 보니 소프트웨어의 워터폴 개념을 그대로 적용하기는 조금 무리가 있다.

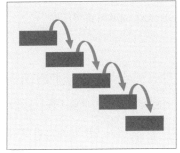
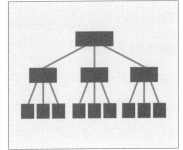

그래서 지금부터는 왼쪽의 워터폴 모습 대신 오른쪽의 형태로 워터폴을 설명하려고 한다. 원하는 결과물이 정해져 있고, 분야별로 쪼개진 결과물을 완성해서 합치면 비로소 목표가 완성되는 형태라고 생각하면 된다. 기존에 우리에게 익숙한 업무수행 방식 말이다. 실제로 관련 책이나 글들을 찾아본 결과 비슷한 해석을 여러 차례 봤으므로 무리가 없으리라고 생각한다.

애자일의 키워드가 '민첩함과 기민함'이었다면, 워터폴의 키워드는 '체계적'이다. 물론 애자일을 잘하려면 업무를 체계적으로 해야 하고, 워터폴을 잘하려면 민첩함과 기민함이 있어야 한다. 둘은 배타적인 개념이 아니며, 한 제품의 개발 또는 출시 과정에 워터폴과 애자일이 섞여 있기도 한다.

아이폰을 예로 들어보겠다. 아이폰의 OS 소프트웨어는 수시로 업데이트를 하므로 애자일 방식으로 진행한다. 하지만 아이폰 시리즈는 일정 기간을 두고 출시하는데, 이때는 상당 부분 워터폴 방식을 따른다. 마이크로소프트 윈도도 마찬가지다. 소비자들에게 걸핏하면 소프트웨어 업데이트 설치 알람을 보내지만, 윈도 10이나 11 같은 버전은 긴 호흡을 갖고 발표한다. 이 역시 애자일과 워터폴 방식이 섞여 있다고 하겠다.

실제로 일을 진행하다 보면 하나의 프로젝트 안에서 애자일과 워터폴 방식이 번갈아 가면서 사용되기도 한다. 그러므로 어디까지가 애자일이고 워터폴인지 논쟁하는 건 큰 의미가 없다. 애자일의 최소기능제품은 워터폴의 시범 사업 또는 사업 테스트와 유사하며, 워터폴의 세부 목표 달성 방식은 애자일의 스프린트와 비슷하다. 극단의 옹호론자들은 유리한 영역은 다 자기들 방법론이라고 주장하는 경향이 있는데, 그 싸움에 휘말리지 말자. 우리는 워터폴의 핵심 마인드셋이자 여러 업종에 공통으로 적용될 두 가지 요소를 살펴보면서 아래 질문에 답을 잘 찾으면 그만이다.

'어떻게 워터폴의 장점을 활용해서
머릿속 아이디어를 잘 실행할 수 있을까?'

목표물을
작은 목표 덩어리로 나눈다

워터폴 방식에서 내가 가장 좋아할 뿐 아니라 실제 업무에서도 가장 큰 도움을 얻은 교훈은 이것이다.

거대한 목표 과제가 엄두가 안 난다면,

만만한 작은 목표 덩어리로 잘 쪼개면 된다.

과제를 만났을 때 숨이 턱 막히는 사람이 있고, '아, 이렇게 진행하면 되겠네'라고 금방 정리가 되는 사람이 있다. 다시 말해 구조화가 잘되는 사람인데, 업무를 큰 덩어리로 잘 나누는 능력을 갖추고 있다고 할 수 있다. 요소와 시간으로 구조화하는 방법은 파트 1에서 이미 설명했다. 여기서는 구조화로 업무를 쪼개어 실행 단계까지 진행하는 사례를 살펴보자.

사례: 신규 입사자의 빠른 적응을 위한 매뉴얼을 만든다면?

준우는 교육 담당자다. 그가 다니는 회사에는 직원이 300명 정도 있는데, 신규 입사자가 들어올 때 회사를 소개하고 기본적인 교육을 하는 일이 그의 업무 중 가장 많은 시간을 차지한다.

준우의 회사는 프로젝트 단위로 일하는 업계 특성상 이직이 잦은 편이라 매주 신규 입사자가 생긴다. 공채로 직원을 뽑던 때에야 한 번에 여러 명을 교육하니 괜찮았지만, 한두 명을 상대로 매주 똑같은 과정을 거치려니 업무량이 너무 많다. 게다가 신규 입사자들은 이메일 주소를 받고, 자리 배정을 받고, 컴퓨터를 받는 등의 과정까지 시간이 걸리다 보니 며칠을 멍하게 보내게 된다. 이에 관해 현업 부서에서는 오래전부터 불평을 해왔다.

어느 날, 리더가 준우를 부르더니 '신규 입사자가 바로 적응할 수 있는 메뉴얼'을 만들어보자고 제안한다. 더불어 준우가 매번 반복해서 설명하는 내용도 영상이나 매뉴얼 링크 공유를 통해 가능한 한 줄여보자는 의견도 덧붙인다. 준우 역시 매번 앵무새처럼 똑같은 이야기를 반복하느라 지겹던 터라 리더 의견에 빠르게 동의했다.

어디서부터 시작해야 할까?

지금 상태로는 손을 댈 수조차 없으니 만만한 작은 덩어리로 쪼개보자. 제일 만만한 건 과제의 문장에서 시작하는 것이다. 학창 시절에 일타 강사들이 말하지 않던가. 답은 문제 지문에 있다고. 리더의 말에서 중요한 키워드를 고르면 '신규 입사자'와 '바로 적응'이다.

• 신규 입사자

새로 들어오는 사람들의 유형을 쪼개보자. 준우는 잠시 고민한 뒤 메모지에 '신입, 경력직, 아르바이트생'이라고 적는다. 유형별로 필요한 정보 유형과 정보량이 다를 테니 구분이 필요하다.

• 바로 적응

'바로 적응'이라는 의미를 곰곰이 생각해본다. 어떤 상태를 '바로 적응'이라고 할 수 있을까? 반나절 만에 적응을 끝내고 오후 2시부터 바로 업무를 시작할 수 있다면 '바로 적응'이라고 부르기에 손색이 없을 것이다.

준우는 신규 입사자가 9시에 출근해서 오전 3시간, 리더와의 식사 1시간을 거치고 나면 자신의 노트북과 메신저로 업무를 시작할 수 있도록 만들겠다고 생각한다. 그리고 교육 부서의 부담을 줄이기 위해 공통 내용은 영상 시청 또는 FAQ(자주 하는 질문)를 읽는 것 등으로 대체할 생각이다. 그 목표를 위해 필요한 세부 업무들을 적어본다.

- 소개: (1) 회사 소개, 주요 사업 방향 및 실적, 조직도
  (2) 함께 일할 동료들 인사와 소개
- 문화: 회사 규정, 공유하는 협업문화, 비즈니스 매너 등
- 업무: 입사자가 하게 될 업무 및 역할 설명
- 비품: 노트북, 사무용품, 자리, 전화기, 명함
- 정보: 회사 공간 소개, 비품 및 음료, 개인 사물함 등의 위치 안내
- 사용법: 사내 메신저 및 결재 시스템 등

자, 이제 하나의 덩어리씩 해결해나가는 것이다. 예를 들어, 비품과 업무 항목을 해결한다고 생각해보자.

- 비품: 노트북, 사무용품, 자리, 전화기, 명함

신규 입사자가 출근 첫날 오후 2시부터 업무를 시작할 수 있으려면 비품은 미리 준비되어 있어야 한다. 그렇다면 입사 일주일 전에 원하는 이메일 주소를 받아 회사에 새로 개설하고 명함까지 완성하면 어떨까. 출근하면 지정된 자리에 노트북과 전화기가 이미 설치되어 있고, 웰컴 키트가 선물 상자처럼 놓여 있다. 웰컴 키트 안에 넣을 것은 명함·환영 소품·사무용품·출입증 등이다. 그리고 화장실, 음료

냉장고, 캐비닛, 부서별 위치 등을 그려 넣은 놀이공원 지도 같은 디자인의 팸플릿도 함께 넣어두기로 한다. 그러면 '정보' 항목도 상당 부분 해결할 수 있다.

• 업무: 입사자가 하게 될 업무 및 역할 설명

교육 부서가 아닌 현업 부서에서 해야 할 일이다. 신규 입사자가 오는 날에는 반드시 리더가 점심 식사 또는 1시간 이상의 미팅을 통해 설명하도록 매뉴얼에 넣는다. 잡담과 신상 정보 파악으로 미팅이 흘러가지 않도록 꼭 설명해야 하는 내용을 체크리스트 형태로 리더들에게 알려준다. 예를 들면, 부서의 주요 업무, 올해 추진하는 프로젝트의 설명과 진행 상황, 입사자가 맡게 될 구체적 업무, 동료들의 간단한 소개 등이다.

이런 식으로 다른 항목들도 해나가면 된다. 매뉴얼은 신규 입사자 중에서 가장 많이 차지하는 유형을 기준으로 만든다. 다른 유형들의 매뉴얼은 기본 매뉴얼을 일부 변형해서 만들면 되기 때문이다. 준우는 이런 식으로 하나씩 차근차근 해결해나가기로 하고 전체 업무의 체크리스트를 만들었다. 조그만 업무 덩어리들로 나눠서.

출발 전에 목적지와
필요한 물품을 꼼꼼하게 점검한다

워터폴 방식은 애자일처럼 중간에 수시로 피드백을 받으며 고치는 형태가 아니므로 시작 전에 목적지와 경로, 필요한 자원 등을 하나하나 점검하는 과정이 꼭 필요하다. 웬만한 직장인이라면 프로젝트 매니지먼트처럼 전문적인 수준까지 가지 않아도 된다. 일단은 5W2H(왜, 언제, 누가, 어디에서, 무엇을, 어떻게, 얼마에) 항목을 꼼꼼하게 생각해보는 것부터 시작하면 된다. 요즘 한 페이지 기획서, 계획서 등으로 부르는 모습을 떠올려보면 되는데, 단순하게 표현하면 다음과 같은 모습이다.

프로젝트명	
제안 이유(Why)	
주요 내용(What)	실행방안(How, Where)
기대효과(Why)	업무 조직도(Who)
추진 일정(When)	비용(How much)

이 한 페이지가 우리의 지도가 된다. 이걸 기반으로 세부적인 사항을 꼼꼼하게 덧붙이는 것이다. 서울에서 부산까지 걸어서 간다고

하면 매일 몇 킬로미터씩 걸을 건지, 잠은 어디서 잘 건지, 짐은 어떤 걸 가지고 갈 건지, 청결은 어떻게 유지할 건지, 비용은 어느 정도 준비할 것인지, 부상 등 위기 상황에는 어떻게 대처할 것인지 등의 계획을 짠다. 워터폴의 중요한 강점이자 두 번째 교훈을 충실히 따르는 방식이다.

출발할 때부터 지도와 준비물을 꼼꼼하게 갖춘다.
그러면 중간에 길을 잃지 않고 목적지에 무사히 도착할 수 있다.

그런데 성격 유형 검사 MBTI에서 네 번째 항목이 J(판단형, 계획적)가 아니라 P(인식형, 즉흥적)인 사람들은 이 단계에서 무척 스트레스를 받는다고 들었다. 다음은 두 유형의 전형적인 반응이다.

P: 해봐야 알지요. 모르는 상태인데 어떻게 처음부터 계획을 짜요?
J: 계획이 있어야 구체적으로 어떻게 할지를 정할 수 있잖아요.
P: …? 그게 무슨 소리예요?
J: …?
P, J: (둘 다 속으로) 일 더럽게 못하네.

흠흠. 아, 제가 황당해하는 둘 사이에 잠깐 개입해보겠습니다.
먼저 P(인식형, 즉흥적) 유형분, 제 얘기를 들어보세요. 매장 인테리어 예산이 1억 원인 경우와 200만 원인 경우를 생각해보세요. 1억 원인 경우는 외부 전문 업체에 맡길 수 있는 넉넉한 예산이니까 좋은 업체를 찾아 잘 협업하는 것이 주요 업무가 되겠죠? 하지만 예산이 고작 200만 원이라면 가능한 한 최소한의 에너지로 효과를 얻을 방법을 짜내야 한다는 뜻이에요. 그러니 대략적인 스케치일 뿐이라도 5W2H가 있는 상태에서 시작해야 쓸데없는 일을 줄일 수 있어요.

J(판단형, 계획적) 유형분도 잘 들어보세요. 어느 정도의 업무량이 있는지조차 모르고, 얼마큼 바꿀지, 바꾼 효과는 얼마짜리일지도 모르는데 어떻게 계획부터 짜겠어요. 1억 원 효과가 있으면 5,000만 원짜리 계획을 짜는 거고, 1,000만 원짜리 효과라면 500만 원만큼 계획을 짜야겠죠. 그러니 5W2H를 채워야 한다는 점까지만 합의하고, 한동안 '파악 기간'을 두어야 해요. 시간을 두며 상황을 익힌 후 구체적인 지도와 준비물을 준비해도 늦지 않아요.

서로 싸우지 말아요. 안 그래도 고단한 인생인데.

다시 본론으로 돌아오자. 지금까지 워터폴 방식의 중요한 두 가지 교훈을 살펴보았으니 실전에 적용해볼 차례다. 두 가지 사례를 준비해보았다.

- 만약 서점의 책을 새로운 기준으로 재배열해본다면?
- 만약 1인 가구를 위한 서비스 플랫폼을 만든다면?

이 두 가지 과제를 워터폴 방식으로 풀어나갈 것이다.

"워터폴은 목표를
작은 덩어리로 나누어 실행하는 방식이다.
워터폴이 해주는 멋진 조언은
두 가지다.

첫째, 거대한 목표 과제가 엄두가 안 난다면
만만한 작은 목표 덩어리로 잘 쪼개면 된다.

둘째, 출발할 때부터
지도와 준비물을 꼼꼼하게 갖추면
중간에 길을 잃지 않고
목적지에 무사히 도착할 수 있다."

워터폴 방식을 적용한
체계적 접근 1

만약 서점의 책을 새로운 기준으로 재배열해본다면?

이대로는
서점이 망하겠어

혜진은 중간 규모의 독립서점을 운영하는 총괄 매니저다. 근방에서 제법 입소문이 난 곳이었지만 요즘 다들 그렇듯이 수익이 부쩍 줄어 고민이다. 사장님의 얼굴도 점점 어두워지는 게 눈에 보일 정도다. 지난 회식 때는 술이 들어가 불콰해진 얼굴로 "혹시 서점이 망하더라도 혜진 씨는 꼭 좋은 곳에 갈 수 있도록 소개할게"라는 마음 약한 소리를 하며 고개를 떨궜다.

이대로 망할 순 없지. 아니, 설사 망하더라도 아무것도 못 해보고

무기력하게 문을 닫는 건 자존심 상하는 일이다. 혜진은 고민을 이어가던 도중, 최근 핫한 독립서점 중 하나인 '최인아책방'의 인터뷰를 읽고 눈이 번쩍 뜨이는 기분이 들었다. 그 책방은 책을 진열할 때 소설, 에세이, 경제경영, 자기계발 등으로 분류하는 게 아니라 인생에서 부딪히는 다양한 문제들을 키워드로 뽑는다고 한다. 신선한 충격이었다. 그러고 보니 최근 인스타나 페이스북에서 본 서점들도 비슷한 시도를 하고 있었다.

'그래, 우리 서점도 그렇게 바꿔봐야겠어.'

혜진이 사장에게 말했더니 얼굴이 단박에 환해진다. 사장의 허락도 받았으니 이제 실행에 옮길 일만 남았다. 이 서점이 보유한 책은 총 1만 권이다. 어디서부터, 어떻게 실행하면 좋을까? 5W2H(왜, 언제, 누가, 어디에서, 무엇을, 어떻게, 얼마에)를 기준으로 구조화하여 업무 덩어리를 만든 후 차근차근 실행해보자.

Why:
왜 해야 하는지 방향부터 정리해보자

현재 서점의 목표 과제는 한마디로 이것이다.

도서 종류별로 구분된 우리 서점의 책 1만 권을
테마별로 새롭게 진열해보자.

테마와 키워드 기준으로 책을 재배치하는 건 서점으로선 큰 변화다. 남들 한 게 좋아 보인다고 섣불리 결정하기에는 부담이 따른다. 잘못했다가는 기존 고객들의 불만을 들으며 오히려 사업이 더 어려워질 수도 있기 때문이다.

가장 중요한 것부터 시작해보자. 일을 진행하기 전에 이걸 '왜' 해야 하는지부터 고민해봐야 할 것이다. 고객과 서점, 두 가지 측면을 모두 고려할 필요가 있다.

[고객의 WHY] 고객이 테마와 키워드로 진열된 책을 원할까?

- 대형 서점, 온라인 서점, 전자책 대신 동네의 독립서점을 찾는 사람들은 무슨 이유로 그럴까?
- 우리 서점을 꾸준히 찾는 고객들은 어떤 책을 즐겨 읽나?
- 잠재 고객으로는 누가 있을까? 서점 주변에는 어떤 유형의 사람들이 일하고, 살고 있나? 어떤 고민과 인생의 과제를 가지고 있을까?

[서점의 WHY] 우리 서점은 왜 이걸 하려고 할까?

- 경영난을 타개할 여러 가지 시도 중에서 왜 이걸 선택하려고 하나?
- 테마와 키워드별로 책을 진열하면 서점에 무엇이 도움이 되나?

이 단계를 거치면, 희미했던 목표가 좀 더 또렷해진다. 혜진은 메모지에 다음과 같이 *끄적끄적* 정리해본다.

- 고객 측면
  - 인생의 고민에 대한 답과 멋진 취향을 소개받는 지적인 공간에 방문하고 싶어 한다.
  - 점심시간이나 퇴근길에 잠깐 들러 마음에 드는 책을 실물로 몇 장 읽은 후 바로 구매하는 편리함을 좋아한다.

- 서점 측면
  - 적은 예산으로도 트렌디하게 확 바뀌었다는 느낌을 줄 수 있다.
  - 베스트셀러 외에도 다양한 책을 소개하는 방식이 된다. 지금은 베스트셀러 코너 외에는 판매량이 너무 적다. 베스트셀러 위주로는 대형 서점을 이길 수가 없다.

자, 이제 5W2H의 첫 번째 항목인 왜WHY가 정해졌다.

What:
무엇을 할지 업무 덩어리를 만들어보자

혜진은 입에 펜을 물고 고민에 빠진다.

'무엇부터 하지? 일단 다른 서점들이 어떤 테마와 키워드로 했는지 리스트를 만들어야겠다(덩어리 1: 벤치마킹). 우리 책들을 새롭게 테마로 정리하려면 어떤 정보가 추가로 필요할까? 그나저나 기존에 우리가 이미 가진 정보는 뭐가 있지? 책 제목, 저자, 출판사, 출간연도, 장르까지는 있구나. 그런데 소설 장르보다는 한 단계 더 구분된 게 좋지 않을까? 스릴러라든지, 역사 소설이라든지.

이걸 어디선가 본 것 같은데? 아, 대형 서점에서 분류해놨구나. 그리고 추가로 넣을 정보로는 뭐가 있을까? 예를 들면 '커리어를 고민하는 당신에게', '취향 부자들: 내가 돈이 없지 취향이 없나' 같은 걸 만들 때마다 새롭게 찾을 수는 없으니 해시태그처럼 #직장인, #취미 같은 구분이 있으면 좋겠다(덩어리 2: 테마/키워드 항목).'

이런 식으로 메모지에 업무 덩어리를 크게 네 가지로 적어본다. 다음은 업무의 진행 시간 순으로 구조화를 한 것이다.

[과제] 서점 책을 테마와 키워드로 새롭게 진열해보자

1. 벤치마킹하기: 다른 서점은 어떻게 하고 있나?
2. 테마/키워드 항목 만들기: 책의 기본 정보에 추가하여 해시태그 처럼 추가할 항목 정하기
3. 리스트 만들기: 테마/키워드가 포함된 책 리스트 만들기
4. 진열하기: 이달의 테마에 따라 진열하기(고객 반응을 보며 점차 보완)

혜진은 방금 5W2H에서 '무엇을WHAT'을 완성했다. 네 가지 덩어리를 보니 처음 과제를 생각했을 때 느꼈던 막막함이 조금은 누그러

지는 것 같다. 하지만 구체적으로 실행하기에는 아직도 너무 덩어리가 크다. 더 세부적으로로 나눠보자.

How:
어떻게 할지 세부 계획을 짜보자

벤치마킹은 어떤 식으로 할지 고민해본다. 모든 서점을 일일이 방문할 수는 없는 일이다. 혜진은 고민 끝에 제일 유명한 서점 세 곳을 사장과 함께 직접 가보고, 나머지는 온라인을 통해 살펴보겠다고 결론을 내린다. 가장 중요한 테마/키워드는 어떻게 정하면 좋을까? 일단 벤치마킹한 서점에서 시도했던 건 다 정리해두기로 한다.

#커리어에 진심인 사람들

#조금 더 좋은 사람이 되고 싶어

#취향 부자들: 내가 돈이 없지 취향이 없나

#예민한 사람들을 위한 레시피

#어른이 되어 궁금한 과학

이런 키워드가 던져질 때마다 책들을 클릭 몇 번으로 쭉쭉 뽑아낼 수 있으려면 리스트를 어떻게 만들어야 할까? 혜진은 동료와 상의한 끝에 기본 도서 정보 외에 '누구', '분야', '감정' 세 가지 키워드를 추가하기로 한다. 그러면 다음처럼 해시태그가 붙게 된다.

- 책 제목: #직장인(누구), #업무(분야), #성장(감정)
- 책 제목: #청소년(누구), #과학(분야), #호기심(감정)

경제경영, 에세이 등과 같은 도서 분류 정보는 이미 있으므로 누구, 분야, 감정이라는 세 가지 키워드 밑의 세부 항목은 키워드별로 20개 이내를 원칙으로 정한다. 그리고 키워드 칸에 커서를 두면 세부 항목이 리스트로 떠서 클릭만 하면 입력되도록 만든다.

전체적인 모양이 정해졌으면 이제 실제로 책들을 하나하나 작업해나가는 단계가 남았다. 리스트 만드는 단계에서는 1만 권의 책을 어떻게 정리할지 시간 계획을 세우는 게 중요하다. 누가, 얼마 동안 할 것인가? 한 사람이 여기에만 전적으로 매달릴 게 아니라면 실제 작업 속도를 생각해서 전체 소요 시간을 가늠한다. 새로운 책들도 계속 입고되므로 시간을 넉넉하게 잡는 게 현실적이다. 만약 시간이 너무 오래 걸릴 것 같다면 난이도가 낮은 영역은 아르바이트생에게 요청하는 등의 대안을 생각해볼 수 있다.

리스트가 모두 완성되면 이제 진열할 준비는 거의 끝난다. 진열하기 단계에서는 단골 및 주변 잠재 고객들의 선호도를 반영한 테마를 선정하고, 필요한 인테리어 소품 등을 사고, 실제로 책을 재배열하여 꽂아놓는 작업 등이 필요하다.

자, 지금까지 이야기한 것을 리스트로 만들면 다음과 같다.

[과제] 서점의 책을 테마와 키워드별로 새롭게 진열해보자

1. 벤치마킹하기: 다른 서점은 어떻게 하고 있나?

- 유명한 서점 세 곳은 직접 방문, 나머지는 온라인을 통해 조사하기
- 발견한 테마나 키워드는 모두 리스트로 만들어보기
- 기간은 일주일!

2. 테마/키워드 항목 만들기: 책 기본 정보 + 해시태그

- 벤치마킹 리스트를 참고하여 키워드를 만들어보자.
- '누구', '분야', '감정'이라는 세 가지 키워드 추가
- 누구', '분야', '감정' 키워드의 세부 항목을 20개씩 정하자.
- 기간은 일주일!

3. 리스트 만들기: 테마/키워드가 포함된 책 리스트

- 책 리스트에 '기본 정보(장르 구분) + 2단계에서 만든 테마/키워드(누구, 분야, 감정)'를 추가한다.

책 제목	분야	세부	누구	분야	감정
A	경제경영	기획	직장인	업무	성장
B	만화	학습만화	청소년	과학	호기심
C	소설	스릴러	어른	범죄	복수

- 방법 : 키워드 칸에 커서를 두면 세부 항목이 뜨도록 설정값 만들기
- 기간: 1주에 1,000개씩 하면 10주 필요(약 3개월, 중간에 책 입고 예정)

  ※ 여러 명이 하면 기간 단축 가능

4. 진열하기: 이달의 테마에 따라 진열(고객 반응을 보며 점차 보완)
- 리스트 만드는 3개월 동안 다른 서점의 배열 방식을 참고하여 배치 방식 정하기(필요하면 인테리어 변경, 필요한 가구와 소품 등 구매)
- 리스트가 완성된 시점의 계절과 트렌드, 유행 등을 고려해서 10개 정도의 테마 선정하기(사전에 단골 및 주변 잠재 고객의 구성 파악)
- 앞으로 4개월 후부터 시작 가능!

혜진은 5W2H에서 어떻게How, 언제When를 완성했다. 누구Who는 혜진이지만 사장과 상의해서 변경할 수 있다. 장소Where는 서점 전체의 책 배열을 바꿀 것인가, 포인트처럼 메인 공간만 따로 꾸밀 것인지가 관건이다. 기존 책 배열 방식을 편안하게 여기는 고객도 많으니 일단은 3분의 1 공간을 바꾸겠다고 잠정적으로 계획을 짠다. 최종 결정은 다른 서점을 벤치마킹한 후 내리기로 한다. 비용How much은 빠듯한 서점 사정을 고려하여 200만 원으로 정한다.

자, 이제 윤곽이 나왔으니 목표에 따라서 하나씩 해치워나가면 된다. 덩어리별 세부 업무를 계획대로 성실하게 마치면 4개월 후에는 대대적인 변화를 가져올 수 있다. 4개월이 길게 느껴진다면, '3. 리스트 만들기'에 인원을 더 투입해 기간을 단축할 수도 있다.

거대한 목표 과제도
하나씩 하나씩 하면 완성된다

도서 종류별로 구분된 우리 서점의 책 1만 권을
테마와 키워드별로 새롭게 진열하려면 어떻게 하지?

혜진은 단순한 질문 하나에서 시작해서 5W2H와 구조화 방식을
통해 머릿속 한 줄 아이디어를 몇 개월 만에 현실로 구현했다. 손에
잡히고 눈에 보이는 확실한 결과물로 말이다. 나는 애자일의 생동감
넘치는 느낌도 좋아하지만 워터폴 특유의 우직한 추진력 역시 무척
좋아한다. 그래서 이 글을 읽는 분들 역시 두 가지 방법을 모두 편안
하게 쓸 수 있기를 바라는 마음이다.

그런 의미에서 다음 장에서는 난이도를 올려서 좀 더 복잡한 프로
젝트를 워터폴 방식으로 풀어나가는 모습을 소개하려고 한다.

만약 1인 가구를 위한 서비스 플랫폼을 만든다면?

음…, 역류성 식도염이 악화하는 것 같은 느낌이다. 갑자기 이런
과제가 날아들면 누구라도 곤란하지 않을까. 그래도 다음의 조언을
기억하며 용기를 끌어올려 보자.

거대한 목표 과제가 엄두가 안 난다면,

만만한 작은 목표 덩어리로 잘 쪼개면 된다.

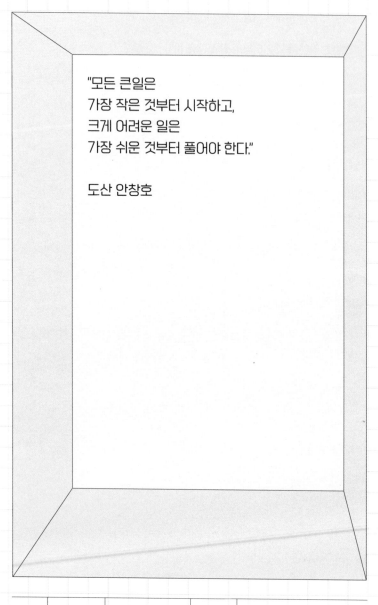

"모든 큰일은
가장 작은 것부터 시작하고,
크게 어려운 일은
가장 쉬운 것부터 풀어야 한다."

도산 안창호

워터폴 방식을 적용한
체계적 접근 2

만약 1인 가구를 위한 서비스 플랫폼을 만든다면?

1인 가구를 위한
플랫폼을 만들라고요?

알렉스는 1,000명 규모의 대기업에서 팀 리더로 일하고 있다. 어느
날, 디렉터 크리스틴이 그를 부르더니 난데없이 폭탄 선언을 한다.

"알렉스님, 경영진 회의에서 나온 긴급 지시 사항이 있어요. '1인
가구를 위한 서비스 플랫폼'을 만들어보자고 합니다. 기한은 10개월
정도 생각하고 있습니다."

"1인 가구 서비스 플랫폼이요? 갑자기 왜요?"

"우리 회사가 앞으로 일반 소비자를 대상으로 플랫폼 비즈니스를

해볼 계획이잖아요. 그런데 우리가 후발주자이다 보니 평범한 기획으로는 승산이 없겠다고 판단했어요. 그래서 요즘 1인 가구 증가에 맞춰서 특화된 서비스 플랫폼을 만들려고 합니다."

"이건 제가 하기엔 너무 큰 프로젝트 같은데요. 저는 플랫폼 사업은 만든 적도, 해본 적도 없잖아요."

"그건 걱정하지 말아요. 개발이나 마케팅 같은 부분은 다른 부서에서 전적으로 도와줄 겁니다. 외부 업체도 얼마든지 쓸 수 있어요. 알렉스님은 전체적인 기획의 그림을 그리고, 다른 부서들과의 협업을 총괄하면 됩니다. 필요하면 외부 전문가 조언도 받으세요."

자, 이제 알렉스에게는 해야 할 일이 정해졌다.

- 프로젝트명: 1인 가구를 위한 서비스 플랫폼 론칭
- 기한: 10개월

음…, 어디서부터 시작해야 하지?

알렉스는 업무량에 압도되어 속이 울렁거린다. 다짜고짜 1인 가구를 위한 서비스 플랫폼을 만들라니 황당한 노릇 아닌가(그런데 슬프게도 정부나 공공기관에서는 이런 성격의 업무가 꽤 자주 생긴다. 대기업도 가끔). 목표가 이미 정해진 경우라면 아무래도 워터폴 방식이 유용할 것이다. 이쯤에서 워터폴 방식의 핵심 문장을 떠올려보자.

목표를 작은 덩어리로 나누어서 실행한다.

그렇다. 우선 목표를 작은 덩어리로 나누어보자.

업무 덩어리와 역할,
스케줄부터 정해보자

어떤 굵직한 업무 덩어리가 있는지를 알아야 다음을 진행할 수 있다. 그런데 알렉스는 지금 업무 덩어리가 무엇인지조차 모르는 상황이다. 이런 경우라면 플랫폼을 개발했던 경험자를 초청해서 반나절짜리 속성 유료 과외를 듣는다. 과외를 들을 때는 프로젝트를 함께할 사람들도 같이 듣는 게 좋다. 업무가 어떻게 진행되는지 전체적인 상식을 공유하고 있어야 하기 때문이다.

며칠간의 우당탕탕 스터디 끝에 알렉스는 다음과 같은 업무 덩어리가 필요하다는 사실을 알게 됐다.

- 주요 업무 덩어리: 기획, 개발, 제휴 및 홍보

기획 및 총괄은 알렉스 팀에서 해야겠지만 나머지 업무인 개발과 제휴 및 홍보는 다른 부서에서 맡아야 한다. 알렉스는 담당 임원인 크리스틴 주재로 나머지 두 팀의 리더들과 함께 회의를 연다. 그리고 치열한 토론 끝에 덩어리별로 맡을 주요 업무와 담당자를 적는다.

다음 그림이 대략적인 역할 배분을 정리한 것이다.

프로젝트명 | 1인 가구 서비스 플랫폼을 만들어보자

	기획	개발	제휴 및 홍보
주요 업무	▶ [사업 기획] 어떤 콘텐츠의 서비스를 할 것인가? 구체적 비즈니스 기획 ▶ [진행] 개발팀, 마케팅팀 등 부서별 업무 조율 및 전반적 지원 ▶ [총괄] 사업계획서, 경영진 보고 자료 등 자료 작성, 예산 수립	▶ [개발] 기획부서, 마케팅 부서에서 제안한 방식에 따라 플랫폼 개발 전반을 책임짐 ▶ [외부 업체와 협업] 플랫폼 전문 제작 업체 선정 및 계약, 전반적 업무 관리	▶ [제휴] 기획팀과 협의하여 입점 시킬 제품 및 서비스를 선정한 후 해당하는 기업과 전문가 등을 섭외하고 입점시킴 ▶ [홍보] 맞춤형 홍보 전략을 통해 1인 가구 고객의 성공적 유치
담당	• 알렉스 팀 전체(팀 리더 포함 5명)	• 사내 IT 부서 P팀 (리더 포함 7명) • 플랫폼 제작 외부 업체(계약 필요)	• 사내 마케팅 부서 K팀 (리더 포함 5명) • 외부 마케팅 전문 업체(계약 필요)

이를 R&R role & responsibility(역할과 책임)이라고 하는데, 번거롭더라도 초반부터 명확히 정하는 게 중요하다. 안 그러면 갈등의 원천이 된다. 특히 지금처럼 장기 프로젝트인 경우는 더더욱 중요하다.

부서별 역할이 정해지고 나면 일정을 짤 시간이다. '10개월 후 서비스 출시'라는 마감에 맞춰서 역으로 날짜를 계산해 일정을 정한다.

- 준비 기간: 10개월
  - ▶ 0~1개월: T/F 출범, 사업계획서 완료(프로젝트 참여자 선정, 플랫폼 타깃 대상 및 주요 서비스 구상, 예산, 스케줄 등 반영)
  - ▶ 1~2개월: 플랫폼 업체 계약, 제휴할 제품, 서비스 등 주요 파트너사 리스트 및 제안 혜택 정리
  - ▶ 2~9개월: 플랫폼 개발, 입점할 제품 및 서비스 계약(실시간으로 플랫폼 반영하고 2주에 한번씩 리뷰 진행)

‣ 9~10개월: 플랫폼 완료 및 테스트, 1인 가구 고객 대상 홍보 시작

‣ 10개월: 출시

지금은 아주 초기 단계라 엉성하다. 이제 이걸 기반으로 부서별, 세부 업무별 프로젝트 스케줄을 만들면 된다. 회사에서 따로 쓰는 프로그램이 없다면 엑셀이나 구글 스프레드시트로 만들면 되는데, 익숙하지 않은 사람이라면 검색창에 '갠트 차트' 또는 '프로젝트 일정 관리 시트'라고 입력해보라. 참고할 자료들이 많이 나올 것이다. 무료도 있지만 1~2만 원 정도의 템플릿을 구매하는 걸 추천한다. 하나만 구매해도 두고두고 쓸 수 있다.

이제 역할과 일정이 정해졌다. 세부 내용과 진척 상황은 매주 점검 회의를 통해 보완하면 된다. 참석자는 알렉스 팀 전원 5명, 개발팀 리더와 부서원 1명, 마케팅팀 리더와 부서원 1명 등 총 9명이다. 해당 프로젝트의 담당 임원인 디렉터와는 2주에 한 번, 경영진과는 월 1회 미팅을 진행하기로 한다.

우리는 '누구'를 대상으로 '무슨 문제'를 해결하지?

가장 먼저 정해야 하는 부분이다. '그래서 뭘 할 건데?'에 해당하는 영역이기 때문이다. 아무리 개발팀이 플랫폼을 근사하게 만들어주고, 마케팅팀이 고객을 잘 끌어올 능력이 있다고 하더라도 고객이

원하지 않는 비즈니스를 만들면 고스란히 망할 수밖에 없다.

'아니, 뭘 해야 할지도 모르는데 10개월 후 출시가 말이 됩니까?' 라고 울컥할 수 있겠지만, 이 경우는 톱다운top-down으로 목표가 이미 정해진 상황이라는 걸 기억하자(토닥토닥).

누구를 대상으로?

1인 가구 역시 각양각색이다. 20대 자취생과 70대 독거노인을 같은 고객군으로 볼 수는 없다. 대상을 쪼개어 집중할 고객을 정해야 한다. 알렉스 팀은 토론 끝에 '온라인 플랫폼 서비스에 익숙한 20~50대의 1인 가구'를 대상으로 하기로 했다.

무슨 문제를 해결하지?

1인 가구가 느끼는 불편함이 무엇일까? 알렉스 팀은 다 같이 모여서 1인 가구의 불편함을 화이트보드에 나열하기 시작한다. 필요하다면 하루 정도 리서치를 한 후 토론해도 좋다.

- 1인분짜리 배달 음식은 거의 없어요.
- 다 못 먹는 식자재가 많아요. 그런데 작게 포장된 건 너무 비싸요.
- 1~2잔 분량의 와인, 샴페인, 막걸리를 원해요.
- 건강한 음식을 먹고 싶은데, 요리할 엄두는 안 나요.
- 파스타 소스나 버터 등은 한 번 먹고 다음에 뚜껑을 열어보면 곰팡이가 피어 있어요.

- 반찬 가게에서 사는 반찬 하나의 양이 많아요. 일주일 내내 비슷한 반찬만 먹게 되니까 질려요.
- 등을 교체하거나 콘센트를 고치고 싶을 때 누구에게 도움을 청해야 할지 모르겠어요.
- 혼자서 무거운 가구를 옮길 수가 없어요.
- 세탁, 청소 같은 집안일을 누군가가 해줬으면 좋겠어요.
- '갑자기 아플 때 누가 날 도와주지?'라는 두려움이 항상 있어요.
- 안전강박이 생겼어요. 비싼 잠금장치를 달아놨는데도 좀 불안해요.
- 1인용 소파, 테이블은 예쁜 게 없어요. 그리고 소파 세트가 아닌 1인용 소파 하나만 사려면 무척 비싸요.
- 1인용 제품은 디자인이나 기능을 희생하는 경우가 많아요.

다음 단계는 찾은 불편들을 덩어리로 나눌 차례다. 알렉스 팀은 이리저리 덩어리로 묶어보다가 '푸드, 라이프, 세이프티'라는 세 가지 카테고리를 골라냈다. 그리고 연관 키워드도 2개씩 찾았다.

> ▶ 푸드: #낭비 없는, #건강한
> ▶ 라이프: #1인용 맞춤핏, #취향저격
> ▶ 세이프티: #일상 속 도움 요청, #든든한 보안

분야별로
나눠서 찾아보자!

알렉스 팀원 중 3명은 푸드, 라이프, 세이프티 중 각자가 하나의 키워드를 맡아서 일주일 동안 찾아오기로 한다. 공통 양식을 만들어서 찾기로 했는데, 주요 내용은 다음과 같다.

- 제품: 현재 제공하는 제품들에는 어떤 게 있는가?
- 서비스: 현재 제공하고 있는 서비스들에는 어떤 게 있는가?
- 기업: 각 분야에 강점인 기업으로는 어떤 곳이 있는가?

프로젝트명 | 1인 가구를 위한 '푸드' 편		
[제품]은 무엇이 있나?	[서비스]는 무엇이 있나?	강점이 있는 기업은?
낭비 없는		
건강한		

팀원들은 일주일마다 회의하며 서로의 아이디어를 합쳐나갔다. 토론을 통해 '푸드, 라이프, 세이프티'보다 더 적절한 카테고리가 있

으면 얼마든지 바꿔도 된다. 누군가가 기존 카테고리에 더해서 독립 생활의 레벨에 따라 '초보, 중수, 고수'로 나누는 방법도 생각해낸다. 초보에게는 기본 아이템을, 중수에게는 실용적인 아이템을, 고수에게는 프리미엄 아이템을 배치하자는 것이다. 알렉스 팀은 두 가지 모두 후보군으로 만든 후 다른 부서와 토론해보기로 한다. 치열한 토론 끝에 담당 임원인 크리스틴이 결정을 내려주었다. 기본적인 배치는 '푸드, 라이프, 세이프티'로 가되, '초보, 중수, 고수'는 이벤트 코너처럼 금주의 추천 아이템을 소개하는 방식으로 운영하기로 했다.

로드맵을 점검하며
결과물을 완성해나간다

몇 주의 우당탕탕이 지났다. 알렉스 팀과 비슷하게 개발팀, 마케팅팀 역시 비슷한 과정을 거쳐서 각자 맡은 역할의 구체적인 세부 목표들을 그릴 수 있게 됐다. 개발팀은 전체 작업량을 파악했고, 외주 업체와 여러 차례 미팅을 거쳐 대략적인 견적도 뽑았다. 마케팅팀은 입점할 제품과 서비스를 제공할 파트너사들과 어떻게 제휴해야 하는지, 서비스 플랫폼은 소비자들에게 어떻게 마케팅하는 것이 효과적인지 큰 틀에서 공부를 마쳤다.

이제 각 담당자가 모여서 전체 일정을 담은 로드맵을 만든다. 알렉스 팀은 보통 열 페이지 이내의 사업계획서를 작성한다. 주요 내용은 제안 배경, 대상 고객, 서비스 개요, 주요 서비스, 역할 조직도, 스케줄, 예산 등이다. 이 상태에서 경영진에게 보고한 후, 피드백을 받아서 전반적으로 정비한다.

자, 본격적으로 출발할 준비가 끝났다. 이제부터는 서로를 믿고, 맡은 역할과 스케줄대로 하나씩 업무 덩어리들을 해나가면 된다. 짱짱한 지도와 역할별로 꼼꼼하게 일을 나눈 동료들이 있으니 목적지에 무사히 도착할 수 있을 것이다. 물론 중간중간 스펙터클한 변수들 때문에 양말에 구멍이 나고 발에 물집도 좀 잡히겠지만.

나의 실전 감각을 키워보자

워터폴 방식의 장점은 큰 과제를 잘게 쪼갠 후 하나씩 현실에 구현해나간다는 것이다. 각자의 역할을 잘 나누고, 맡은 부분을 성실히 완성해나가다 보면 어느덧 커다란 목표가 완성된다. 목표를 잘 쪼개고, 일정에 맞춰서 제대로 진행하는 능력은 일하는 사람 모두에게 필요하다. 회사가 애자일 방식으로 실행하는 곳이라도 말이다. 그런 점에서 독자들이 연습 삼아 해볼 수 있는 과제를 드리려고 한다.

실습 1 : 1인 가구를 위한 '푸드' 편 완성하기

알렉스의 팀원 입장이 되어보자. 리더가 틀을 정해줬어도 실무자가 내용을 제대로 채우지 못하면 허둥지둥하게 된다. 그럴 수야 없지. 우리도 1인분의 업무를 제대로 완성해보자. 아이디어 기획 초기에 팀원별로 '푸드, 라이프, 세이프티'라는 카테고리별로 제품과 서비스, 벤치마킹할 기업을 일주일 동안 찾아오라고 했던 것이 기억나는가? 이 중에서 당신은 '푸드' 편을 맡게 됐다.

이제는 세상의 1인 가구를 위한 제품과 서비스들을 찾아본 후 빠르게 내용을 채워나갈 차례다. 덧붙여서 '낭비 없는, 건강한' 키워드도 충족해야 한다. 예를 들어 1인용 밀키트는 제품, 1인용 음식배달은 서비스다. '낭비 없는'이라는 키워드에서는 소포장 양념 등을 생각할 수 있고, '건강한'이라는 키워드에서는 샐러드 정기 배송, 영양제 등을 생각할 수 있다.

1인 가구를 위한 '푸드' 편

	[제품]은 무엇이 있나?	[서비스]는 무엇이 있나?
낭비 없는	#소포장 양념	#1인분 배달
건강한	#영양제	#샐러드 정기 배송

틀이 다 잡힌 상태에서도 막상 하려면 쉽지 않다고 느낄 것이다. 이건 제품인가, 서비스인가? 이건 낭비 없는 건가, 건강한 건가? 이건 푸드인가, 라이프인가? 이건 1인 가구용이라고 말할 수 있는가, 또는 1인 가구용이 아니라고 할 수 있는가? 등 멈칫하게 되는 순간이

많을 것이다. 실행 단계가 만만치 않은 게 그 때문이다. 하지만 누군가는 기준을 세워서 나름의 답을 찾아내야 한다.

한숨을 한번 쉬고, 어떻게든 채워보자. 소소한 팁을 드리자면, 일단 좀 더 쉬운 카테고리인 '제품'과 '서비스'로 찾은 후 그중에서 '낭비 없는'과 '건강한'이라는 키워드로 나누면 된다. 그리고 1인용인지 다인용인지 헷갈리면 일단 넣어둔다. 나중에 빼면 되니까.

실습 2 : 1인 가구에 효과적으로 홍보할 방안 찾기

두 번째는 마케팅팀 리더의 입장이다. 기존에 합의한 업무 덩어리에 따르면 마케팅팀에게는 크게 두 가지 과제가 있다. 제휴와 홍보다.

- 제휴: 제품과 서비스를 공급할 기업 또는 자영업자들을 어떻게 선정해서 효과적으로 입점시킬까?
- 마케팅: 1인 가구 고객을 어떻게 효과적으로 유입시킬까?

이 중 '마케팅'에 초점을 맞춰보자.

새로 만들어진 '1인 가구 전문 플랫폼'에
1인 가구 고객을 어떻게 효과적으로 유입시킬 것인가?

방향 및 전략을 위한 큰 덩어리를 만들어보자. 고객 타깃별로 덩어리를 만들어도 되고, 마케팅 채널별로 묶어도 된다. 정답은 없지만 좀 더 좋은 답은 있다. 그리고 좋은 답을 찾으려면 엉망진창 아이디어와 그저그런 아이디어를 가능한 한 많이 생각해내야 한다. 지저분해진 노트 메모 속에서 자신만의 멋진 답을 찾아내시길 응원한다.

"중요한 것은 비평가가 아니다.
어떻게 하면 강자가 휘청거리는지,
어떻게 하면 더 잘할 수 있었는지
지적하는 사람도 아니다.
영광은 먼지와 땀과 피로 범벅된 채
실제로 경기장 안에서
뛰고 있는 자의 몫이다."

시어도어 루스벨트

IDEA PRACTICE COLLABORATION CAREER WORK AND GROWTH

프로젝트를 시각화하여
관리하는 방법

프로젝트 매니지먼트

아이디어를 실현하기 위해
'결과'와 '흐름'을 관리하자

———

한 달짜리 여정을 떠난다고 생각해보자. 목적지를 향한 강한 열정
과 에너지만으로는 충분하지 않다. 우리에겐 제대로 된 지도, 교통수
단, 연료, 여벌의 옷, 음식, 돈, 중간 기착지 정보 등이 필요하다. 우리
가 한 달 후 목적지에 도착하도록 돕는 것은 지도를 올바르게 읽어서
어디까지 왔는지 정기적으로 확인하고, 매일 정해진 시간만큼 이동
하고, 규칙적으로 식사와 취침을 하는 등의 행동이다.

마찬가지로, 머릿속 아이디어를 현실로 구현하는 과정은 한순간

에 '뿅' 하고 이뤄지지 않는다. 여러 단계를 거쳐야 하고, 때로는 길고 지루한 과정을 거쳐야 한다. 아무리 목적지가 환하게 빛나고 있더라도 몇 시간 안에 도착할 수 있는 게 아니라면 우리에겐 준비가 필요하다. 그러므로 매니징, 즉 관리의 영역을 익히는 게 중요한데, 이걸 '프로젝트 매니지먼트*'라고 부른다.

프로젝트의 무엇을 관리한다는 의미일까? 한마디로 프로젝트가 성공할 수 있도록 '결과'와 '흐름'을 관리한다는 뜻이다. 프로젝트의 목적은 무엇이고, 원하는 결과물은 어떤 것인지를 상상한 후 목적지를 정한다. 그리고 목적지에 가장 효율적으로 도착할 수 있는 경로와 방식을 정한다. 가는 도중에 틈틈이 지도를 살펴봐서 지나온 길과 남은 길을 계산하는 것은 필수다. 남은 길을 갈 수 있는 돈이나 체력, 연료 등이 충분한지도 수시로 점검한다.

프로젝트 매니지먼트 = '결과'와 '흐름'을 관리하는 것

▸ 목적지는 어디이고, 어떤 길로 가서, 언제 도착할 것인가?
▸ 지금 어디까지 왔나? 지금 남은 길을 계속 가도 문제가 없는가?

프로젝트를 잘 관리하는 법은 전문 자격증이 따로 있을 정도로 정교하게 개발되어 있다(책도 얼마나 두꺼운지!). 하지만 우리가 세부적인

---

*   한정된 시간에 주어진 비용과 자원으로 고객의 기대 수준에 맞춰 고유한 산출물을 도출해낼 수 있도록 전반적인 계획 및 과정을 관리하는 방식(출처: 매일경제 용어해설)

방법론까지 알 필요는 없을 것 같다. 프로젝트의 결과와 흐름만 잘 관리할 수 있으면 되니까 말이다. 어느 분야에 있든지 효과적으로 적용할 수 있는 세 가지 방식을 소개한다.

전체를 지도로 확인한다: 로드맵

가장 보편적이고 기본적인 방식은 로드맵roadmap을 만드는 것이다. 일종의 조감도나 전체 지도라고 생각하면 된다. 앞 장에서 설명한 5W2H(왜, 언제, 누가, 어디에서, 무엇을, 어떻게, 얼마에) 항목이 들어가는 게 보편적이다. 독립서점의 책을 테마 콘셉트로 재배열하기로 한 혜진의 프로젝트를 떠올려보자.

[과제] 책을 테마와 키워드로 새롭게 진열해보자

1. 벤치마킹하기: 다른 서점은 어떻게 하고 있나?
2. 테마/키워드 항목 만들기: 책의 기본 정보에 추가하여 해시태그처럼 추가할 항목 정하기
3. 리스트 만들기: 테마/키워드가 포함된 책 리스트 만들기
4. 진열하기: 이달의 테마에 따라 진열하기(고객 반응을 보며 점차 보완)

그때의 내용을 기반으로 실행 방안에 초점을 맞춘 로드맵을 만들

면 다음과 같은 모습이 된다.

서점의 책을 테마와 키워드로 새롭게 진열해보자

▶ 추진 이유 : (1) 서점 측면 : 베스트셀러 위주를 벗어나서 다양한 책을 소개하고 싶다.

        (2) 고객 측면 : 독립서점의 오프라인 방문 경험의 만족도를 올리고 싶다.

▶ 준비 기간 : 13주(3~4개월), 4개월 후 적용 가능(○○년 ○월부터)

▶ 담당자 : ○○○, ○○○

▶ 주요 업무

구분	세부 과제	소요기간	메모	완료
벤치마킹	• [현장방문] 가장 유명한 세 곳을 꼼꼼하게 벤치마킹하기 • [온라인] 다른 서점들의 테마/키워드 리스트 정리	1week (○월○일까지)	현장방문은 사장+총괄매니저	○
테마/키워드	• 책 정보에서 해시태그처럼 추가할 항목 정하기 • '하부 장르' 선정 (소설…스릴러 또는 자기계발…시간관리) • '대상자' 키워드 선정(직장인, 육아부모, 여행자 등) • '감정' 키워드 선정(힐링, 성장, 호기심, 로맨스 등)	2weeks (○월○일까지)	• 각 분야의 키워드는 20개 이내로 선정 (너무 많을 경우 혼선이 생길 수 있음) • 내부, 외부에 선정된 키워드의 피드백 받기	○
책 리스트	• 기존 1만개 책 정보에 키워드 정보를 삽입한 리스트 제작 (엑셀 형태로 추가 정보 행이 늘어나는 형태)	10weeks (○월○일까지)	매주 1,000개 완성(1명×200개×5일 기준), 작업 인원이 늘면 시간 단축 가능	
진열	• 계절과 트렌드를 고려하여 5~10개의 테마를 선정 • 사인보드, 책 진열 스탠드 등 필요 소품 구비	2days (○월○일까지)	• 해당 날짜에 서점 휴무 필요 • 고객 반응을 보면서 점차 보완	

▶ 비용 : 200만 원(출장비, 사인보드 및 진열 소품 등 구매비용. 인건비는 별도 책정하지 않음)

물론 아주아주 간소화한 버전이다. 실제로 기업 프로젝트를 할 때
는 훨씬 더 정교하게 만든다. 하지만 이 간소한 버전의 로드맵에도
5W2H가 대부분 반영되어 있다. 스케치 수준이라도 한 페이지 분량
의 로드맵이 있으면 데드라인을 알 수 있고, 작업 분량도 계산할 수
있다. 가장 많은 시간이 드는 업무가 '책 리스트' 정리이고, 기간을 단
축하려면 매주 작업량을 어느 정도 늘려야 하는지를 볼 수 있으니 말
이다. 게다가 이 간단한 로드맵을 보면서도 빈 곳을 발견하게 된다.

'테마는 언제 한 번씩 바꾸지?'

'서점의 책 전체를 테마로 바꿀 필요는 없지 않을까? 장르 구분을 원하는 독자도 있는데. 그러면 그 비율을 어떻게 정하지?'

'이런 경험을 제공한다는 사실을 고객들에게 어떻게 알리지?'

'앞으로 입고될 책 리스트는 수작업이 아니라 자동 분류되도록 만들려면 어떻게 해야 하지?'

'테마에 맞춰서 굿즈나 소품을 판매하고, 테마를 독서 모임 주제와 연계할 수 있지 않을까?'

한 페이지의 스케치 수준이라도 로드맵은 꼭 필요하다. 머릿속에 막연히 상상하면서 그날그날 해야 할 일을 처리하다 보면 제대로 가고 있는지, 빠진 게 없는지 자체를 알 수가 없다. 꼭 어렵게 할 필요도 없다. 예로 든 앞의 로드맵을 보면 '에이, 이 정도는 나도 할 수 있지'라는 생각이 저절로 들지 않는가. 그것부터 시작하면 된다.

업무를 시각적 흐름으로 관리한다: 칸반

칸반(看板, Kanban)은 '간판'이라는 뜻의 일본어에서 유래한 것으로, 일의 흐름을 원활하게 관리하기 위한 도구다. 애자일 방법론으로 칸반을 활용하는 기업들이 증가하면서 적용 사례가 늘어나고 있다. 칸반이란 일종의 정보 현황판 같은 것인데 기본적인 모습은 다음과 같다.

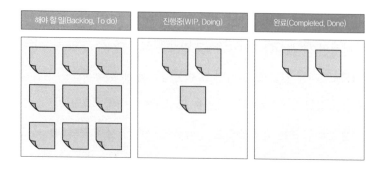

> ▸ 해야 할 일: Backlog, To do
> ▸ 진행 중: WIP(work in progress), Doing
> ▸ 완료: Completed, Done

중요한 원칙은 왼쪽에 있는 항목들을 오른쪽으로 차근차근 옮긴다는 것인데, 그 모습이 시각적으로 분명히 두드러지게 만든다. '해야 할 일'을 뜻하는 백로그backlog는 말 그대로 창고에 쌓여 있는 장작log을 연상하면 된다. 최근 칸반에서 가장 많이 쓰이는 용어라서 언급해봤다. 이 중 우선순위 업무를 골라 '진행 중work in progress'으로 옮긴다. 해야 할 업무를 마치면 '완료completed' 항목으로 옮긴다.

여러 프로젝트를 동시에 하거나 여러 명이 함께 일하는 경우는 '해야 할 일'과 '진행 중' 사이에 '대기ready' 항목을 두기도 한다. 또는 '진행 중'과 '완료' 사이에 '이번 주 할 일' 항목을 넣기도 한다. 다음은 여러 프로젝트를 동시에 하고 있거나, 여러 명과 함께 일하는 경우의 형태다.

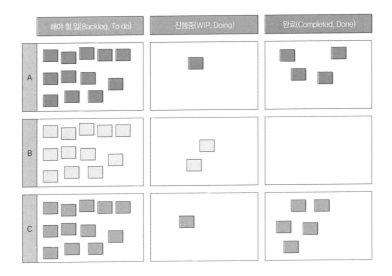

칸반은 업무를 시각화할 수 있도록 도와주고 사용법도 쉽기 때문에 무척 편리하다. 무료 프로그램이나 템플릿도 많아서 내용만 입력하면 된다. 포털에 '칸반 보드 템플릿'이라고 입력한 후 취향에 맞는 걸 고르자. 전용 서비스를 이용해도 되고 기존에 이용하는 생산성 도구에 칸반 템플릿을 추가해도 된다. 나는 노션Notion을 유료로 쓰고 있어서, 거기에서 제공하는 템플릿을 사용한다.

칸반은 지금 어디까지 왔는지가 눈으로 바로 보인다는 장점이 있다. 많은 사람이 해야 할 일 리스트 항목을 하나씩 지우는 방식을 쓰는데, 이 리스트는 없애도 금방 다시 늘어나곤 한다. 아무리 열심히 일해도 못 끝낸 일들이 진득하게 남아 있어서 우리를 재촉하는 기분이 든다. 게다가 해야 할 일만 빚쟁이처럼 남아 있고, 무슨 일을 했는지는 화면에서 사라져버리니 성취감을 느끼기 힘들다. 이에 반해 칸반은 백로그에 잔뜩 쌓여 있는 일들이 하나씩 '완료' 항목으로 옮겨지는 모습을 보면서 나름의 쾌감을 느낄 수 있다. 또 리더나 클라이언트에게도 어느 정도 진척되고 있는지 시각적으로 보여줄 수 있다. 심지어 나 자신에게도 말이다.

'어휴, 얼마나 더 해야 하나. 별로 한 것도 없는데 한 달이 훅 가버렸어. 어? 그런데 어느덧 백로그에 있는 것보다 완료 항목이 더 많아졌잖아? 뭐야, 나 진짜 열심히 했네.'

칸반을 잘 활용하기 위해서 중요한 규칙이 있는데, '진행 중'의 개수가 늘 적정선을 유지해야 한다는 점이다. 《퍼스널 애자일 퍼스널 칸반》의 저자인 짐 벤슨Jim Benson과 토니안 드마리아 배리Tonianne De Maria Barry 역시 칸반을 잘 활용하는 방법으로 두 가지 규칙을 꼭 지킬 것을 제안했다.

---

1. 업무를 시각화하라.
2. 진행 중 업무의 개수를 제한하라.*

진행 중 업무의 개수를 제한하지 않으면 어떻게 될까? 결국, 또 다른 모습의 해야 할 일 리스트가 되므로 칸반의 효과를 반감시킨다. 좋은 성과를 내려면 이것저것 하기보다는 '이번 주에는 3~4개의 우

---

*   짐 벤슨 · 토니안 드마리아 배리, 박성진 역, 《퍼스널 애자일 퍼스널 칸반》, 쿠퍼북스, 2020, p. 61

선 과제에 집중한다'라고 정하는 편이 훨씬 유리하다.

선택과 집중이 좋은 걸 알지만 '이것도 해야 하고 저것도 해야 하는데'라는 마음으로 어수선해지는 사람이라면 칸반을 추천한다. 마구잡이로 떠오르는 일들을 백로그에 추가하고, 일단은 '진행 중' 업무에 집중하기로 자신을 관리하는 것이다. 그리고 '완료'로 과제를 넘긴 다음에야 백로그 문제를 보겠다고 자신에게 약속한다.

감 대신 데이터로 확인한다:
대시보드

운전할 때 기름이 떨어졌는지, 속도가 얼마인지를 숫자 없이 느낌으로만 가늠해야 한다면 얼마나 위험할까. 운전석에는 대시보드가 있어서 우리가 꼭 알아야 하는 정보들을 보여준다. 얼마 전 타이어 공기압이 부족하다는 표시가 자꾸 뜨길래 확인해봤더니 타이어에 못이 박혀 있었다. 타이어에서 바람이 천천히 새고 있다는 걸 모른 채 고속도로에라도 진입했으면 어쩔 뻔했나.

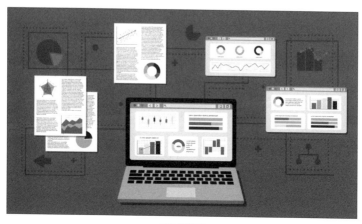

업무를 수행할 때도 마찬가지다. 자신의 업무 지표를 한눈에 볼 수 있는 대시보드가 있으면 큰 도움이 된다. 감이 아니라 데이터로 추이를 지켜볼 수 있기 때문이다.

디렉터: 이번 신제품 판매 잘되고 있습니까?

담당자: 아…, 예. 다행히 분위기 좋은 것 같아요.

디렉터: 그래요? 얼마나 판매됐죠?

담당자: 어, 그건 데이터를 뽑아봐야 하는데요. 그래도 일단 초기 판매 속도는 빠른 것 같아요.

디렉터: 이 제품도 30대가 가장 많이 샀나요?

담당자: 어, 그것도 데이터를 뽑아봐야 하는데요. 아마 그럴걸요. 저희 주요 고객층이잖아요.

실시간 지표를 가지고 있으면 이런 두루뭉술한 대화를 하지 않을 수 있다. 업종이나 직책마다 다르겠지만, 모든 일하는 사람에게는 제대로 가고 있는지를 확인할 수 있는 업무 지표가 있다. 전체 및 제품별 판매량은 어떤가? Top 10 제품은 무엇인가? 성별 구매 추이는 어떤가? 리텐션(고객유지비율)은 어떻게 되고 있나? 개발 속도는 계획대로 가고 있나? 예산은 얼마나 남았나? 같은 지표 말이다.

대시보드를 만드는 것에 지레 겁을 먹을 필요는 없다. 요즘은 태블로Tableau 같은 전문적인 기업도 많고, 구글 데이터 스튜디오에서도 시각화 대시보드를 만드는 틀을 제공한다. 처음엔 어려울 수 있으니 회사 지원을 통해 전문가 도움을 받는 것도 방법이다. 회사에 중요한 지표부터 시작하면 된다. 원하는 지표가 분명하면 전문가의 작업은 빠르게 진행된다. 세팅이 완료되면 지표를 관리하는 것은 단순작업 수준이라 어렵지 않을 것이다.

"머릿속 아이디어를 현실로 구현하는 과정은
한순간에 이뤄지지 않는다.
때로는 길고 지루한 과정을 거친다.

프로젝트가 진행되는 동안에
'결과'와 '흐름'을 관리하는 법이
중요한 이유다.

우리가 어디를 향해 가고 있는지,
지금 어디까지 왔는지,
이대로 가면 무사히 도착할 수 있는지를
시각적으로 확인하자."

〈유 퀴즈 온 더 블럭〉을 보며 배우는
성공하는 프로젝트의 비밀

기회를 오래 주는 프로젝트의 특징

평범하면서도 특별한 사람들의 이야기를 듣는
예능 토크쇼 〈유 퀴즈 온 더 블럭〉

나의 최애 프로그램 중 하나가 〈유 퀴즈 온 더 블럭〉이다. 스토리가 이어지지 않고 한 번에 이야기가 완결되는 스타일을 좋아하는데, 여기에 부합하는 게 범죄 수사극 같은 CSI 시리즈나 예능 프로그램들이다. 〈유 퀴즈 온 더 블럭〉은 유재석과 조세호가 이끄는 토크쇼 형식의 예능인데, 요즘 가장 핫한 프로그램 중 하나다.

처음부터 그랬던 건 아니다. 초반에는 방영 시간이 지금처럼 황금 시간대가 아니었고, 시청률도 저조했다. 유재석이나 메인 PD가 서로를 보면서 민망했을 수준인 1~2%대였다. 지금은 시청률이 2배 이상이고, 화제성으로 따지자면 훨씬 더 영향력 있는 프로그램이 됐다.

이 프로그램은 어떻게 초반의 부진을 떨치고 잘나가는 프로그램이 됐을까? 제작진의 감각이 좋았다, 유재석 덕분이다, 트렌드에 적합했다 등의 요인을 흔히 꼽는데, 대부분의 성공 사례 분석이 그렇듯이 '잘되니까 나중에서야 덧붙인 요인'이라는 느낌이다. 지금 감각이 좋은 제작진은 그전에도 여전히 감각이 좋았을 테니 말이다. 그리고 유재석의 위상이 최근 1~2년 사이에 갑자기 올라간 것도 아니다.

그때나 지금이나 똑같이 다들 열심히, 최선을 다했을 텐데
왜 결과가 달라졌을까?

여러 가지 요인이 복잡하게 작용했을 테지만, 나는 프로젝트 실행 측면에서 흥미로운 점들을 몇 가지 발견했다. 지금부터 그 이야기를 해보려고 한다.

성과가 지지부진하면
실행 방법을 과감하게 피보팅한다

스타트업에서 자주 쓰는 용어 중 하나가 피보팅인데, 사업의 방향을 신속하게 전환하는 것을 의미한다. 제작진은 〈유 퀴즈 온 더 블럭〉을 만들 때 고객, 즉 시청자들의 열망을 아마도 이렇게 정의했

을 것이다.

'사람들은 연예인이나 유명인들의 이야기만 궁금해할까? 우리 주변의 이웃들이 평범해 보여도, 다가가서 이야기를 들어보면 누구나 놀라운 스토리를 가지고 있지. 이런 사람들의 이야기를 들어보자.'

실행 방식으로는 유재석과 조세호라는 친근하고 유명한 예능인을 섭외한 후 길거리를 다니며 즉석에서 말을 걸고, 그들의 이야기를 듣는 방식을 택했다. 무작위로 찾아가서 밥을 얻어먹는 〈한끼줍쇼〉를 벤치마킹한 걸까? 어쨌든 '우연성'에 기대다 보니 샤넬 미용실의 할머니들처럼 레전드 영상도 있었지만, 전반적으로 반응이 미지근한 편이었다.

하지만 2020년 초 코로나19로 촬영 상황이 어려워지자 기존의 방식대로 가기가 어려워졌다. 그래서 〈유 퀴즈 온 더 블럭〉은 100일간의 정비 이후 큰 폭으로 방식을 바꾼다. 매회 콘셉트를 정하고, 거기에 해당하는 흥미로운 일반인들을 불러 이야기를 듣기 시작한 것이다. 직접 찾아가는 대신에.

코로나 때문에 어쩔 수 없이 택한 변화였겠지만, 나는 이게 결정적인 호재였다고 생각한다. 왜냐하면 '평범하지만 놀라운 이웃들의 이야기를 듣고 싶다'라는 목표는 좋았지만, 길거리를 돌아다니며 즉흥적으로 말을 거는 기존의 실행 방법에는 목표를 가로막는 구조적 문제가 있었기 때문이다.

겉으로 보기에는 '모두'를 대상으로 자유롭게 접근하는 것 같지만 실제로는 전혀 그렇지 않다. 왜냐하면, 하루 대부분을 건물 안에서 일하고 있는 수많은 사람은 일차적으로 제외되기 때문이다. 특히 연구소나 공장 같은 곳이라면 외부인의 즉석 방문 자체가 불가능하다. 연예인과 즉석 촬영을 부담스러워하는 사람들 역시 모두 제외된다. 결국 '마침 길거리를 돌아다니고 있거나 접근성이 좋은 가게에 있는' 사람 중에서 '즉석 촬영을 승낙할 만큼 외향적인 성향'의 사람들만 남게 된다. 여기에서 유일한 장점은 '우연성에 의한 놀라움'인데, 이야기가 우연히 생겼다고 해서 과연 시청자들이 특별히 박수를 보낼지는 의문이다.

〈유 퀴즈 온 더 블럭〉 제작진은 사람 여행이라는 근본적인 목표는 그대로 둔 채 실행 방법을 과감하게(또는 코로나 때문에 어쩔 수 없이) 피보팅했다. 다음은 그 이후 나온 특집들이다.

- 직업의 세계
- 문과 vs. 이과 특집
- 금손 특집
- 소방관 특집
- 돈 특집
- 살면서 안 만났으면 좋을 사람
- ○○에 진심인 사람들
- 국가 기밀 특집

특수청소 전문가, 약촌 오거리 살인 사건의 진범을 잡은 형사, 씨

앗은행을 관리하는 사람들, 대구 지하철 참사를 진압한 소방관, 명품 택시기사, 햇반 또는 감자칩 만드는 연구원, 심장혈관 의사 같은 다양한 사람이 출연했다. 이들은 길거리에서 우연히 만날 수도 없을 뿐 아니라 대부분은 즉석 인터뷰를 거절했을 사람들이다. 낯가리는 조용한 성격들도 많았고, 직업 특성상 소속 기관의 허락 없이는 일 이야기를 할 수 없는 사람도 있었다. 처음에 가장 중요한 요소 중 하나로 생각했던 '우연성'을 걷어내자 오히려 이야기가 더 풍성해졌다.

〈유 퀴즈 온 더 블럭〉은 실력과 운이 함께한 경우이긴 하지만, 운을 잘 활용하여 기회로 만드는 것 역시 실력이다. 그러니 눈앞의 프로젝트가 지지부진하다면 잠시 멈춰서 생각해볼 일이다.

'분명히 사람들이 원하는 게 맞는데, 결과가 왜 이렇지?'

방향이 맞는다면 실행 방법이 문제일 수 있다. 지금의 실행 방법이 상대방의 열망을 정말 충족시키는지 고민해보자. 딱 맞지는 않지만, 지금까지 해오던 방식이라서 일단 하는 중이라는 결론이 나오면 실행 방법을 과감하게 피보팅해보자.

기회를 오래 주는
프로젝트를 하면 유리하다

〈유 퀴즈 온 더 블럭〉이 소위 뜬 것은 '시즌 3'이라고 불리는 2020년

3월부터다. 첫 방영이 2018년 8월이니 약 1년 반 만에 뜬 것이다. 중간에 휴식이 있는 시즌제 형식이라 정확히 1년 반이라고 표현하기는 어렵지만, 프로그램이 잘됐다면 시즌제로 끊지도 않았을 테니 그다지 무리는 없는 표현인 것 같다(실제로 시즌 3부터는 1년 반 넘게 휴식 없이 쭉 진행되는 중이다).

다시 말하자면, 방송국 경영진은 성과가 지지부진한 상태였음에도 1년 반 가까이 기다려주었다. 이처럼 기회를 오랫동안 주는 일이 흔한 건 아니다. 특히 방송 업계처럼 수십 개의 프로그램이 빠르게 나타났다 사라지는 곳이라면 말이다. 물론 기회를 오랫동안 줘도 못하는 사람들이 많으니 해당 제작진에게 박수를 보낼 만하다. 하지만 〈유 퀴즈 온 더 블럭〉의 성공에는 '잘하게 될 때까지 기다려준 시간'이 있었다는 점을 간과할 수 없다. 이 시점에서 우리는 궁금해진다.

'왜 방송국 경영진은 이 프로그램에 오랫동안 기회를 줬을까?'

방송가에 지인 하나 없는 나로서는 내막을 알 순 없지만, 경영진이 어떻게 의사 결정을 하는지 오랫동안 지켜본 바를 바탕으로 세 가지 이유를 짐작해본다.

첫 번째는 유재석이라는 S급 연예인이 있었다는 점이다. 워낙 잘하는 사람이니 기다려보면 언젠가는 터지지 않겠느냐는 기대가 있었을 것이다. 혹시 잘 안 되더라도 tvN의 다른 프로그램에 섭외할 수 있으니 유재석과 좋은 관계를 유지하려는 마음이 있었을 거다. 따라서 심하게 반응이 없거나 혹평을 받지 않는 한, 출연자의 의지가 있다면 어느 정도 프로그램을 끌고 가보려는 생각 아니었을까.

둘째는 저비용 구조였다는 점이다. 초기 프로그램 포맷을 보면 유재석과 조세호의 출연료를 제외하고는 비용이 딱히 많이 들지 않는 방식이었다. 길거리를 이리저리 돌아다니니 세트장이 필요 없고, 유명인을 섭외하느라 비용을 지급하지도 않았다. 제작진 인건비를 제외하면 차비와 밥값, 그리고 가끔 퀴즈에 성공한 사람들에게 주는 상금 정도가 비용의 전부였을 것 같다. 비용이 많이 드는 프로그램이라면 지속 기준이 훨씬 깐깐했을 것이다.

셋째는 자극적이지 않은 토크쇼라는 장르였다는 점이다. 당시 tvN은 KBS, MBC, SBS에 비해 후발주자이지만, 〈신서유기〉 같은 예능이나 〈도깨비〉 같은 드라마로 큰 성공을 잇는 중이었다. 어느 기업이든지 성공 궤도에 오르고 나면 마음의 여유가 좀 생긴다. 경제적 계산에 너무 얽매이지 않고 의미 있는 프로젝트를 시도해볼 여유 말이다. 그럴 때 가장 떠오르는 프로그램이 무엇일까?

'우리도 시사 교양 같은 프로그램, 자극적이지 않고 잔잔한 감동이 있는 프로그램을 하나쯤은 갖고 있어야 하지 않을까? 요즘 트렌드에 맞게 선한 영향력을 보여주는 취지가 반영되면 더 좋고.'

내부적으로도, 그리고 외부에 보여주기에도 하나쯤은 꼭 있었으면 하는 프로그램이었기 때문에 경영진은 좀 더 너그러운 잣대로 평가하고 기다려줬을 것이다.

조직에서 일하면서 프로젝트를 진행하는 사람들에게 꼭 알려주고 싶은 게 있다. 어떤 일이든 성공하기까지는 시간이 필요하다. 고객과 시장이 해당 제품과 서비스에 익숙해지려면 시간이 걸리고, 부서원들 역시 시행착오를 겪으면서 답을 찾는 법을 배워야 한다. 하지만 성공의 궤도에 오르기도 전에 조직에서 주는 기회가 끝나버려서 문이 닫히는 경우가 정말 많다. 그만 손을 털고 다른 프로젝트를 하라는 지시가 내려온다.

우리에겐 옳은 답을 찾을 시간이 필요하다. 하지만 조직에서는 무작정 기다려줄 수 없다. 그러니 만약 새로운 시도를 하는 경우이고, 긴 호흡으로 프로젝트를 무사히 끌고 가고 싶다면 다음의 문장을 기억하길 바란다.

기회를 오래 주는 프로젝트로 만들자.

회사는 어떤 프로젝트를 오래 기다려줄까? 〈유 퀴즈 온 더 블럭〉의 세 가지 이유를 곰곰이 생각해보면 '아하' 모멘트가 올 것이다.

첫째, 기회를 오래 줄 사람을 섭외한다. 회사라면 의사 결정권이 있는 주요 임원이나 외부에서 영입한 업계의 슈퍼스타가 이에 해당한다. 예를 들어 부사장이 이끄는 프로젝트라면, 몇 달 안에 실적이 안 나온다는 이유로 쉽게 날려 보내지 않는다. 안 될 것 같으니 그만 접자고 말하기 전에 몇 번 더 기회를 준다. 긴 호흡으로 해야 하는 프로젝트라면 처음부터 중요한 사람을 끌어들이자.

둘째, 저비용 구조를 만든다. 돈이 많이 들고 유지 부담이 큰 프로젝트라면 빠르게 성과를 보여줘야 한다. 따라서 시간을 길게 가지려면 어느 정도 성공 궤도에 오를 때까지는 저렴한 비용으로 프로젝트를 꾸릴 수 있도록 최선을 다해야 한다. 애자일 방식으로 작게 프로젝트를 만들거나 기존에 있는 인프라를 그대로 활용하는 등의 노력이 필요하다.

셋째, 조직의 미래 어젠다와 연결한다. 언젠가 가고 싶은 목적지의 프로젝트를 한다면 당장 성과는 안 나더라도 상대적으로 너그러운 잣대를 갖게 된다. 도전하고 배우는 기간이라고 생각하기 때문이다. 따라서 지금 하려는 프로젝트가 어떻게든 회사의 장기 어젠다와 연결되게 해야 유리하다.

예를 들어, 유통 기업에서 빅데이터 분석 프로젝트를 하고 싶다면, '빅데이터를 통한 배송 예측 분석 시스템으로 배송 비용과 시간을 절감'하는 프로젝트를 하겠다고 하라. 회사가 꼭 가고 싶어 하는 방향과 연결되는 프로젝트라면 단기간에 성과가 나지 않아도 기다려줄 것이다(물론 무한정 기다려주지는 않겠지만).

"만약 새로운 시도를 하는 경우이고,
긴 호흡으로 프로젝트를
무사히 끌고 가고 싶다면
기회를 오래 주는 프로젝트로 만들면 된다.

기회를 오래 줄 사람을 섭외한 후,
저비용 구조로 설계해서,
조직이 언젠가는 가고 싶어 하는 방향에
목적지를 맞춘다.

우리가 마침내
옳은 답을 찾을 때까지."

우리 안의 완벽주의 요정이 가진
위험한 마법

액셀과 브레이크 감각

일하는 사람에게 필요한 감각은 무엇일까. 일의 목적지를 정확히 파악하는 감각, 최적의 길을 분석하는 감각, 필요한 자원을 찾아내는 감각 등도 모두 중요하다. 그런데 이것들보다 더 필수적인, 기본기에 해당하는 감각이 있다. 일을 언제 시작하고, 언제 멈춰야 할지 아는 감각이다.

액셀 감각:
정보가 완벽하지 않아도 출발해야 하는 순간을 아는 것

우리는 모두 완벽주의라는 조그만 요정을 키우고 있다. 일하는 사람에게 이 요정은 성장을 위한 좋은 자극을 주기도 하지만 심술맞게도 괴롭힐 때가 더 많다. 완벽주의 요정의 속삭임을 조심하시라. 유혹에 귀를 기울이는 순간 시간이 공중으로 허무하게 사라지는 마법을 보게 될 것이다. 열심히 일했음에도 일주일 프로젝트에 이틀짜리, 두 달 프로젝트에 한 주짜리 결과물이 나오는 황당한 마법 말이다.

완벽주의 요정은 과거에 화려한 조명이 감싸던 시절의 우리, 또는 업계의 전설적 인물이 성공시켰던 최고의 프로젝트를 눈앞에 흔들어댄다. 그 프로젝트들과 비교하면 지금 손안의 아이디어는 초라하고 비루하기 짝이 없다. 불안한 마음에 자료 조사, 방향성 고민, 아이디어 스케치 등에 시간을 죄다 쓰다가 마감 직전에 허겁지겁 결과물을 만든다.

일 잘하는 사람은 시작해야 하는 순간이 언제인지 안다. 머릿속 아이디어를 실체화해서 눈으로 보고, 프로토타입을 만들어보지 않고서는 다음 단계가 없다는 걸 알기 때문이다. 타이밍에 맞춰 액셀을 밟을 줄 아는 감각은 가장 많은 시간을 '진짜 일'에 쓰도록 도와준다.

브레이크 감각:
경고등이 울릴 때 멈추고 지도를 다시 들여다볼 줄 아는 것

우리의 첫 시도가 상대방의 마음을 사로잡거나 문제 상황을 한 방에 해결하는 경우는 매우 드물다. 신발장으로 판매한 물건이 캣타워로 폭발적인 인기를 얻는 경우처럼, 시장이 예상과 전혀 다르게 반응

하기도 한다.

방향이 틀렸거나 안 맞는 상태라는 외부 신호가 깜빡이면 가던 길을 잠시 멈춰야 한다. 하지만 많은 사람은 고집을 부린다. '얼마나 고심하고 사전 조사를 철저히 한 프로젝트인데. 이럴 리가 없어!'라며 받아들이지 못한다. 시큰둥한 상대방을 설득하기 위해 시간과 돈을 쏟아붓다가 제풀에 나가떨어지기도 한다.

일 잘하는 사람은 브레이크를 밟아야 하는 순간을 알고, 크게 동요하지 않는다. 예상과 다른 결과가 나오면 고집을 부리기보다는 잠깐 속도를 줄인다. 아무것도 끝난 게 아니며, 새로운 정보에 따라 방향과 속도를 조절한 후 다시 출발하면 된다는 것을 알기 때문이다.

감각을 키우는 건 시간이 필요한 일, 그 과정을 즐기기를

두려움을 누르고 액셀을 지그시 밟아야 하는 순간, 바쁠 때 오히려 브레이크를 밟아야 하는 순간은 번갈아 온다. 그 순간을 감지하는 감각을 키우려면 자신만의 데이터를 축적하는 시간이 필요하다. 그 과정에서 흑역사는 좀 쌓이겠지만, 돌아보면 부끄럽기보다는 유쾌하게 남을 것이다.

모두 자신에게 꼭 맞는 속도 조절법을 찾기를 응원한다.*

---

* 폴인페이퍼 창간호 기고문, "일 잘하는 사람의 액셀과 브레이크", 2020년 9월

바쁘게 일한다는 '느낌'에 속지 않고 밀도 있게 일하는 법

가짜 일 vs. 진짜 일

오늘도 정신없이
바쁘게 산 당신에게

직장인들에게 '현타(현실 자각 타임)'가 오는 순간은 언제일까? 눈물 없이 들을 수 없는 다양한 사연이 있겠지만, 공통되는 순간이 있다. 이번 주 또는 이번 달에 무슨 일을 했는지 실적을 기록해야 할 때다.

'화장실 갈 시간도 없이 열심히 일했는데, 왜 적을 게 없지?'

대부분 직장인은 일주일에 한 번씩 '주간 업무'를 적는다. 부서별로 취합한 내용은 임원 회의, 또는 경영진 회의에 보고된다. '주간 업무 회의' 또는 '위클리 미팅'이라는 이름으로 열리는 회의에 말이다. 그런데 이때마다 다들 기묘한 경험을 한다. 지난주에 무슨 일을 했는지 적을 것이 마땅치 않은 거다. 분명히 무척 바빴고, 시간이 부족해서 야근까지 했는데 말이다. 리더는 자주 한숨을 푹 쉰다.

"휴, 위에 보고할 만한 업무가 없네요."

월간, 분기별 실적을 적을 때도 마찬가지다. 물론 적을 내용은 있지만, 그토록 바쁘게 보낸 것치고는 결과물이 말도 안 되게 빈약하다. 성과를 글로 표현하는 기술이 부족한 걸까?

왜 이런 미스터리가 벌어지는지 알아보자. 바쁘고 성실하게 일하는 직장인(유진이라고 하자)의 하루를 살짝 들여다보겠다.

- 유진의 하루

  ▸ 09:00~09:30 출근 후 쌓여 있는 메일 또는 업무 메신저 회신

  ▸ 09:30~10:30 주요 업무 진행

  ▸ 10:30~11:00 리더가 갑자기 미팅 요청, 진행 현안 답변

  ▸ 11:00~11:20 주요 업무 진행

  ▸ 11:20~11:30 흥미로운 기사 발견, 잠시 인터넷 검색

  ▸ 11:30~11:50 메일 또는 메신저 확인 및 회신

  ▸ 12:00~13:00 점심 식사

  ▸ 13:00~13:30 커피를 마시며, 진행 중인 업무 점검

  ▸ 13:30~15:00 주요 업무 진행

▸ 15:00~15:40 타 부서가 업무 협조 요청, 리더 지시로 상대 팀 미팅에 참가해 이견 조율

▸ 15:40~16:10 미팅 내용 리더에게 보고, 그 밖의 현안도 함께 토론

▸ 16:10~16:40 메일 또는 메신저 확인 및 회신

▸ 16:40~17:00 주요 업무 진행

▸ 17:00 리더의 업무 요청

▸ 17:00~18:00 리더 요청 사항 대응

▸ 18:00 리더에게 메신저로 완결 보고

▸ 18:00 주요 업무가 잔뜩 남은 걸 봄. 한숨을 쉰 후 야근하거나 무거운 마음으로 퇴근

유진은 10분 정도 인터넷 검색을 한 것을 제외하면 온종일 열심히 일했다. 하지만 결정적인 문제가 있다. 주요 업무를 진행한 시간이 고작 190분, 즉 3시간 정도에 불과하다는 사실이다. 물론 메일이나 메신저에 답변하고, 회의하는 일 역시 중요한 회사 업무다. 하지만 업무 실적에 '오늘 52개의 메일에 답변했습니다'라고 쓸 수는 없다. 이력서에 '저는 A 회사에서 2년간 근무하면서 하루 평균 30개의 메일, 연 6,000개의 메일에 잘 답변한 경쟁력을 갖고 있습니다. 회의는 최대 하루에 여덟 번까지 소화했지요'라고 자랑할 수도 없다. 따라서 누가 봐도 열심히 일한 유진의 하루는 사실 이렇게 구성되어 있다.

'주요 업무 3 : 주변 업무 6'

이에 반해 옆 동료인 성빈은 6:3의 비율이라고 해보자(물론 '주요 업무'가 6이다). 그렇다면 성빈의 생산성은 유진의 2배가 된다. 겉으로 보기에는 비슷하게 열심히 일하더라도 말이다. 사실 상식적인 이야기다. 능력이 비슷하고 업무 시간이 과도하지 않다고 가정할 때 투입한 시간과 성과는 비례한다.

설렁설렁하게, 비슷비슷하게 일하는 것 같은데 연말에 가서 보면 성과가 뛰어난 사람들이 있다. 그들의 비결 중 하나는 실적에 이바지하는 주요 업무에 가장 많은 시간을 투여하는 것이다.

밀도 있게 일하기 위한
작은 실천들

바쁘게 일한다는 느낌에 속지 않고 밀도 있는 진짜 일을 하기 위해서는 두 가지 준비물이 필요하다. 첫째는 시스템이고, 둘째는 단단한 얼굴이다. "시스템은 알겠는데, 단단한 얼굴은 왜?"라고 물어보실 듯한데, 이유는 차차 설명하겠다. 다음은 내가 효과적이라고 생각하고 주변 사람들에게 추천하는 방식이다.

집중 근무 시간: 성과를 위한 업무 시간을 확보하기

주요 업무를 진행할 집중 근무 시간을 늘려야 생산성이 올라간다. 여기서 집중 근무 시간이란 딴짓 안 하고 열심히 일하는 시간을 말하는 게 아니다. 또는 방해 없이 혼자만 있는 시간을 말하는 것도 아니다. 순수하게 본인이 목표로 하는 업무 성과를 위해서 쓰는 시간을 의미한다.

예를 들어, 이번 분기 안에 앱을 만들어서 올해 10만 다운로드를 달성하려는 개발자라면, 또는 열 가지 테마로 마케팅을 성공적으로 진행해서 매출을 20% 올리려는 마케터라면 해당 목표를 성공시키기 위해 하는 업무들을 말한다. 책상에 앉아서 할 수도 있고, 현장 답사를 가거나 관계자 미팅을 할 수도 있다. 중요한 건 목표 과제를 달성하는 데 '직접적'으로 연결된 업무여야 한다는 점이다. 유진의 예를 보면, 슬프게도 성과를 위한 업무 시간은 3시간 남짓이었다. 성과를 늘리고 싶다면 이 시간을 늘려야 한다.

하지만 일하는 시간이 한정되어 있는데 어떻게 늘릴 수 있을까?

다음은 내가 유진에게 추천하는 방식이다. 3시간을 5.5시간으로 2배 가까이 늘리기 위해 업무 스케줄을 짜봤다.

[유진의 새로운 스케줄]

* 집중 근무 5.5시간, 메일 및 메신저 회신 50분, 미팅 등 협업 1.5시간

- 09:00~11:30 ① 집중 근무 시간(2시간 30분)

- 11:30~11:50 오전의 메일 및 메신저 확인, 회신

- 12:00~13:00 점심시간

- 13:00~13:30 메일 및 메신저 회신(오전에 못 한 것 이어서)

- 13:30~15:00 ② 집중 근무 시간(1시간 30분)

- 15:00~16:30 협업, 지원 업무(팀 회의, 외부 요청 자문 등)

• 16:30~18:00 ③ 집중 근무 시간(1시간 30분)

집중 근무 시간을 중요 일정으로 넣는다. 외부 미팅이 있으면 하던 업무를 멈추고 나가는 것처럼 말이다. 동료와 수다를 떨다가도 시계를 보며 "아, 저는 이제 일정이 있어서요. 다음에 또 이야기해요!" 하고 멈춘다. 끝도 없이 이어지는 메일과 메신저에 계속 답변하다가도 시간이 되면 멈춘다.

팀별로 일정을 공유하는 경우라면 집중 근무 시간을 일정에 넣는 것도 방법이다. 협업 업무로 배정한 오후 3시가 되면 리더에게 선제적으로 보고하고 피드백을 받는다. 그리고 내일 이 시간에 다시 보고하겠다고 말한다. 물론 회사에서 칼같이 지키기가 쉽진 않겠지만.

자, 이제 본인의 집중 근무 시간이 어느 정도인지 체크해볼 시간이다. 휴대전화의 타이머를 이용하여 하루의 집중 근무 시간을 계산해보라. 집중하기 시작하면 타이머를 누르고, 방해를 받거나 메신저에 답하는 등 잠시 다른 일을 한다면 타이머를 멈춘다. 수험생들이 자주 사용하는 방법이다. 실제로 체크해보면 일하는 시간이 생각보다 아주 적다는 걸 알게 될 것이다.

상황을 파악했으면 어떻게 해서든 하루에 집중 근무 시간을 5시간 이상으로 늘릴 방법을 찾아보자. 물론 회사에 있으면 누구나 편하게 말을 걸고 방해해도 괜찮다고 생각하는 문화이다 보니 실천하기 어려운 이유가 342개 정도 있을 것이다. 그래도 포기하기에는 대가가 너무 크다. 날아오는 일정들에 정신없이 휘둘리며 살다가 "나는 요즘 뭐 하고 있지?"라고 중얼거리며 무거운 가방을 들고 일어서는 기분은 그다지 유쾌하지 않으니 말이다.

산소호흡기 법칙: 먼저 나부터 구하고, 남을 구하라

기내에서 틀어주는 안전 방송을 떠올려보자. 아이를 동반한 어른이라면 갑자기 비행기에 문제가 생겨 산소호흡기가 내려올 때 지켜야 할 중요한 원칙이 있다.

'자신이 먼저 산소마스크를 쓰고, 아이가 쓰도록 도와줘라.'

아니, 연약한 어린이에게 먼저 씌워줘야 하는 것 아닌가? 재해나 재난 구호 때도 노약자를 먼저 대피시키는 게 원칙인데 말이다. 하지만 어른이 먼저 산소마스크를 쓰는 것이 궁극적으로 아이를 지키는 방법이다. 평범한 사람은 산소가 없는 상황이라면 몇십 초 안에 정신을 잃는다. 따라서 아이를 먼저 씌워주려고 허둥지둥하다가는 어른이 정신을 잃고 만다. 어른은 생명이 위험한 상황에 빠지게 되고, 어린아이는 얼굴에 있는 낯설고 무서운 마스크를 자꾸만 벗으려고 하다가 결국 모두가 위험해진다.

같은 맥락에서, 밀도 있게 일하기 위해서는 나부터 먼저 구하고 다른 사람을 구해야 한다. 이를 위해서는 약간의 단단한 얼굴이 필요하다(단단한 얼굴 준비물이 여기에 필요합니다.). 왜냐하면, 우리 주변에는 우리의 시간을 공짜로 쓰고 싶어 하는 사람들이 줄서 있기 때문이다.

"이번에 저희가 A 제품 시연하려고 하는데 와서 의견 좀 주세요."

"앤디가 출장 준비하는 걸 좀 도와줄 수 있을까요?"

"지금 L사 미팅 가려는데, 유진님도 그분들 잘 알죠? 오랜만에 얼굴 볼 겸 같이 갈래요?"

바쁘긴 하지만, 당장 급한 마감이 있는 게 아니라면 머뭇머뭇하다가 승낙하게 되는 경우가 많다.

빙고!

방금 집중 근무 시간 6시간 중 2시간을 날렸다.

산소호흡기 원칙을 기억하자. 나를 먼저 구하고, 그다음에 옆 사람을 도와주는 것이다. 만약 오늘 유진의 스케줄에 따르면 남을 돕거나 협의할 수 있는 시간이 1.5시간 정도라고 해보자. 그 안에 도와줄 수 없는 일이면 정중하게 거절해야 한다. 곤란하다는 표정으로, 친절한 어투로, 하지만 약간의 단단한 얼굴로 이렇게 말하는 거다.

"어쩌죠? 오늘은 곤란해요. 제가 오늘 5시까지 마쳐야 하는 업무가 있거든요."

물론 동료에게 도움을 주는 행동은 바람직하다. 직장 생활이라는 게 누군가에게 도움을 주면 언젠가 나도 도움을 받을 수 있고, 서로 잘 지내는 편이 이래저래 현명하다. 간혹 보면 자기 업무가 아닌 일에 무척 방어적인 사람들이 있는데, 그런 이들을 볼 때마다 '나 같으면 안 된다는 이유를 저렇게 길게 설명할 시간에 그냥 해주고 말겠다'라는 생각을 하곤 했었다(잠깐, 그래서 내가 그렇게 일이 많았나?). 도와주고 싶지만 시간 여유가 없다면, 시간제한을 두거나 스케줄을 조정하면 된다.

타 부서 직원: A 제품 시연하려고 하는데 와서 의견 좀 주세요.

유진: 어쩌죠? 제가 4시 반부터는 일정이 있어서요(집중 근무 시간으로 배정된 자신과의 약속이다). 10분 정도만 시간을 낼 수 있어요. 시연회는 시간이 길어질 테니 지금 제가 먼저 간단히 보고 피드백 드릴까요?

리더: 앤디가 출장 준비하는 걸 좀 도와줄 수 있을까요?

유진: 네, 그럴게요. (스케줄표를 확인하며) 그런데 오늘은 마쳐야 하는 업무가 있는데 내일 도와줘도 괜찮을까요? 내일 1시간 정도 여유가 있어요(매일 1.5시간을 협업 및 지원으로 배정했다. 오늘 치는 이미 사용했다). 지난번에 제가 준비했던 출장 자료가 폴더로 정리되어 있으니 그걸 가지고 잘 설명해줄게요.

리더: 그럼요, 내일 해도 됩니다. 고마워요.

"바쁘게 일한다는 느낌에 속지 않고
밀도 있는 진짜 일을 하기 위해서는
두 가지 준비물이 필요하다.

첫 번째는
순수하게 성과에 기여하는
업무 시간을 확보하기 위한 시스템이다.
두 번째는
우리 시간을 공짜로 쓰고 싶어 하는
사람들에게 보여줄 단단한 얼굴이다."

IDEA   PRACTICE   COLLABORATION   CAREER   WORK and GROWTH

PART
03

COLLABORATION

협업

다른 사람의 능력까지
끌어와서 성과를 만드는

[WHY]
프로젝트별로
확장된 내가 있다

(나의 능력 + 남의 능력) X N

다른 레벨의
게임을 하는 사람들

———

일을 처음 시작하던 때를 떠올려보라고 하면 다들 묘한 표정으로 웃는다. 특유의 설렘과 즐거움도 있었지만 지금 생각해도 얼굴이 홧홧 달아오르는 흑역사들도 함께 떠오르기 때문이다. 다들 1인분의 역할만으로도 버거운 시절이었다. 어디까지를 물어봐도 되는지, 내 판단을 어디까지 믿어도 되는지도 혼란스럽고 말이다. 겉으로는 자신 있는 표정으로 웃지만, 속으로는 달달 떨면서 일하기도 했다.

적당히 사고도 치고, 칭찬도 받는 시간이 성실하게 쌓여서 어느

덧 우리는 1인분의 몫을 거뜬히 하는 사람들이 됐다. 일단 자기 앞 가림은 할 수 있게 됐다고나 할까. 마음에 여유가 생기니 다른 사람들의 성과나 커리어를 슬쩍 눈여겨보며 궁금해하기 시작한다.

자기 몫을 무사히 해내는 사람이 되고 나면
다음 단계는 무엇일까?

대체로 3년 차까지는 맡은 역할을 무사히, 실수 없이 해내는 것만으로도 칭찬받을 만하다. 어느 정도 일머리와 성실함이 있다면 만족스러운 성과를 낸다. 여기까지는 사람마다 크게 차이가 나지 않는다. 하지만 이 단계가 지나고 나면 사람에 따라 성과와 역량이 눈에 띄게 달라진다. 왜 이런 차이가 나는 걸까? 플랫폼 스타트업에서 일하고 있는 세 매니저의 업무 방식을 보며 그 이유를 짐작해보자. 이 가상의 매니저들은 한 가지 프로젝트를 놓고 모두 다른 업무 방식을 선택했다. 그 선택이 어떤 결과를 가져오는지 주의 깊게 살펴보자.

사례: 디자이너의 생활 제품 및 소품 오프라인 전시/판매 행사

지영, 하준, 서정은 모두 경력 5년 차의 매니저다. 이 플랫폼은 디자이너들의 생활 제품부터 소품형 예술 작품까지 판매하는 곳이다. 온라인을 중심으로 하는 비즈니스이지만, 1년에 한 번은 오프라인에서 전시 장소를 대여하여 제품들을 전시하고 판매한다. 소비자들과 디자이너 모두에게 호응이 좋은 행사다. 가장 비용이 많이 드는 부문은

장소 대여료인데, 평균 500만 원을 쓴다.

똑같은 과제를 가지고 3명이 일을 추진하는 방식은 다음과 같다.

지영: 가격 할인

행사 공간을 대여하는 매니저를 찾아서 협의를 진행했다. 친절하고 프로페셔널한 태도로 세부적인 내용을 조율했다. 몇 차례 연락과 미팅을 통해 매니저와 친분이 어느 정도 쌓이자 지영은 대관료 할인을 조심스럽게 요청했다. 상대편은 조금 난처한 기색이었지만, 지영이 행사를 매년 한다는 점을 강조하자 10% 할인을 해주었다.

하준: 공간 협업

하준은 전형적인 대여 장소에서 진행하고 싶지 않았다. 그래서 평소 디자인 또는 예술 분야와의 협업에 적극적인 기업과 공공기관을 찾아본 후 그중 아름다운 공간을 가지고 있는 곳을 골라 맞춤형 제안을 하기로 했다. 예를 들면, 철강 기업의 로비나 전시관에서 철·나무·종이 등의 소재별로 나눈 디자인 소품 및 작품 전시회를 하겠다고 제안하는 식이다. 마침내 한 곳이 흔쾌히 수락했고, 공간을 무료로 대여해주는 것은 물론 자체 보도자료를 통해 홍보도 해주었다.

서정: 핵심 사업 협업

서정은 매번 일회성 행사로 그치는 게 아쉽다고 생각했다. 지속해서 제품을 전시할 방법을 고민하다가 얼마 전에 구경하러 갔던 오피스텔

모델하우스를 떠올렸다. 그 공간에 우리 디자이너들의 소품 및 작품들을 전시할 수 있지 않을까? 특색 없고 고만고만한 소품 대신에 말이다.

서정은 담당자를 만나서 모델하우스 전시에 입소문이 나도록 할 테니 협업을 하자고 제안했다. 서정의 플랫폼 주요 고객층과 해당 오피스텔의 주요 타깃층이 유사하다는 점도 언급했다. 고민 끝에 모델하우스 담당자는 수락했다. 최종적으로 서정은 비용을 받고 모델하우스에 플랫폼 작가의 제품들을 전시하기 시작했다. 그리고 각 제품에 QR코드를 붙여서 플랫폼을 통해 바로 구매할 수 있도록 만들었다.

다른 사람의 능력을
끌어오는 능력이 필요한 이유

똑같은 과제를 가지고 세 매니저가 만들어낸 성과는 다음과 같다.

> ▸ 지영: 장소 대여료 10%(50만 원) 할인
> ▸ 하준: 공간 무료 대여, 상대 기업의 홍보 추가
> ▸ 서정: 공간 무료 대여(장기간), 전시 비용 수입 추가, 플랫폼 판매와 연결

서로 다른 성과가 나온 이유는 무엇일까? 한마디로, 협업력의 크기가 달랐기 때문이다. 3명 모두 열심히 일하고 일머리가 있는 똑똑한 사람들이지만, 다른 사람의 자원을 활용하는 능력에서 결정적 차이가 있었다.

자기 몫을 무사히 해내는 걸 칭찬받던 꼬꼬마 시절에는 이 능력이 상대적으로 중요하지 않았을 것이다. 성과가 '나의 능력 × N(프로젝트 개수)'이라는 공식을 따르는 시기라 가장 중요한 건 개인 능력이기 때문이다. 성과를 키우려면 개인 능력을 키우거나 업무량을 늘리면 됐다. 1시간에 10만큼 낼 수 있었던 능력을 20으로 키운다든지, 일주일에 5개 하던 양을 늘려서 10개를 완성한다든지 하는 식으로 말이다.

하지만 이 방식은 언젠가 한계가 온다. 혼자 열심히 할 수 있는 수준을 넘는 과제를 만나게 되기 때문이다. 경력이 쌓일수록 더 어려운 과제를 맡게 되는데, '혼자서도 잘해요' 부류의 사람들은 몇 년 지나지 않아 금방 한계에 부딪히고 만다.

그러면 어떻게 해야 할까?

간단하다. 다른 사람과 협업하면 된다. 나 혼자 하는 일에 다른 사람을 끌어들이면 여전히 똑같은 분량의 일을 하더라도 몇 배의 성과를 낼 수 있다. 똑같은 조건에서도 일의 규모와 강점을 증폭시킬 수 있는 사람이 된다. 혼자서 일하던 시절에는 비슷비슷했던 사람들이 연차가 올라가면서 성장 수준이 확연히 달라지는 이유가 여기에 있다.

성과 = (나의 능력 + 남의 능력) × N(프로젝트 개수)

자기 몫은 거뜬히 하게 된 사람이라면 꼭 기억해야 할 사실이 있다. 이제부터 우리의 성과는 남의 능력을 끌어올 수 있는 협업 능력에 비례한다는 것이다. 프로젝트별로 확장된 내가 만든 성과의 합이 최종적으로 나의 성과가 된다.

양날의 협업:
약일까, 독일까

───────

경제나 투자에 관심 있는 분이라면 레버리지leverage라는 용어를 들어봤을 것이다. 지렛대 원리라고도 하는데 투자할 때 자주 쓰는 말이다. 1억 원을 가지고 있지만, 2억 원을 대출받아서 3억 원짜리 투자를 함으로써 실제보다 몇 배 더 큰 효과를 거두는 걸 의미한다.

협업에도 지렛대 효과가 발생한다. 다른 사람의 힘을 빌려서 결과를 키우는 방식이기 때문에 혼자 일했어도 3명 또는 30명이 한 것 같은 효과를 거둘 수 있다. 하지만 세상만사가 그렇듯이 꼭 긍정적인 측면만 있는 건 아니다. 리스크도 공평하게 올라간다.

앞에서 본 공식을 다시 한번 살펴보자,

성과 = (나의 능력 + 남의 능력) × N(프로젝트 개수)

만약 남의 능력이 플러스가 아니라 마이너스라면 어떻게 될까? 나 혼자였으면 소소하게나마 확실하게 성공했을 프로젝트가 상대편의 무능 탓에 공중분해될 수 있다. 또는 나 혼자였으면 10의 에너지로 해결했을 일을 남들을 이해시키고 설득하는 데 20의 에너지를 쓰느라 기진맥진한 나날을 보낼 수도 있다.

'차라리 나 혼자 하는 게 속 편하겠다.'

'도움은 바라지도 않으니 방해만 하지 말아 줬으면 좋겠어.'

'자기가 당연히 해야 할 일을 하면서 왜 저렇게 생색을 내지?'

일터에서 이런 넋두리가 괜히 나오겠는가. 다른 사람과의 협업은 우리에게 날개를 달아줄 수도 있고, 역류성 식도염과 함께 강렬한 퇴사 욕구를 가져올 수도 있다. 양날의 검이라고나 할까. 안타깝게도 그 검을 사용하느냐 아니냐는 우리가 고를 수 있는 사항이 아니다. 설사 혼자 일하는 프리랜서라고 하더라도.

어차피 검을 손에 쥐고 일해야만 한다면, 사용법을 제대로 익히는 게 현명하다. 그게 일하는 우리에게 날개를 달아줄 수도 있고, 깊은 내상을 입힐 수도 있다면 말이다. 이어지는 장에서는 협업의 기초 실력을 키우는 데 가장 필요한 질문을 골라서 그동안 겪은 나름의 경험을 나눠보려고 한다.

어떻게 상대방과 잘 협업해서

원하는 걸 이룰 수 있을까?

지난날의 쓰라린 기억과 웬수 같은 동료들의 얼굴을 잠시 내려놓고 편안한 마음으로 들어주시길.

"혼자서도 잘해요' 부류의 사람들은
몇 년 지나지 않아 금방 한계에 부딪힌다.
경력이 쌓일수록
혼자 열심히 할 수 있는 수준을
넘는 과제를 만나게 되기 때문이다.

다른 사람을 끌어들이면
규모와 영향력을 증폭시킬 수 있다.

우리의 성과는 남의 능력을
끌어올 수 있는 협업 능력에 비례한다."

협업: 다른 사람의 능력까지 끌어와서 성과를 만드는

까다로운 사람들과
공동의 목표를 달성하는 법

상대방 중심 + 다양한 정답

왜 다른 사람과
일하는 게 힘들까?

"일은 어떻게든 하겠는데, 사람 때문에 힘들어요."

일하는 사람의 공통된 고민이다. 어느 정도 경력이 쌓이면 업무
는 예측이 가능한 범위에 들어오지만, 사람과의 관계는 여전히 어디
로 튈지 모르는 탱탱볼 같다. A라는 사람에게 효과적이었던 방법이
B에게는 오히려 역효과로 돌아온다. 분명히 지난주에는 화기애애하
게 협조해줬던 다른 부서 동료가 갑자기 까칠하게 굴기도 하고, 어제
저녁 회식 때 나를 붙들고는 이직하면 안 된다고 항상 고맙고 든든하

게 생각한다며 칭찬을 연발하던 리더가 오늘은 별것도 아닌 일에 시비를 걸기도 한다. 하아, 도대체 어느 장단에 맞춰야 하는지.

우리의 소비자들과 마찬가지로 협업하는 동료나 파트너 역시 변덕스럽고 까다롭다. 게다가 모든 곳에 적용할 수 있는 만능 규칙 따위가 있지도 않다. 하지만 이대로 '상황마다 달라요'라고 글을 맺을 수는 없는 일이다. 그래서 정답은 아니더라도 경험상 70%는 넘는 성공률을 보여줬던 내용을 공유해보려고 한다.

나는 경제단체에서 일하면서 기업·정부·국회·언론·단체 등 협업해야 하는 스펙트럼이 넓었고, 지금 역시 1년에 100여 개 기관과 잘 협업하고 있으니 조금은 신뢰해도 좋을 것 같다. 이 중에서 도움이 될 만한 두 가지 키워드를 골랐다. 첫 번째 키워드는 상대방 중심, 두 번째 키워드는 다양한 정답이다.

첫 번째 키워드:
상대방 중심

> **첫 번째 키워드: 상대방 중심**
> 상대방을 원하는 대로 움직이려면 내가 그들 편에 서야 한다.

다른 사람과 일하기 힘든 이유는 그들이 내 마음처럼 움직여주지 않기 때문이다. 그런데 냉정하게 생각해보면 그들은 생판 남인 나를 위해 굳이 추가적인 에너지를 쓸 이유가 없다. 재무팀이라면 비용을 지급하기만 하면 되는 거지 '굳이' 더 빨리 지급해줄 필요가 없으며, 개발자라면 열 가지 업무 리스트 중에서 내 업무를 '굳이' 더 꼼꼼하게 해줄 까닭이 없다.

파트 1에서, 소비자와 고객의 마음을 얻으려면 그들 편에 서서 열망을 해결해줘야 한다고 말했던 걸 기억하자. 협업하는 상대방을 대할 때도 마찬가지다. 상대방을 원하는 대로 움직이려면 내가 그들 편에 서서 원하는 걸 머릿속에 그려봐야 한다.

그들이 원하는 게 무엇일까? 크게 두 가지가 있다.
자신의 문제를 해결해주거나, 노력을 알아주거나.

첫 번째 경우부터 살펴보자.

사례 1: 개발 부서의 업무 지연으로 초조해진 담당자

앨런은 5주 후에 출시할 모바일 서비스의 총괄 담당자다. 지금 가장 큰 문제는 개발 부서의 업무 진척이 더디다는 것이다. 이대로라면 5주 후 출시가 불투명하다. 앨런은 그 상황만은 피하고 싶다. 이미 모든 일정을 5주 후로 맞춰났기 때문이다. 출시가 지연될 경우 회사 게시판은 유저들의 거센 항의와 욕설로 가득 찰 것이다. 앨런은 개발 부서를 찾아가서 이 문제를 진지하게 이야기하기로 한다.

많은 담당자가 이럴 때 항의라는 방식을 선택한다. 예를 들면 이런 식이다. 지금의 지연 상황을 냉정하게 지적하고, 앞으로 5주 후에 무사히 출시되지 않으면 얼마나 큰 문제가 생기는지 나열한다. 그리고 지난 회의기록들을 언급하면서 개발 부서가 약속을 무책임하게 어기고 있음을 강조한다.

물론 이 방식이 먹힐 때도 있지만, 개발 부서가 밤낮으로 매달리는 상황이라면 역효과만 날 뿐이다. 개발 부서는 의사 결정자들이 최종 결정을 늦게 내려줘서 시간이 촉박한 상황이다. 게다가 부서원 중 일부가 개인 사정으로 업무에 투입되지 못하는 등의 문제로 고군분투하는 중이다. 이런 사정을 모르고 책임 운운한다면 상대도 좋게 나오지 않을 것이다. 기분이 상한 개발 부서가 "어차피 욕먹을 거면 이렇게 고생하면서 일하지 말아야겠어. 출시 일정 늦추라지, 뭐"라고 태도를 바꾸면 어떻게 될까? 그 결과는 고스란히 앨런이 감당해야 한다.

내가 옳고 상대방이 틀렸다는 것을 증명해 보이겠다는 태도로는 얻을 수 있는 것이 빈약하다. 대신, 상대방의 문제를 해결하려는 태도를 보이면 문제를 훨씬 더 잘 다룰 수 있다. 따라서 앨런은 개발 부서가 얼마나 잘못하고 있는지를 강조할 게 아니라 돕겠다는 태도로 접근하는 게 현명하다.

"5주 후에 출시해야 하는데 아시다시피 업무가 지연되고 있잖아요. 그런데 5주 후 출시를 미룰 수는 없는 상황이거든요(필수 조건 제시). 개발 부서가 지금도 고생 많으신데 무작정 기존 업무대로 밀고 나갈 수는 없을 것 같아요. 개발 부서의 업무량을 줄이면서 출시일을 맞출 방법을 찾아보면 어떨까요(상대방의 문제 해결에 집중)."

앨런과 개발 부서 담당자는 몇십 분의 토론 끝에 덜 필수적인 기능은 일단 빼기로 한다. 나중에 업데이트 때 반영해도 충분하기 때문이다. 두 담당자 모두 안도의 얼굴을 하며 자리로 돌아가게 된다. 둘다 원하는 걸 얻었으며, 감정이 상한 사람도 없다.

사례 2: 감사팀의 지적을 받은 교육 부서 담당자

상대방을 원하는 대로 움직이기 위한 두 번째 방법은 '상대방의 노력을 알아주는 것'이다. 다음은 스튜어트 레빈Stuart Levine과 마이클 크롬Michael Crom이 '데일 카네기 코스'의 주요 조언을 정리한《카네기 리더십》에서 소개한 글인데, 보자마자 메모장에 적어두었다.

가장 성공한 기업 회장에서 슈퍼마켓 말단 직원에 이르기까지 누구나 원하는 것이 있다. 유능하고 일을 가장 잘한다는 말과 더불어 그들이 기울인 노력을 남들이 알아주는 것이다.

우리도 이 단순하지만 강력한 조언을 적용해보자. 다음은 감사팀의 지적을 받아 기분이 상한 담당자의 사례다.

재영은 회사 구성원의 교육을 담당하는 부서의 책임 매니저다. 그런데 오늘 아침 감사팀에서 재영이 예산을 처리한 방식을 문제 삼아서 여러 건 지적 사항을 보내왔다. 심지어 재영의 리더까지 참조로 넣어서 말이다. 재영은 업무상 경고를 받은 사람이 됐다는 사실에 불쾌했다. 게다가 지적한 내용을 보니 억울하기 짝이 없다. 규정에 명확히 적힌 내용이 아니라서 다른 해석의 여지가 있으므로 재영이 꼭 틀렸다고 볼 수는 없다. 실제로 다른 많은 담당자도 재영과 비슷한 방식으로 일하고 있다.

이런 경우가 생기면 누구나 항의부터 하고 싶어진다. 규정상 다양한 해석이 있는데 감사팀이 일방적으로 해석한 점을 지적하고, 다른 담당자도 비슷하게 했는데 왜 자기에게만 지적하느냐며 의도를 따진다. 조목조목 따지는 내용을 길게 써서 메일로 보내거나 찾아가서 항의할 수도 있다. 하지만 이런 방법은 득보다 실이 크다. 감사팀 담당자에게 이런 메시지의 욕을 던진 것이나 마찬가지이기 때문이다.

- 감사팀이 규정도 제대로 모르고 일한다.
- 감사팀이 편파적이고 공평하지 못하다.
- 개인적인 악감정을 가지고 부당하게 공격했다.

감사 담당자가 이 말을 듣고 "맞습니다. 제가 참 어리석었군요"라고 하겠는가. 규정에 다양한 해석이 있다는 건 역으로 감사팀이 맞을 수도 있다는 말이다. 그리고 감사팀 담당자가 재영에게 특별한 악감정을 품고 있을 가능성은 거의 없다(사실 누군지도 정확히 몰랐다). 그러니 재영의 항의는 감사팀 담당자가 동의할 수 없는 공격이다. 기분이 상한 감사팀 담당자는 재영이 '확실히' 잘못한 사항을 눈에 불을 켜고 찾아 나설 수 있다. 별것 아닌 일이 점점 악화한다.

그렇다고 꾹 참는 것도 현명하지 않다. 일단 정신 건강에 좋지 않고, 왜 잘못된 건지도 알지 못하므로 배우는 것조차 없다. 그러니 항의 대신 부드럽게 이야기를 시작하기로 하자. 상대방의 노력을 헤아려주면서 말이다. 감사팀은 늘 남들에게 싫은 소리를 하는 부서이다 보니 감정적으로 지쳐 있다. 그리고 항의하는 사람들이 많다 보니 방어적인 마음이 강하다. 그 사실을 기억하면서 이렇게 말해보자.

"감사 지적 사항 나온 거 잘 봤어요. 저뿐만 아니라 다른 사람들 업무 내용도 다 보시려면 수천 개 넘는 프로젝트를 검토하셨을 텐데 고생 많으셨겠어요. 지적해주신 내용은 잊지 않고 업무에 잘 참고하겠습니다(상대방의 노력을 인정).

그런데 궁금한 게 있는데요, 저는 그게 규정에 맞다고 생각했었거든요. 규정집 제7조 3항에 있는 내용에 따라서요. 혹시 상세한 가이드라인이 있는 건가요? 다시 실수하고 싶지 않은데, 혹시 10분 정도 티 타임 어떠세요? 사실 저 말고 다른 담당자들도 저처럼 하고 있으니 이번 기회에 제대로 알면 좋을 것 같아요(원하는 것 제시)."

자기의 노력과 고충을 알아주고 배우려는 사람에게 까칠하게 굴 사람은 별로 없다. 감사팀 담당자는 흔쾌히 미팅을 수락한다. 재영은 티 타임을 통해 감사팀에게 세부 가이드라인에 관한 이야기를 듣고, 반대로 현업 부서의 상황도 알려준다. 감사팀은 재영의 상황을 충분히 이해하게 되었으니 문제를 더 키우지 않고 정리할 것이다. 짧은 미팅은 우호적인 분위기로 화기애애하게 끝난다.

재영은 자리로 돌아와서 리더에게 "감사팀이 현업 부서의 업무를 잘 모르고 있더라고요. 만나서 잘 이야기해주고 왔어요. 저도 이번 기회에 제대로 배웠고요. 담당자가 아주 나이스하던데요"라는 말을 가볍게 전한다. 그러면 리더의 머릿속에는 재영이 감사팀한테 업무를 지적받은 사람이 아니라 문제를 세련되게 해결하는 사람으로 남게 된다. 재영은 감사팀 담당자와 친분도 쌓았고, 리더에게도 다른 부서와 싹싹하게 일을 잘 처리하는 사람으로 남았다. 그리고 다음번에는 실수하지 않을 예산 처리 세부 가이드라인도 배웠다.

사례 1의 앨런과 사례 2의 재영은 모두 상대방의 입장에서 협업하는 방식으로 자신이 원하는 걸 얻었다. 까다로운 협업 과제를 만날 때면 다음 문장을 떠올리자.

그들이 원하는 게 무엇일까? 크게 두 가지가 있다.
자신의 문제를 해결해주거나, 노력을 알아주거나.

두 번째 키워드:
다양한 정답

두 번째 키워드: 다양한 정답
눈앞에 놓인 과제가 아닌 다양한 답을 찾는다.

협업이 고단하고 어려운 이유 중 하나는 하나의 정답을 가지고 싸우기 때문이다. 하나밖에 없는 분홍색 색종이를 가지고 싸우는 아이들처럼 문제를 대하면 서로 예민해질 수밖에 없다. 필연적으로 한쪽은 승자, 한쪽은 패자가 되기 때문이다.

하지만 사람의 욕구는 그렇게 단순하지가 않다. A를 원한다고 할 때 액면 그대로만 받아들이면 힘들어진다. 그 뒤에 있는 욕구를 생각하면서 다른 정답을 찾아내는 능력을 갖춰야 협업이 쉬워진다. 갑자기 무리한 업무 요구를 받은 담당자의 사례를 통해 자세히 살펴보자.

사례 3: 디자인 시안을 3배 늘리라는 말을 들은 담당자

규영은 회사에서 인정받는 유능한 디자이너다. 보통 다른 부서나 계열사의 요청을 따라 디자인을 해주는데 감각적이고 센스 있는 디자인이라는 평판을 받고 있다. 디자인 시안은 통상 세 가지 타입을 보내주는데, 어느 날 리더가 규영에게 와서 말한다.

"디자인 시안을 3개가 아니라 10개로 늘렸으면 좋겠어요."

규영은 당황한다. 디자인 자판기도 아니고 갑자기 3배가 넘는 디자인 시안을 뚝딱 만들라는 게 말이 되나. 게다가 그동안 3개여도 아무런 문제가 없었는데 말이다. 규영이 항의하자 리더는 난처한 기색으로 시안 개수가 너무 적다는 항의가 들어왔다고 덧붙인다.

이때 많은 사람이 리더와 부딪힌다. '누가 그런 말을 했냐, 설사 그런 말을 했다고 하더라도 그냥 무작정 알았다고 말하면 안 되는 거 아니냐, 내가 일이 얼마나 많은 줄 아느냐'라고 항의한다. 그렇게 한

참 논쟁한 끝에 10개를 6개로 줄이기로 한다. 하지만, 규영과 리더 모두 기분이 상한 채로 끝났다. 규영은 일이 2배나 늘었고, 리더는 다른 부서가 10개를 요청했는데 6개만 보내주는 민망함을 감수해야 한다. 이 상황에서는 모두가 패자다.

서두에서 눈앞의 과제에만 집중하지 말고 다양한 정답을 찾아나가라고 한 말, 기억하는가?

10개를 디자인하면서도
업무가 그다지 늘어나지 않을 방법은 없을까?

규영은 왜 10개라는 숫자가 나왔는지 리더와 상의한다. 리더는 처음에는 머뭇거리더니 팀장 회의에서 항의가 나왔다고 말했다. 이야기를 듣던 부사장도 그렇게 해주라고 지시했다고. 따라서 리더에겐 '10개'라는 숫자가 중요하다. 팀 리더 회의에서 다른 부서에서 요청한 대로 10개를 해주고 있다는 답변을 하고 싶기 때문이다.

이 경우라면 정답이 하나밖에 없는 걸까?

그렇지 않다. 다른 정답이 얼마든지 있다. 규영이 그동안 3개의 디자인으로도 좋은 평을 받지 않았느냐고 묻자, 리더도 그렇긴 하다고 고개를 끄덕인다. 그러면 3개의 디자인을 제외하고는 최소한의 노력만 투입하는 방법을 찾으면 된다.

최소한의 노력으로 10개의 디자인을 만드는 방법이 무엇일까? 3개의 디자인은 원래 노력대로 만든 후 그걸 A, B, C 유형으로 그룹화한다. 그리고 A 디자인에서 색깔 및 폰트, 배치 정도의 변형만 준 A-1, A-2 버전을 추가한다. 그러면 약간의 추가 노력으로도 나머지 7개를 금방 만들 수 있다.

또는 포트폴리오를 공유하는 방식도 있다. 그동안 규영이 해온 디자인 수십, 수백 개가 포함된 포트폴리오를 파일이나 웹 공간에 올린다. 부서에는 원래대로 3개의 디자인을 해주고 첨부 파일이나 URL로 기존 포트폴리오도 같이 보내준다. 그러면 10개 수준을 넘어서 실질적으로 수십, 수백 개가 된다. 해당 부서에서는 다양한 디자인을 보면서 '2번 디자인으로 해주시되 작년에 C 제품 디자인의 색감으로 바꿔주세요' 같은 요청을 할 수 있기 때문이다.

상대방도 양보할 수 없고 나도 받아들이기 어려운 과제를 만났다면, 평행선을 달리는 끝없는 논쟁 대신 다른 길을 찾아보자. 나는 이런 방식으로 리더들, 협업 파트너들과 대부분 잘 지냈다. 그 과정에서 깨달은 것은 세상에는 정말 다양한 정답이 있다는 사실이다.

"우리가 다른 사람과 일하기 힘든 이유는
그들이 내 마음처럼
움직여주지 않기 때문이다.

상대방을 원하는 대로 움직이려면
오히려 우리가 그들 편에 서야 한다.
그들의 문제를 함께 해결하고
상처 난 자존감을 세워주는 방식으로.
하나의 정답을 두고 아웅다웅하지 않고
다양한 정답을 제시하는 방식으로.

이런 태도는 팽팽한 갈등 상황에서도
협업을 매끄럽게 만들어준다."

문제를 고민하는 사람들을 찾아
서로 다른 가치를 교환하는 법

협업의 시너지 효과

서로 너무 다르다고요?
잘됐네요

내가 잘할 수 있는 것과 남이 잘할 수 있는 게 다르다는 사실이 얼마나 다행인지 모른다. 나는 컴퓨터로 작업하는 건 별로 어렵게 느끼지 않고 쉽게 배우는 편이지만, 손으로 하는 일은 무척 서툴다. 특히 글씨가 엉망이다. 굉장히 쓰기 싫은데 억지로 쓴 것 같은 글씨라서 '웬만하면 남에게 써주지는 마라'라는 악담 같은 조언을 여러 차례 들었다. 종로에 가면 나 같은 악필을 고쳐주는 용한 선생님이 있다고 들었는데, 그 소식을 듣고 얼마 되지 않아 코로나가 터졌다(선생님, 포기하지 말고 사업을 이어나가 주세요. 곧 가겠습니다).

사람마다 잘할 수 있는 영역은 모두 다르다. 누구는 숫자에 강하고, 누구는 디자인에 강하고, 누구는 영업에 강하다. 조직 역시 마찬가지다. 어떤 곳엔 기술이 있고, 어떤 곳엔 돈이 있으며, 어떤 곳은 공간을 가지고 있다. 이런 다양성이야말로 협업을 가능하게 해주는 원동력이다.

- A: 콘텐츠는 풍부하지만, 공간도 없고 빌릴 돈도 없어요.
- B: 운영 공간에 어떤 콘텐츠를 채워야 할지 모르겠어요.
- C: 예산은 있지만, 담당자들이 너무 바빠요. 다른 곳이 알아서 운영하고 우리가 생색이 나도록 챙겨줬으면 좋겠어요.

셋이 합쳐서 협업 프로젝트를 한다고 생각해보자. 누가 양보하거나 이용하는 관계가 아니다. 셋 다 고민하는 문제가 있고, 상대방에게 원하는 가치가 다르기 때문이다. 이를 잘 파악하면 좋은 협업 프로젝트를 추진할 수 있다.

협업이 잘 이뤄지는 관계로는 크게 세 가지가 있다. 첫째는 비슷한 문제를 가지고 있는 경우, 둘째는 같은 목표에 관심이 있는 경우, 셋째는 서로 다른 가치를 합쳤더니 새로운 시너지가 나는 경우다. 이에 대해 하나씩 설명해보겠다.

누가 비슷한 문제를 가졌을까?

어떻게 하면 협업할 대상을 잘 찾을 수 있을까?

가장 쉬운 방법은 우리와 비슷한 문제를 가지고 있지만 다른 강점이 있는 대상을 찾는 것이다. 예를 들어, 당신이 한국의 프랑스 식료품 전문점에서 구매 담당자로 일하는 사람이라고 생각해보자. 프랑스에서 새롭게 유행하는 식자재, 제품, 신뢰할 만한 구매처 등에 관한 정보가 무척 필요하다. 이제 협업할 상대를 찾아보자. 같은 문제를 가진 사람은 누구일까?

나라면 프랑스에서 한국 식료품 전문점을 운영하는 구매 담당자를 찾아볼 것이다. 외국 식료품의 구매 담당자이지만 정보가 부족한 상태인 건 똑같으니까. 그쪽은 내가 궁금해하는 프랑스 정보를 가지고 있고, 나는 그쪽이 필요로 하는 한국 정보를 가지고 있다. 구매 담당자라는 역할이 같다 보니 서로를 이해하는 폭이 깊은 것은 물론이다.

이처럼 비슷한 문제를 가진 상대방을 찾으면 협업하기가 수월해진다. 북토크를 1년 내내 진행하게 된 담당자의 사례를 보며 실제로 어떻게 적용하는지 구경해보자. 담당자가 같은 문제를 가진 대상을 찾아서 서로가 가진 가치를 교환하는 방식으로 영리하게 업무를 처리하는 방식을 볼 수 있을 것이다.

사례: 북토크를 1년 내내 진행해야 하는 담당자

서진은 예술 분야 전문 출판사인 아트앤유니버스(가칭)의 직원이다. 독자들을 대상으로 100명 규모의 북토크를 성공적으로 치렀는데, 업무량이 많아서 깜짝 놀랐다. 장소 섭외, 저자 섭외, 독자 초청, 홍보물 작성 및 SNS 게시, 내부 보고 자료 작성, 당일 사진 촬영, 행사 당일 음료 등 비치, 참석자 확인 및 관리, 행사 진행, 예산 집행 및 결산 등등 할 일이 태산이었다.

거의 한 달 정도를 이 프로젝트에 집중해야 했다. 힘들긴 했어도 어쨌든 북토크는 성황리에 끝났고, 독자들에게 좋은 평가를 받았다. 그러자 출판사에서는 '내년에는 규모를 키워 북토크를 다섯 번 합시다'라는 청천벽력 같은 결정을 내렸다. 당연히 서진은 기분이 썩 좋지 않다. 졸지에 북토크 전문 운영 업체가 된 기분이다. 다른 업무도 있기에 혼자서 북토크를 다섯 번이나 하는 건 힘들다. 게다가 성과 측면에서도 부정적이다. 고만고만하게 반복된 다섯 번의 업무에 과연 좋은 평가를 줄까? 서진은 리더에게 다른 사람과 나눠서 하게 해달라고 요청했지만, 다들 일이 많아서 안 된다고 거절당했다(젠장).

서진은 울며 겨자 먹기로 이 일을 혼자 떠맡아야 할까? 그렇지 않다. 비슷한 문제를 가지고 있는 대상, 즉 북토크를 하고 싶어 하는 다른 기관들과 협업하면 된다. 담당자가 모든 걸 한 땀 한 땀 손수 한다고 해서 강점이 더해지는 것도 아니니까 말이다. 서진이 고민해야 하는 사항은 두 가지다.

- [같은 문제] 비슷한 문제를 가진 곳을 찾아보자

  예술 관련 북토크를 하고 싶어 하는 곳은 어디인가? 미술관, 국공립 도서관, 아트페어, 기업이나 공공기관의 인문학 강의, 서점, 카페, 문화센터, 방송 등등 여러 후보군이 떠오른다.

- [다른 강점] 우리가 제공할 강점을 생각해보자

  예술 전문 출판사의 강점이 무엇인가? 예술 분야 전문이라는 브랜드 이미지가 있고, 출판한 예술 분야 책들의 저자 리스트를 가지고 있다. 즉, '전문성'과 '섭외 가능한 풍부한 저자 목록'이 특별한 강점이 될 수 있다.

이걸 기반으로 협업 파트너를 찾으면 된다. 제일 안전한 방법은 이미 있는 프로그램에 올라타는 것이다. 미술관이나 도서관, 기업이나 공공기관에 이미 유사한 프로그램이 있는지 조사한다. 그 프로그램을 운영하는 담당자라면 콘텐츠를 무엇으로 할지 매번 골머리를 앓지 않을까? 그때 누군가가 괜찮은 저자와 후보 제목을 가지고 와서 제안하면 솔깃할 것이다.

서진은 리스트에 있는 후보군의 담당자들에게 연락해서 협업 제안을 한다. 몇 군데는 시큰둥한 반응이었지만, 몇 군데에서는 긍정적으로 검토하겠다는 회신이 왔다. 몇 번의 미팅 후 협업 파트너들이 정해졌는데, 역할 분담은 다음과 같이 하기로 했다.

- 아트앤유니버스 출판사: 북토크 저자 섭외, 내용 협의 등 콘텐츠 관련 전반, 참석자(출판사 독자) 1/2 섭외
- 협업 기관: 장소 제공, 참석자 1/2 섭외, 진행 등 행사 전반

'세상에, 협업 기관이 너무 손해를 보는 거 아닌가요?'라고 생각할지 모르지만, 협업 기관은 원래 누구든 초청해서 매월 또는 분기별로 북토크를 해야 하는 상황이라는 걸 기억하자. 어차피 해야 하는 일에 출판사가 다가와서 콜라보 프로젝트를 제안한 것이다. 해당 기관으로서는 저자 섭외 스트레스에서 해방될 뿐 아니라 강의료도 절약할 수 있다. 게다가 예술 전문 출판사와의 협업이라는 신선한 변화도 줄 수 있어서 환영할 가능성이 크다.

그러면 서진은 업무 스케줄을 이렇게 짤 수 있다.

- 2월: 직접 북콘서트 운영(오프라인)
- 4월: 아트앤유니버스 출판사 × 기업(인문학 강연 프로그램 보유)
- 6월: 아트앤유니버스 출판사 × 국공립 도서관
- 8월: 아트앤유니버스 출판사 × 미술관
- 10월: 직접 북콘서트 운영(온·오프라인 동시)

5개 중에서 2개는 직접 운영하고 3개는 협업으로 하도록 만들었다. 5개를 모두 협업 프로젝트로 하지 않은 이유는 우리가 오롯이 주인공인 행사도 있어야 하기 때문이다. 참석자는 200명 규모로 해서

출판사 100명, 해당 기관 초청자 100명으로 정했다.

혼자서 묵묵하게 북토크 5개를 하는 경우와 이처럼 협업으로 진행한 경우를 비교해보면 무엇이 더 높은 평가를 받을까? 그리고 좀 더 많이 경험하고 재미있게 일할 수 있는 것은 무엇일까?

답은 모두들 아시리라고 생각한다.

우리가 원하는 목표에
관심 있는 대상이 누구인가?

———

'어르신의 안부를 묻는 우유배달'이라고 들어보셨는지 모르겠다. 처음에는 옥수 중앙교회에서 공동체 돌봄 목적으로 가난한 어르신들에게 우유배달을 하는 것으로 시작했다. 그런데 우유를 배달하다 보니 전날 배달된 우유가 그대로 있는 집들이 종종 발견되는 것이었다. 어르신이 여행, 병원 등으로 잠시 다른 곳에 머물고 있거나 집 밖으로 한 번도 나오지 않았다는 의미였다. 전자라면 문제가 없지만, 후자는 중요한 문제 신호가 된다.

홀로 사는 노인들이 크게 두려워하는 것 중 하나가 자신에게 무슨 일이 생겼을 때 누구도 모르리라는 사실이다. 만에 하나 욕실에 갇혔는데 또는 정신을 잃어서 쓰러졌는데 몇 주나 지나서야 누군가에게 발견된다면 그 자체로 두려운 일이다. 우유 안부 프로젝트는 그 기간이 적어도 이틀을 넘어가지 않도록 만들었다. 우유가 2개 이상 쌓이면 주민센터로 연락하도록 한 것이다. 이후 후원 기관이 늘어나서 지금은 사단법인을 만들어 3,000여 가정에 우유를 배달하고 있다.

이 멋진 프로젝트가 어떻게

지금까지도 꾸준히 이어질 수 있을까?

담당 기관과 후원자들의 노력이 컸겠지만, 나는 훌륭한 협업 시스템이 결정적이었다고 생각한다. '독거노인의 건강과 안부 확인'이라는 같은 목표를 향해서 여러 이해관계자가 각자 가진 서로 다른 가치를 합칠 수 있도록 만들었기 때문이다. 부담스럽지 않은 선에서 영리하게 말이다. 다음은 내가 짐작해본 각 분야 관계자들의 입장이다.

- 기부자: 시설 운영 등 큰돈이 들어가는 경우거나 생활을 책임져야 하는 일까지는 부담스럽다. 하지만 소정의 금액을 후원해 홀로 사는 어르신들을 직접 돕는다면 동참하고 싶다.
- 우유 회사: 이미 있는 배달 시스템대로 주문받은 우유를 배달하되, 우유가 쌓여 있는 경우 지정된 연락처로 전달하는 정도의 업무라면 부담스럽지 않다. 기꺼이 동참할 수 있다.
- 주민센터: 관할 구역의 독거노인을 관심 있게 지켜봐야 하지만 제한된 인력 탓에 도저히 일일이 찾아갈 수가 없다. 위험 신호가 있는 노인을 알려준다면 큰 도움이 된다.

여기서 주목할 점은 목표에 '헌신'할 사람들이 아니라 '약간씩은 더 할 의향이 있는' 사람들을 모았다는 점이다. 만약 기부자들에게 홀로 사는 어르신들과 자매결연을 맺으라고 했다면 어땠을까? 분명히 손을 저으며 물러났을 것이다. 너무나 어려운 일이기 때문이다. 또 우유 회사에 자비로 음료를 배달하라고 했다면 어땠을까? 물론 어느 정도까지는 할 수 있을지 모르지만, 계속하기는 부담이 됐을 것이다. 그리고 주민센터에 매일 독거노인을 찾아가라고 했다면 어땠을까? 다른 업무도 많기 때문에 불가능하다고 난색을 표했을 것이다.

그런데 세 주체의 역할을 나눠서 협업 시스템을 만들자 다들 그 정도는 할 수 있을 것 같다는 마음가짐이 되었다. '혼자 사는 어르신의 안부와 안전'이라는 깃발을 흔든 후 같은 목표를 이루고자 하는 대상자들을 모아서 협업한 사례다.

다른 조각을 합쳐서
시너지를 낼 수 있는 조합이 무엇인가?

서울 삼성동의 코엑스 앞에는 대형 옥외 전광판이 있는데, 몇 년 전에 압도적인 미디어 아트로 큰 화제를 일으켰다. 디스트릭트 d'strict라는 디지털 디자인 회사가 선보인 〈WAVE(웨이브)〉라는 작품으로, 스케일과 디테일이 굉장했다. 투명한 대형 수조 안에 거대한 파도가 치는 모습이었는데, 기존과는 다른 수준의 압도적인 현실감이었다. '정말 저 안에서 파도가 치고 있는 것 같아', '저 투명한 수조가 깨지면 물이 넘쳐흐를 것 같아'라는 느낌이 들었으니 말이다.

사진: 디스트릭트 〈WAVE(웨이브)〉

입소문이 나자 뉴욕의 타임스스퀘어(그 유명한 타임스스퀘어!)에 있는 상징적인 건물에서도 작품을 선보이게 됐다. 그게 언론에서 화제가 된 〈Waterfall-NYC(워터폴엔와이씨)〉였는데, 건물주가 얼마나 마음에 들었던지 돈을 안 내도 되니 한 달 더 해달라고 요청했다고 한다. 뉴욕 한복판에서 확실한 성공 사례를 보여준 디스트릭트는 지금 승승장구하고 있다.

내가 잘하는 것과 네가 잘하는 것을 합쳐서
근사한 걸 해보자.

디스트릭트 사례는 이렇게 서로 다른 조각을 모아 협업 퍼즐을 완성한 경우다. 먼저, 첫 번째 협업 퍼즐을 살펴보자. 화제가 된 〈WAVE〉는 협업을 통해 코엑스 앞 대형 옥외 전광판에서 성공적으로 시연한 사례다. 〈유 퀴즈 온 더 블럭〉에 출연한 디스트릭트의 이성호 대표는 비용이 생각보다 비싸지 않았다고 말했는데, 그 이유가 옥외 전광판의 일정 부분은 공공 분야에 쓰게 되어 있었기 때문이라고 했다. 옥외 전광판을 운영하는 기업으로서는 캠페인성 공공 영상을 트는 것도 의미 있지만, 가끔은 입이 딱 벌어질 만큼 멋진 예술 작품이 상영되는 것을 원했을 것이다. 화제가 되면서 가치가 올라가니 말이다. 디스트릭트의 제안을 들었을 때 담당자는 아마 이렇게 생각하지 않았을까?

'원래 일정 부분은 공공 부문에 써야 하잖아. 캠페인성 광고만 할 게 아니라 이런 대형 예술 작품을 트는 것도 좋은 생각일 것 같아. 이 사람들이 가져온 걸 보니 굉장하네. 이걸 틀면 홍보 효과가 어마어마하지 않을까? 혹시 별로면 다음에는 안 틀면 되지. 그리고 내용이 자극적이지 않고 자연 풍경이라 논란도 없을 것 같아. 해보지, 뭐.'

서로 다른 니즈를 합쳐서 모두에게 윈윈이 되는 협업을 하는 셈이다. 나중에 뉴욕 맨해튼에 〈Waterfall-NYC〉를 설치할 때는 협업 파트너에 삼성전자가 추가된다. 타임스스퀘어에 있는 빌딩 외벽에 100m짜리 삼성 스마트 LED 사이니지 전광판이 있었고, 디스트릭트에는 그 하드웨어를 근사하게 만들 수 있는 예술적 소프트웨어가 있었다. 그 결과 뉴욕 한복판에서 압도적인 몰입감의 디지털 폭포가 탄생했다. 비용을 서로 어떻게 부담했는진 모르겠지만, 삼성전자와 디스트릭트 모두에게 윈윈인 협업이었던 건 분명하다.

"협업할 대상을 어떻게 잘 찾을 수 있을까?

가장 쉬운 방법은
우리와 비슷한 문제를 가지고 있지만,
또는 우리와 비슷한 목표를 향하고 있지만,
다른 강점이 있는 대상을 찾는 것이다.

그러고는 이렇게 제안한다.
'내가 잘하는 것과 네가 잘하는 것을 합쳐서
근사한 걸 해보자'라고."

멋진 일이 벌어진다는 소문에는
사람들이 몰려온다

다들 끼어들고 싶어 하는 사업

부탁하는 사람 vs.
제안하는 사람

좋은 협업을 하기 위해서는 프로젝트 자체가 매력적이어야 한다. 협업할 때 '부탁'을 하는 사람이 있고, '솔깃한 제안'을 하는 사람이 있다. 당연히 후자 쪽이 일하기도 훨씬 편하고, 좋은 협업 파트너를 구하기도 쉽다. 시시한 일에 좋은 사람들이 몰려드는 경우는 드물기 때문이다. 다시 말해, 다른 사람들이 끼어들어서 같이 해보고 싶어 할 만한 프로젝트를 만들면 협업하는 대상을 훨씬 더 쉽게 섭외할 수 있다.

구체적인 예시를 위하여 '신체적 약자를 위한 사회공헌 프로젝트'

를 추진하고 있는 하연과 진경이라는 가상의 담당자를 이 자리에 모셨다. 그들의 일이 어떻게 진행되는지 지켜봐주시길.

사례 1: 휠체어 나눠주기 사업

하연은 거동이 불편하지만 경제적 여력이 없는 분들을 위해 고급 휠체어를 구매해서 나눠주는 프로젝트를 하기로 했다. 휠체어를 제품별로 꼼꼼하게 분석한 후, 배정된 예산 안에서 몇 개나 구매할 수 있는지 계산한다. 그리고 리더에게 몇 번 보고 과정을 거친 이후 대략적인 모델과 개수를 정한다.

그런 다음 보건복지부 담당자에게 상의차 전화를 건다. 담당자는 친절했지만, 지자체와 이야기하는 게 더 나을 거라고 말해준다. 하연은 리더에게 다시 보고한 후 회사가 속해 있는 지역구에 연락해보기로 한다. 담당 공무원을 찾아 사업을 설명하고 나니, 장애등급을 받은 저소득층은 이미 휠체어가 정부 지원 사업에 포함되어 있어서 큰 실효성이 없을 것이라고 대답한다. 그러면서 차라리 거주 환경 개선 사업에 후원하는 게 어떠냐는 의견을 전한다.

하연이 상황을 보고하자 리더는 거주 환경 개선 지원이 너무 부담스럽다는 우려를 표한다. 그러고는 장애등급을 받지 않았지만 거동에 불편함을 느끼는 분들을 찾아보자는 아이디어를 덧붙인다. 하연이 지자체 공무원에게 연락해서 의견을 구하자, 시큰둥한 말투로 재단 몇 개를 알려주면서 문의하라고 한다.

하연은 재단에 연락해서 다시 일일이 설명한다. 다행히 재단들은 후원이라는 소식에 긍정적인 반응을 보인다. 몇 번의 회의 끝에 재단들이 추천 리스트를 만들어주면 휠체어를 전달하기로 합의한다. 재단들은 이 휠체어 사업을 시작으로 앞으로도 꾸준히 후원해주길 바란다는 뜻을 피력한다. 사실 더 필요한 사업들이 있다면서 말이다.

드디어 휠체어를 전달하려는데, 리더가 전달식 같은 게 있어야 하지 않냐고 말한다. 하연은 재단 임원들을 초청해서 커다란 종이에 금액을 적은 전달식 일정을 잡는다. 해당 지역구에도 참석을 요청했지만, 구청장이 이미 일정이 있다며 거절한다. 그래도 재단과 연관이 있는 구의원 1명이 참석하기로 해 간신히 구색을 갖췄다.

회사 홍보팀에서는 전달식에 휠체어를 받을 사람도 같이 나오면 좋겠다고 이야기한다. 하연은 재단에 부탁해보지만, 언론에 어르신을 나오게 하는 건 실례일 수 있다며 거절한다. 어쨌든 전달식 날 하연 회사의 임원과 재단 임원 그리고 구의원이 참석해서 전달식을 하고, 활짝 웃는 사진을 보도자료로 뿌린다.

드디어 3개월간의 고된 업무가 끝났다. 누구도 도와주는 사람 없이 담당자 홀로 분투한 시간이었다.

사례 2: 팔이 없는 아동을 위한 히어로 암 프로젝트

진경네 회사는 로보틱스 분야에 경쟁력을 가지고 있다. 그래서 처음에는 스마트 전동 휠체어를 생각했지만, 개발 기간이 오래 걸리고 비용이 많이 든다는 이야기를 듣고 제외했다. 진경은 며칠 동안 고민한 끝에 질병 또는 사고로 팔 일부가 없는 아동을 대상으로 로봇 의수를 만드는 사업을 생각해낸다. 장애 아동에게 로봇 의수를 제공해서 일상적인 생활을 상당 부분 되찾아주면 아이들이 건강하고 씩씩하게 자랄 수 있을 테니 말이다.

그런데 장애 아동 부모, 장애 기관 전문가들과 여러 차례 미팅하다 보니 다들 우려하는 지점이 있었다.

몸에 기계를 부착하고 있는 모습이
사람들에게 위화감을 주지 않을까?

안 그래도 자존감에 상처를 입은 아이들인데 친구들이 괴물이라고 손가락질하거나 무서워하면 어떻게 하냐는 고민을 조심스럽게 제기했다. 일리가 있는 말이었다. 진경은 이 문제를 고민하다가 리더에게 상담했다. 리더는 어깨를 으쓱하더니 툭, 의견을 내놨다.

"로봇 의수가 멋있어 보이면 되잖아요."

"어떻게요?"

"로보캅처럼 말이에요. 나는 어렸을 때 그게 꿈이었는데."

"로보캅이 뭐예요?"

"어? 로보캅 몰라요?"

진경은 충격받은 리더를 앞에 두고 '로보캅'을 검색해봤다. 로보캅에는 큰 감명을 받지 못했지만, 이미지를 보는 순간 마블의 영화들이 떠올랐다. 로봇 의수를 찬 모습이 아이언맨, 캡틴 아메리카처럼 보이면 멋지겠네.

진경은 로봇 의수의 기능은 그대로 가되 아이언맨, 캡틴 아메리카, 〈겨울왕국〉의 엘사, 스파이더맨 등 아이들이 동경하는 캐릭터가 연상되는 디자인을 입히기로 했다. 그렇다면 아이들은 장애를 가졌다는 생각 대신 히어로가 됐다는 자랑스러운 생각을 할 것이다. 친구들 사이에서도 부러움의 대상이 되지 않을까.

문제는 그 캐릭터들이 디즈니 소유라는 점이다. 모두가 알다시피 디즈니는 캐릭터 사용에 매우 엄격하고, 비용을 지급하려면 신생 회사로서는 감당할 수 없는 금액이 필요하다. 담당자는 디즈니에 사업의 취지를 설명하며 조심스럽게 협업을 제안했다.

결과는? 해피엔딩이다.

이상의 이야기는 순전히 상상으로 만들어낸 것이지만, 소셜 벤처인 '오픈 바이오닉스Open Bionics'의 실제 스토리를 바탕으로 했다. 디즈니는 히어로 암Hero Arm이라고 부르는 이 로봇 의수에 비용을 받지 않고 무상으로 캐릭터를 제공하고 있다. 아이들의 꿈을 지켜주고 싶어 하는 디즈니의 철학에 너무나도 잘 맞는 선한 영향력의 사업이기 때문이다. 이 로봇 의수를 찬 아이들은 재활 훈련이라고 생각하지 않고 히어로 훈련이라고 생각한다고 한다.

---

* 스타트업 기업인 오픈 바이오닉스는 〈스타워즈〉, 〈아이언맨〉, 〈겨울왕국〉 등의 주인공 캐릭터를 주제로 의수를 디자인하고 있다. '히어로 암' 의수를 착용한 사람들은 마치 자신이 영화 속 주인공이 된 것 같은 느낌을 받아, 어려운 의수 사용법을 배울 때도 슈퍼 히어로가 되기 위한 훈련을 받는 듯한 기분을 느낀다고 말한다. 캐릭터 사용에 엄격한 태도를 보여온 디즈니 이지만 이 기업에는 단 한 푼의 상표 사용료도 받지 않고 캐릭터 디자인을 제공하고 있다.(출처: KBS 뉴스, 2021.2.21)

같이하고 싶은 프로젝트를 만들면
성공하는 이유

'신체적 약자를 위한 사회공헌 프로젝트'를 주제로 2명의 담당자가 다른 선택을 했다. 그리고 그들의 협업이 어떻게 진행되는지 가상으로나마 그려봤다.

먼저, 휠체어 나눠주기 사업을 한 하연은 쉽지 않은 시간을 보냈다. 휠체어를 나눠주는 사업을 폄훼하는 건 아니다. 분명히 훌륭하고 좋은 사업이다. 하지만 일방적인 기부, 수혜성 사업이기 때문에 회사는 비용으로 처리할 것이고 다음 해에도 지속하기가 쉽지 않다. 게다가 누구도 이 업무에 끼어들고 싶어 하지 않는다. 정부 기관이나 지역구 공무원마저도 시큰둥한 반응이다. 이런 사업에서는 담당자만 고군분투하면서 고생하기 마련이다.

- 리더, 회사: 협조적이지만 크게 관여하고 싶어 하지 않음.
- 보건복지부: 관심 없음.
- 지자체: 휠체어 나눠주기 사업에는 크게 관심 없음.
- 재단: 적극적이지만 속으로는 다른 후원을 더 원함.

두 번째 '히어로 암' 담당자인 진경은 훨씬 넓은 선택지에서 일할 수 있었다. 로봇 의수 회사 담당자 못지않게 디즈니 마케팅 담당자도 칭찬을 받았을 것이다. 장애 아동과 부모들은 간절한 마음으로 차례를 기다리고 재활 훈련에도 적극적으로 참여할 것이다. 그리고 다른 기업이나 정부, 공공기관들로부터 또 다른 협업 제안이 이어질 가능성이 크다.

- 회사, 리더: 로보틱스 분야인 회사를 알릴 기회라고 생각해서 적극적으로 참여함.
- 장애 아동과 부모: 꼭 참여하고 싶어 함.
- 디즈니: 회사의 정체성과 완벽히 맞는 사업인 데다가 캐릭터만 빌려주면 될 뿐 업무에 부담이 없으니 적극적으로 참여함.

멋진 일이 벌어진다는 소식에는 사람들이 몰려온다. 그리고 끼어들고 싶어 하는 사람들이 많아질수록 협업은 쉬워진다. 협업을 잘하려면 부탁이 아니라 솔깃한 제안을 해야 하는 이유다.

"멋진 일이 벌어진다는 소식에는
사람들이 몰려온다.

시시한 프로젝트를 하면
협업할 때 '부탁'하는 사람이 된다.
멋진 프로젝트를 하면
'솔깃한 제안'을 하는 사람이 된다.

매력적인 프로젝트에서
매끄러운 협업이 나온다."

명료함은 일과 관계를
모두 지켜준다

불편한 이야기는 오히려 초반에

불편한 이야기는

차차 하죠

___

우리나라에서 공동으로 창업했다가 좋은 관계를 꾸준히 이어나
가는 경우는 흔치 않다. 사업이 잘되든 안되든 마찬가지다. 나는 그
이유 중 하나가 속마음을 솔직히 이야기하지 않고, 짐작으로 일하는
문화 때문이라고 생각한다.

두 친구가 함께 창업하는 상황을 생각해보자. 둘 다 전업으로 사
업에 뛰어들 예정이다. 한 사람에겐 기술이 있고, 다른 한 사람에겐
자본이 있다. 이때 나중에 이익을 어떻게 나눌 것인지, 업무 분담을

어떻게 할 것인지, 부채는 어떻게 상환할 것인지 초반에 합의하고 문서로 적어두는 경우는 매우 드물다. 그러다 보니 시간이 지날수록 오해가 쌓이고 불만이 늘어간다. 둘 다 자신이 좀 더 베풀었다고, 좀 더 희생하고 있다고 생각하기 때문이다.

'나는 열심히 일하는데 저 친구는 왜 저렇게 한가하지? 힘든 일은 다 내 차지잖아? 그러고도 수익이 나면 칼같이 챙겨가는 것 좀 봐.'

'나는 돈을 이만큼 투자했는데 쟤는 왜 저렇게 고마움 없이 자기 돈처럼 쓰는 거지? 아니, 내가 더 투자했으면 이익을 더 배분해줘야지, 당연한 듯 절반을 가져가는 건 또 뭐야?'

꾹꾹 참고 있다가 작은 계기만 생겨도 갈등이 폭발하고 만다. 그러고는 원수가 되어서 갈라서게 된다. 각자 자신이 피해자라고 생각하고 주변 사람들에게 동업의 문제점을 경고한다.

이런 상황은 친하지 않은 비즈니스 관계에서도 나타난다. 같은 부서 또는 다른 부서의 동료, 협업 파트너와 업무 회의를 할 때 세세한 건 진행하면서 차차 상의하자는 식으로 넘어간다. 초반부터 꼬치꼬치 따지는 건 무례하거나 너무 깐깐하다는 인상을 준다고 생각하기 때문이다. 그러면서 두루뭉술한 회의 내용을 자기에게 유리한 대로 해석한다. 우리가 누군가와 협업할 때 반드시 경계해야 하는 태도가 있다.

"불편한 이야기는 차차 하기로 해요."

저런! 방금 비극의 서막이 올랐다.

협업 초기에 필요한
세 가지 명료함: R, T, M

"아휴, 우리 사이에 뭘 그렇게까지 따지나요"로 시작해서 "당신이 어떻게 나한테 이럴 수 있어!"로 끝나지 않으려면 초반부터 가능한 한 명확하게 정하는 게 좋다. 깍쟁이 같은 인상을 주기 싫다면 활짝 웃으면서, 그리고 가능한 한 양보하려는 태도로 임하면 될 일이다. 처음에는 깐깐해 보였는데 같이 일해보니 명쾌하고 친절한 사람이더라 하는 평판을 얻는 게 낫지, 처음에는 좋아 보였는데 나중에 뒤통수를 치더라는 소리를 듣는 게 좋겠는가.

협업 초기에 꼭 명료하게 정리해야 하는 게 무엇일까? 업무 특성에 따라 다양하겠지만 공통적인 세 가지 영역이 있다. 서로의 오해를 없앨 뿐 아니라 원활한 협업을 가능하게 해주는 필수 영역이다. 이것만 하면 된다는 게 아니라 이게 안 되면 반드시 갈등이 생긴다는 관점에서 읽어주시길.

R&R: 누가 무슨 역할을 맡을 것인가?

모호한 역할 배분은 혼란을 가져온다. 일뿐 아니라 관계를 망치는 지름길이다. 리더들을 만나면 농담처럼 종종 하는 이야기가 있다. 만약 팀을 붕괴시키고 싶으면, 여러 명의 담당자에게 업무 덩어리 하나를 맡긴 후 '알아서' 잘 나누라고 말하면 된다고.

협업 초반에 꼭 세심하게 결정해야 하는 일이 R&R Role & Responsibility

이다. '역할과 책임' 또는 '업무 분담'이라고도 하는데, 업무를 완성하기 위해 누가 무슨 역할을 맡을지를 정하는 것이다. R&R에서 자주 실수하는 부분이 있는데, 내부 동료와 일하는 경우와 외부 파트너와 일하는 경우가 조금 다르므로 나눠서 이야기해보겠다.

① 부서 동료와의 R&R: 누가 무슨 기여를 하는지 분명하게

내부 동료와 R&R을 할 때는 업무 덩어리가 분명히 나뉘는 게 중요하다. 예를 들어, 고객 데이터를 분석하고 향후 전략을 분석하는 30페이지짜리 보고서를 써야 하는 상황을 생각해보자. 주요 업무 덩어리는 분석 방법론 설계, 현재 고객(개인, 기업) 분석, 잠재 고객 분석, 설명 글 작성이다.

리더는 에스더를 메인 담당자로, 알렉스와 제니퍼를 보조 담당자로 역할을 나누었다. 많은 경우 메인 담당자는 모든 영역에서 총괄을 맡고, 보조 담당자들은 시간이 걸리고 번거로운 업무들을 맡는다. 엑셀 정리 보조, 해외 사례 리서치 보조, 데이터 추출 및 가공 보조 식으로 말이다. 그리고 그들이 시킨 대로 결과물을 가져오면 메인 담당자가 최종 결과물을 만든다.

같은 부서의 동료와 협업할 때면 직급과 서열에 따라 메인 담당자, 보조 담당자로 업무가 나뉘는 경우가 잦다. 그런데 이렇게 배정하면 메인 담당자는 격무에 시달리고, 보조 담당자들은 일이 많다고 투덜대면서 갈등이 폭발하게 되기 쉽다.

- 에스더(메인 담당자): 팀원이 3명인데 왜 내가 업무의 50%나 해야 해? 나머지 2명은 왜 저렇게 성의 없는 태도를 보이지? 팀장에게 보고해서 혼나는 건 어차피 나니까 자기들은 상관없다 이거야?
- 알렉스&제니퍼(보조 담당자): 우리는 들러리잖아. 잘돼도 에스더가 인정받겠지. 내가 고생해서 찾은 데이터도 홀랑 가져가서 보고하던걸. 이 정도 도와줬으면 됐잖아? 나도 내 프로젝트 해야 된다고.

나쁜 사람은 아무도 없는데 온통 피해자뿐이다. 이런 불필요한 갈등을 피하려면 누가 무슨 기여를 하는지가 분명히 보이게 R&R을 하는 게 좋다. 예를 들면 이런 식이다.

- 분석 방법론 설계: 공통
- 개인 고객 데이터 분석(8페이지): 난이도 중, 알렉스(보조 담당자)
- 기업 고객 데이터 분석(8페이지): 난이도 중, 제니퍼(보조 담당자)
- 잠재 고객 데이터 분석(8페이지): 난이도 상, 에스더(메인 담당자)
- 현황 및 전체 시사점 정리 + 보고서 작성(6페이지): 난이도 중, 에스더

리더에게도 이 R&R을 공유하고, 3명이 함께 진행 상황을 보고하는 방식으로 하면 갈등이 훨씬 줄어든다. 누가 무슨 일에 기여하는지 분명하니 남의 일에 들러리 선다는 기분도 덜 들게 된다. 그리고 찔끔찔끔 보조하는 게 아니라 개인 고객 분석, 기업 고객 분석 등 굵직한 업무 덩어리를 맡게 되니 배우는 부분도 크다.

게다가 메인 담당자는 "잘되고 있어요? 혹시 필요하다면, 분석하신 데이터를 같이 봐줄까요?" 같은 태도로 일할 수 있다. 그전에는 보조 담당자가 메인 담당자를 도와주는 모양새였는데, 이제는 업무에 능숙한 메인 담당자가 보조 담당자들을 도와주게 되는 것이다. 어떤 방식이 더 팀워크에 좋을지는 분명하다.

② 외부 파트너와의 R&R: 범위와 선을 처음부터 명확하게

외부 파트너와 R&R을 할 때는 모호한 회색지대가 생기지 않도록 신경 쓰는 게 중요하다. 유통사가 디자인 회사에 작업을 의뢰하는 경우를 생각해보자. 내부 동료와 일할 때와 달리 누가 무슨 역할을 하는지 헷갈릴 일은 없다. 유통사와 디자인 회사의 업무는 확연히 다르니까. 하지만 그 외 다른 영역에서 모호함이 생기는데 각자 생각하는 적정한 일의 범위와 선이 다른 경우다.

"디자인 시안을 수정하는 데 추가 비용이 없나요?"

"네, 그럼요. 내부 의견 정리해서 주시면 수정 시안 보내드립니다."

자, 여기서 퀴즈다. 과연 수정 몇 번까지가 무료일까?

일단 한 번은 확실히 무료인 것 같다. 하지만 백 번까지 무료인 건 아니겠지. 그렇다면 과연 몇 번이 서로 웃는 낯으로 매끄럽게 일할 수 있는 수정 숫자일까?

정답은 '정해져 있지 않다'이다. 누구는 다섯 번이라고 생각하고, 누구는 두 번이라고 생각한다. 그래서 세 번째부터는 갈등이 심해지

다가 다섯 번째쯤에는 서로 원수처럼 되는 것이다. '다시는 여기와 일하나 봐라' 씩씩거리면서 말이다. 같은 상황에서 다음과 같이 협의가 이뤄졌다면 어떨까?

"디자인 시안을 수정하는 데 추가 비용이 없나요?"

"그럼요. 두 번까지 무료로 수정해드립니다. 세 번째부터는 비용이 추가됩니다. 새로운 디자인을 받는 경우는 건당 100만 원, 색깔이나 폰트 등 부분 수정을 하는 경우는 건당 10만 원입니다."

물론 이대로 합의가 안 될 수도 있다. 의뢰하는 유통사에서 "죄송하지만, 디자인 수정 세 번까지는 무료로 해주세요"라든지 "부분 수정의 경우 10회 이내에 50만 원 조건으로 해주세요" 같은 제안을 하고 디자인 회사가 수락할 수도 있으니 말이다.

어쨌든 중요한 건 '수정을 해준다'라는 구체적인 의미를 명확히 하는 것이다. 이렇게 하면 두루뭉술하게 협의했을 때보다 훨씬 갈등이 줄어든다. 적어도 어디까지가 호의이고 권리인지 뒤섞이는 상황은 오지 않는다.

Time Table: 언제 어떤 일이 진행되는가?

협업할 때는 분기점이 되는 일정들을 상대방과 공유하는 게 좋다. 물론 일정에 맞춰 칼같이 진행되지는 않더라도 전반적인 흐름과 날짜를 합의한 경우와 각자 나름대로 해석한 경우는 차이가 크게 난다.

다음은 브랜드 역사를 담은 디지털 아트를 전시관에서 시연하고 싶어 하는 기업과 디지털 아트 기업의 업무 일정이다. 다음처럼 간단한 일정이라도 사전에 공유하면 업무를 매끄럽게 진행하는 데 큰 도움이 된다.

- 2월: 콘셉트 회의
- 3월: 스토리 구상 및 스토리보드 제작
- 4월 첫째 주: 경영진 보고(콘셉트 및 스토리)
- 4~5월: 제작
- 6월 첫째 주: 시범 테스트(스튜디어 대여)
- 6월 둘째 주: 경영진 보고(현장 시연 포함)
- 6월 넷째 주: 설치 및 시연(A 전시관)
- 7월 첫째 주~: 보도자료 배포, 주요 인사 초청 행사 등 홍보 시작
- 7월 15일: D-Day, 프로젝트 론칭

일정을 본 사람들은 경영진 보고(4월 첫째 주), 시범 테스트(6월 첫째 주), 프로젝트 시작(7월 15일)을 주요 분기점으로 잡기 때문에, 그즈음에는 웬만해서는 바쁜 일정을 잡지 않게 된다. 그리고 2~3월에는 디자이너와 기획자, 4~5월에는 제작자, 6월부터는 설치 전문가 등을 이 프로젝트에 차례차례 배치하겠다는 계획도 세울 수 있다.

외부 파트너와 협업할 때는 이 과정이 더욱 중요하다. 한 달짜리, 석 달짜리 프로젝트라고 하더라도 우리와의 업무에 풀타임을 투입하진 않기 때문이다. 다른 업무들도 병행하면서 우리 일을 진행하는 경우가 많다. 그런데 언제 중요한 일들이 있는지를 알려주지 않으면

중요한 일정들이 틀어진다.

예를 들어 의뢰 기업이 경영진에게 6월 둘째 주에 시연할 것이라고 계획을 잡았는데, 그 일정을 사전에 알려주지 않다가 한 주 전에 말해주면 문제가 생긴다. 마침 그 미디어 아트 기업은 다른 해외 프로젝트를 진행하느라 외국에 가 있어서 연락조차 잘 안 될 수도 있으니 말이다. 그때 가서 서로 원망해봤자 감정만 상한다.

중요한 일정이라면 프로젝트 초기부터 서로 합의하자. 변경할 일이 생기면 다시 조율해서 합의하면 된다.

Minimum Requirement(최소요구조건): 최소한 꼭 지켜야 하는 업무는 무엇인가?

각기 다른 분야의 전문가가 모여 일하다 보면 갈등이 생겨나는 일이 종종 있는데, 많은 경우 서로의 '상식'이 달라서 그렇다. 자신에게는 Common Sense(상식)이지만, 다른 사람에게는 Common(일반적)하지 않다는 사실을 자주 잊어버리기 때문이다. 그래서 종종 이런 원망 섞인 대화가 오간다.

"아니, 그걸 어떻게 안 해놓을 수가 있어요. 상식이잖아요!"

"처음 들어봐요. 그렇게 중요한 걸 왜 미리 말해주지 않았죠?"

제품이나 서비스를 출시하기 일주일 전에 이런 일이 벌어진다면 모두에게 악몽 같은 일이다. 이런 혼선을 줄이는 방법은 각 담당자가 프로젝트 초기부터 '최소요구조건'을 작성하는 것이다. 최소요구조건은 "정보를 투명하게 공개해주세요.", "업무에 잘 협조해주세요" 같은 두루뭉술한 요청 사항이 아니다. '정식 출시 전에 L 기관으로부터 안전 등급을 받아야 한다', '충전 후 8시간 이상 운행할 수 있어야 한다'와 같이 반드시 충족되어야 하는 필수 조건을 말한다.

예를 들어, 앞서 다뤘던 '병원의 자율주행 배송 로봇 프로젝트'를 생각해보자. 굵직한 협업 파트너들만 보더라도 자율주행 로보틱스 기업, 자율주행 AI 기업, 유통 기업, 통신 및 데이터 기업, 병원, 보건복지부 등 다양했다. 담당자 레벨로 내려가면 개발자, 데이터 분석가, 디자이너, 로봇 엔지니어, 센서 소재 전문가, 의료 전문가, 유통 전문가 등으로 나눠질 테니 더 복잡해진다. 이때 서로의 상식이 다르다는 걸 인정하고 기관별로 최소요구조건을 적어보면 혼선이 줄어든다. 다음은 병원의 예상 가능한 최소요구조건 중 일부다.

- 로봇의 크기가 병원 침대의 복도 이동을 막으면 안 된다.
- 자율배송 장치들이 의료기기에 영향을 주지 않아야 한다.
- 환자가 부딪혀서 다쳤다는 소리는 절대 나오면 안 된다. 안전사고가 생기는 순간 프로젝트는 바로 스톱이다.
- 테스트는 상대적으로 덜 혼잡한 오후 9시 이후로 했으면 좋겠다.

협업하는 기관별로 목록을 작성한 후 서로 합친다. 일을 진행하다 보면 더 늘어날 수도 있는데, 목록이 너무 늘어나면 중간에 정리할 필요가 있다. 최소요구사항과 희망요구사항으로 구분하는 것도 방법이다. 어쨌든 중요한 건 참여 기관별로 '최소한 이건 상식이다'라

는 항목을 사전에 모두가 공유하는 것이다. 최소요구조건 리스트를
이정표처럼 보면서 일을 진행하는 곳과 감으로 일하는 곳의 갈등 지
수는 확연히 다르다.

"'아휴, 우리 사이에 뭘 그렇게
따지면서 하나요'로 시작해서
'어떻게 나한테 이럴 수 있어!'까지
이어지지 않으려면
초반부터 명료함이 필요하다.

불편한 이야기는
오히려 초반에 짚고 넘어가자.
친절하고 우호적인 태도로.

모호함은 일과 관계 모두를 망가트린다."

보이게 일하라.
심지어 전기밥솥도 힘든 척 어필하는데

성과의 시각화

전기밥솥의
비밀

────────

갓 지은 밥은 늘 옳다. 우리 집 전기밥솥은 3인용이다 보니 한 번에 지을 수 있는 양이 적어서 매번 새로 한 밥을 먹는 행운을 누린다. 메탈 색의 단단한 얼굴을 지닌 전기밥솥에 씻은 쌀을 넣으면 25분 후에 완성되는데 중간중간 나에게 부지런히 보고를 한다.

"○○가 맛있는 밥을 조리합니다."
"쿠쿠쿠쿠쿡(효과음) 증기 배출이 시작됩니다."

"맛있는 밥이 완성됐습니다. 밥을 잘 저어주세요."

시키는 대로 잘 젓고 나서 주걱에 묻은 김이 펄펄 나는 밥 덩어리를 떼어먹는 맛이란.

그런데 얼마 전 SNS에서 전기밥솥이 증기를 배출하기 전에 내는 '쿠쿠쿠쿠쿡', '푸슈슈', '쿨릭' 등의 소리가 진짜가 아니라 녹음된 소리라는 소문이 떠돌았다. 집에 아기가 있어서 알림 소리를 꺼놓으니 그 소리가 진짜로 안 들렸다는 사람들이 나타나면서 신뢰감을 더했다.

호기심이 생긴 나는 유심히 관찰했는데, 아무래도 소문이 사실인 것 같다. 물론 밥을 짓는 도중 푸슈슈슉! 하는 소리는 실제로 증기가 나오고 있는 소리라서 진짜였다. 하지만 '증기 배출이 시작됩니다'라는 경고 메시지 전의 효과음은 아무래도 녹음된 소리인 것 같다.

세상에. 전기밥솥마저 믿을 수가 없다니. 물론 그동안의 노고(?)는 인정하지만, 그 정도까지 힘든 건 아니었을 텐데.

효과음은 전기밥솥이 무척이나 중요하고, 위급하고, 힘든 일을 하는 것처럼 여기게 했다. 그러고 보니 전기밥솥이 자신을 어필하는 방식은 그것뿐이 아니었다. 취사 도중 LED 화면에는 사각형 모양이 뱅글뱅글 돌아가고 있다. 꼭 열심히 달려가는 것처럼 말이다. 이 사실을 알고 난 후, 나는 우리 집 전기밥솥이 "나 지금 엄청 중요한 일을 열심히 하고 있어요!"라고 어필하는 소리를 들을 때마다 피식 웃게 된다. 메모도 해두었다.

보이게 일하자.

심지어 전기밥솥도 저렇게 힘든 척 어필하는데.

담당자도 모르는 성과를
상대방이 알 수는 없다

회사 동료나 클라이언트와 함께 일할 때, 자기 성과를 제대로 보여주는 건 매우 중요하다. "아휴, 나는 그런 거 낯간지러워서 못 해요"라고 말하는 분들이 있는데, 성과 어필을 "나 되게 잘했어요. 진짜 고생 많았어요. 그러니 우쭈쭈 칭찬해줘요!"라는 식으로 오해하기 때문이다. 또는 이렇게 말하는 사람도 있다.

"그냥 제 일을 묵묵히 잘 해내고 싶어요. 그러면 사람들이 알아주겠죠. 설사 모르더라도 굳이 알아달라고 구질구질하게 말하고 싶지 않아요. 저는 그런 거 안 좋아해요."

담담하고 쿨한 태도처럼 보이지만 실상은 그렇지 않다. 만약 리더가 이런 성향이라면 부서원들에겐 그야말로 재앙이다. 다른 부서보다 훨씬 더 열심히 노력하고 성과도 잘 냈는데 경영진은 전혀 모른다. 그러다 보니 낮은 평가를 받아 부서 예산과 지원은 늘 팍팍하고, 월급과 승진에 불이익을 받는다. 협업하는 파트너들은 우리가 제대로 된 역할을 안 해준다며 불만이 가득하다.

'우리가 얼마나 열심히 일했는데!'라고 가슴만 치지 말고 지금까지 무엇을 했는지 분명하게 보여주는 법을 배우자. 일종의 성과 시각화라고 할 수 있는데, 성과의 근거를 만드는 일이라고 생각하면 된다.

성과의 시각화 = 성과의 근거를 만드는 것

- "내년 마케팅 예산을 20% 올려야 합니다. 왜냐하면(근거) 올해 1억 원의 마케팅으로 30억 원의 추가 매출을 끌어냈기 때문입니다."
- "우리 부서가 이번에 인센티브를 받아야 합니다. 왜냐하면(근거)"
- "저희와 계약을 연장하는 게 이득입니다. 왜냐하면(근거)"

'왜냐하면'에 해당하는 것이 성과의 근거다. 분명한 숫자나 사례를 가지고 이야기해야 한다. '긍정적 효과', '어려움 속에도 최선을 다해' 같은 두루뭉술한 표현으로 메꾸면 안 된다.

"열심히 하긴 했는데 성과를 숫자나 사례로 딱 정해서 말하기는 어려워요. 하지만 동료들은 제가 고생한 거 다 아는걸요?"

음, 아마 그건 아닐 거다. 담당자가 콕 집어서 말할 수도 없는 성과에 리더나 클라이언트가 좋은 평가를 해줄 수는 없다. 설사 그들이 담당자가 열심히 했다고 '느꼈어도', 근거 없이 위에 보고할 수는 없기 때문이다. "그 친구가 아주 인상도 좋고, 맡긴 일을 성실하게 잘합니다. 제가 지켜본 느낌은 그래요. 그러니 S 고과를 주시죠"라고 할 수는 없다.

클라이언트나 협업 파트너도 마찬가지다. "잘해주더라고요. 무슨 일을 해줬냐고요? 아, 그게. 뭐, 이것저것 잘 도와줬는데. 음, 특별한 건 기억이 안 나네요" 같은 대답밖에 할 수 없다면, 꼭 여기와 일할 필요가 있겠냐는 의구심이 스멀스멀 올라올 수 있다.

무슨 남다른 일을 했나, 그리고 상대방에게 어떻게 기여했나

일하는 사람이라면 성과를 시각화하여 분명히 말해주는 게 중요하다. 그런데 태생이 겸손한 사람들, 누가 칭찬하면 "아휴, 아니에요"라며 손을 휘저으며 사양하는 사람들은 어떻게 해야 할지 막막해한다. 속으로 '평소에 자랑을 해봤어야 알지'라고 투덜거리면서.

어떻게 해야 할지 모르겠다면 두 가지 질문부터 시작하면 된다.

> ▶ 무슨 남다른 일을 했나?
> ▶ 상대방(클라이언트, 회사 목표)에게 어떻게 기여했나?

구체적으로 설명하기 전에, 사람들이 자주 하는 실수부터 이야기해보려고 한다. 연말에 성과 실적을 적어놓은 걸 읽다 보면 난감한 경우가 종종 있다. '원래 해야 하는 업무'를 무사히 했다는 내용을 두서없이 나열해놓은 사람들이 많기 때문이다.

다음의 예에서 확인하면 구체적으로 어떤 느낌인지를 금방 알 수 있을 것이다. 당신이 어지럼증으로 병원에 갔다고 생각해보자. 그런데 A라는 의사가 이렇게 말한다.

"○○님, 저는 정말 환자분들을 깊이 생각하는 의사입니다. 최신 의료 정보를 배우기 위해 학회지도 꾸준히 읽고 있지요. 그리고 환자분들에게 청결한 느낌을 주고자 매일 꼼꼼하게 샤워합니다. 1시간에 한 번씩 손을 씻고, 환자분이 바뀔 때마다 손 소독을 따로 해요. 병원은 2시간에 한 번씩 환기하고, 매일 청소도 합니다. 어지럼증 때문에 오셨다고요? 그러면 이 주사를 맞으시면 됩니다."

'뭐 어쩌라는 거지?'

환자인 당신은 어안이 벙벙할 것이다. 프로 의식을 가지고 열심히 일하는 의사인 건 알겠지만 그걸 왜 지금 나한테 이야기하는지 어리둥절하다. 그리고 청결과 꾸준한 공부는 병원을 운영하는 의사라면 갖춰야 하는 기본 소양 아닌가? 물론 더 열심히 한다는 느낌이 있긴 한데, 왜 나를 붙들고 이야기하는지 혼란스럽다. 그게 내 어지럼증과 무슨 상관이지?

반면에, B라는 의사는 이렇게 말한다.

"○○님, 겪고 계신 어지럼증을 치료하기 위해 미국에서 새로 나온 주사 치료법을 처방하겠습니다. 기존 치료법은 약물치료인데, 치료 기간이 3개월이나 걸리고 약이 독해서 위장 장애도 생기거든요. 그런데 주사 치료법은 일주일에 한 번씩, 총 세 번만 맞으면 충분합니다. 그러니 3주 정도면 확실한 효과를 느끼실 거예요. 보험 적용이 되어서 가격도 저렴합니다(상대방에게 어떻게 기여했나).

제가 평소에도 전문 학회지를 꾸준히 읽고 의사 커뮤니티에서도 열심히 활동하는 편인데, 거기서 이 이야기를 들었어요. 건강보험심사평가원 등 여기저기 알아봤더니 보험 적용도 되더라고요. 과정이 좀 힘들긴 했지만 그래도 환자분들에게 좋은 치료법을 찾았으니 고생한 보람이 있네요(무슨 남다른 일을 했나)."

차이가 분명히 보일 것이다. A 의사는 자기가 잘한 일들을 두서없이 나열했지만, B 의사는 당신에게 어떤 기여를 했나, 그리고 어떤 남다른 일을 했나를 중심으로 이야기를 했다. 그 결과, 당신은 A 의사의 이야기에는 어리둥절하지만, B 의사의 자랑에는 고개를 끄덕이며 신뢰하게 된다.

그럼 이제 보안 솔루션 기업이 클라이언트에게 어떻게 성과를 시각화하는지, 사례를 통해 구체적인 적용 방법을 알아보자.

사례: 보안 솔루션 기업의 성과 시각화

당신이 해킹 같은 외부 위협으로부터 기업 클라이언트의 사이트나 플랫폼을 지키는 IT 보안 솔루션 서비스 담당자라고 해보자. 클라이언트에게 성과를 어떻게 보여줄 수 있을까?

당신은 뛰어난 실력으로 최선을 다해 해킹 시도를 끊임없이 막고 있지만, 성과를 보여주기가 까다롭다. 왜냐하면, 끝내주게 뛰어난 프로그램을 만들면 해킹 시도 단계부터 막아내기에 플랫폼에는 아무 피해가 없기 때문이다. 하지만 1억 개 중 하나를 막지 못했을 때는 난리가 난다. 99% 잘한 건 그다지 티가 나지 않고, 1% 문제는 난리가 난다. 이런 상황이다 보니 클라이언트한테 자주 듣는 말이 있다. "지금까지 뭐 했어요?"

- 모든 것이 잘 돌아가고 있을 때: 별다른 사고가 없다 보니 지금 무슨 일을 하는지 정확히 몰라서 물어봄. 바쁜가? 왜 바쁘지?
- 문제가 생겼을 때: 그동안 어떻게 일했길래 이런 문제가 생기지?

듣는 순간 트라우마가 생길 것 같지 않은가. 방송에서 화이트해커로 유명한 박찬암 스틸리언 대표가 이런 이야기를 종종 듣는다며 웃었을 때, 나도 공감돼서 같이 웃었다. 인하우스(계열사) 디자인, 지원 및 경영 운영 부서들 역시 이런 말이 익숙할 것이다. 잘하고 있을 때는 아무 얘기가 없고, 사고가 터지면 즉시 비난이 날아온다.

이런 경우라면 클라이언트에게 어떻게 성과를 시각화해야 할까? 앞서의 두 가지 질문에서 시작해보자.

① 무슨 남다른 일을 했나?

"튼튼한 보안 프로그램을 통해 해킹 시도를 막았습니다"라는 식은 안 된다. 그건 보안 프로그램의 정체성이지 성과가 아니다. 재단사가 치수에 맞춰서 옷을 무사히 만들었다는 걸 성과라고 말할 수 없듯이 말이다. 마케터가 홍보를 했다는 것, 교육 담당자가 직무 교육을 했다는 것도 마찬가지다. 그건 역할이지 성과가 아니다.

성과가 되려면 다른 곳보다 얼마나 차별화됐는지를 부각해야 한다. 예를 들어, '업계 평균은 Level 3(안전) 등급으로 시스템을 짜고 있는데 우리는 Level 5(매우 안전)를 적용하고 있으며, Level 5 정도의 등급은 미국에서도 FBI나 CIA에 적용하는 최상위 수준이다'라는 식으로 숫자와 사례를 가지고 온다. 또는 일반적 보안 프로그램들은 해킹 시도를 1초 만에 발견하는데, 우리는 0.1초 만에 감지할 수 있으므로 10배 빠른 대처가 가능하다는 설명을 덧붙일 수도 있다(나는 개발 분야에 문외한이라 임의로 만든 내용이지만 의도는 충분히 아시리라고 생각한다).

② 상대방(클라이언트, 회사 목표)에게 어떻게 기여했나?

"해킹 시도로부터 클라이언트의 사이트와 플랫폼을 안전하게 보호했죠. 이것보다 더 중요한 기여가 뭐가 있겠어요?"라고 말하면 곤란하다. 역시나 그건 보안 프로그램의 정체성이지 성과가 아니다. 많은 보안 솔루션 회사가 있는데 왜 꼭 당신에게 보안을 맡기고, 매년 막대한 비용을 지불해야 하는지의 근거를 말해줘야 한다.

클라이언트의 실무 담당자가 우리 편이 되어서 상사와 경영진에게 당당하게 대답할 수 있도록 데이터를 안겨주자. 예를 들면, 다음과 같이 말이다.

• 상대방이 모르는 사이에 얼마나 많은 공격이 있었는가?

- "매일 ○○○번의 공격을 안전하게 방어하고 있습니다"라는 식으

로 클라이언트 회사 같은 사이트나 포털이 해커나 악성 바이러스 등으로부터 공격받는 평균 횟수 언급(논문 등 인용)
- 클라이언트 회사에 실제로 들어왔던 공격을 우리가 막아내거나 빠르게 피해를 복구했던 사례 설명(대표적 사례 2~3개)

• 올해 이 공격을 막지 못한 기업들이 어떤 어려움을 겪었는가?
- 구체적인 공격 방식, 피해 정도를 사례별로 정리
- 특히 다른 보안 솔루션 기업에 맡긴 회사가 겪은 어려움은 꼭 포함(상대를 깎아내리는 내용을 쓸 필요는 없음. 예만 들 것)

예전에 강의가 끝나고 한 청강자가 나에게 질문한 적이 있다. 회사에서 IT를 담당하고 있는데, 이런 경우는 어떻게 성과를 어필해야 하느냐는 것이었다. 그때는 나도 감이 오지 않아서 나중에 대답해주겠다고 했다. 그분의 메일 주소를 잃어버려서 직접 답해드리지 못했는데, 이 글을 통해 긴 답장을 보낸다(부디 읽으셔야 할 텐데).

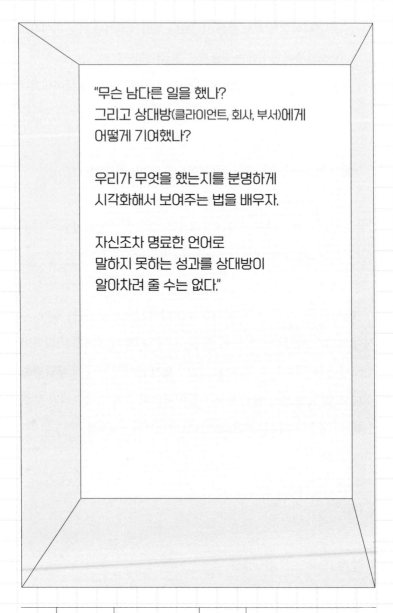

"무슨 남다른 일을 했나?
그리고 상대방(클라이언트, 회사, 부서)에게
어떻게 기여했나?

우리가 무엇을 했는지를 분명하게
시각화해서 보여주는 법을 배우자.

자신조차 명료한 언어로
말하지 못하는 성과를 상대방이
알아차려 줄 수는 없다."

우당탕탕 프로젝트가
오히려 좋은 평가를 받는 경우

'우리는 깐부잖아'

매끄러운 프로젝트 vs.
우당탕탕 프로젝트

프로젝트를 하다 보면 이곳저곳에서 삐걱거린다. 여기에서 펑크가 나고, 저기에서 문제가 생기고 하는 식으로 말이다. 언젠가 일을 잘하게 되면 매끄럽고 시원시원하게 처리하는 날이 올 거라고 생각할지 모르지만, 햇살 가득한 원더랜드는 오지 않는다. 우리는 혼자 일하는 게 아니기 때문이다. 사람이란 늘 변화무쌍하다.

업무 자체가 변동과 덜컹거림을 내재하고 있다 보니, 모든 일이 매끄럽게 진행되어야 만족하는 완벽주의자들은 스트레스를 받는다.

돌발 상황이 생기고 리더에게 도움을 요청해야 하는 일이 발생하며 자괴감에 빠진다. 여기서 한 가지 짚고 넘어가고 싶은 게 있다.

업무가 매끄럽게 진행되는 게 꼭 좋은 것일까?

많은 실무자 못지않게 임원급 리더들도 오해하는 측면이 있다. 매끄러운 프로젝트가 가장 높은 평가를 받을 거라는 짐작이다. 물론 업무가 온통 불안하게 이어지고 온갖 곳에서 덜컹거린다면 문제다. 그런데 반대의 경우 역시 꼭 좋은 것만은 아니다. 다음의 두 가지 대조적인 상황을 통해 이면을 살짝 들여다보자.

상황 1: 혼자서 완벽하게 처리한 매끄러운 프로젝트

크리스틴은 회사에 중요한 T 프로젝트를 진행하고 있다. 프로덕트 매니저로서 해야 할 일이 많아 힘들었지만, 이해관계자들과 협업하여 업무를 잘 처리했다. 팀장은 가끔 크리스틴을 불러서 진행 상황과 도와줄 일이 없는지 물었다. 크리스틴은 그럴 때마다 차분하게 설명해주고, 헷갈리는 문제에는 팀장의 의견을 물었다. 그러고는 팀장의 격려를 받으며 다시 본래 프로젝트로 돌아갔다. 팀장은 종종 웃으며 이렇게 말하곤 했다.

"크리스틴이 알아서 잘해주니까 내가 너무 편하네요."

사실 크리스틴도 힘든 게 한둘이 아니었지만, 이제 경력이 7년이 넘어가니 어떻게든 자기 선에서 해결해야 한다고 생각했을 뿐이다.

리더와 경영진 모두 다른 일들로 무척이나 바쁘니 말이다.

몇 달 후, 크리스틴은 프로젝트를 무사히 마쳤다. 팀장은 무척 좋아하면서 크리스틴에게 수고했다고 말했다. 그러고는 비싼 스테이크와 고급 디저트가 나오는 곳에 가서 근사한 점심을 사주었다.

상황 2: 여러 사람의 도움을 얻은 우당탕탕 프로젝트

제시카는 회사에 중요한 K 프로젝트를 진행하고 있다. 제시카는 이 업무를 꼭 잘 해내고 싶다. 그래서 팀장, 경영진을 끌어들여서 훨씬 높은 수준으로 성과를 내겠다는 계획을 세웠다. 그래서 그들을 초반부터 괴롭히기(?) 시작했다. 판단이 필요한 문제가 생기면 팀장에게 달려가서 같이 해결책을 고민하고, 임원 및 경영진에게도 팀장과 함께 찾아가서 도움을 요청했다.

"팀장님, 저희가 고객으로 만들려는 P사 아시죠? 실무자와 다음 주에 미팅하기로 했는데, 팀장님도 저랑 같이 가요."

"상무님. 이번에 중대한 계약이 목전에 있는데, 경영진이 지금 고민 중인가 봐요. 혹시 그 회사에 아시는 분 없으세요? 식사 자리 한번 마련해도 될까요?"

나중에는 팀장과 경영진이 제시카를 보면 무섭다고 할 정도였다.

"이번에는 또 뭐예요? 아휴, 알았어요. 알았다고. P사에 연락할게요. 이따가 오후에 하려고 했어요. 정말 무서워서 살 수가 없네. 그만 좀 들들 볶아요. 나도 열심히 하고 있다고요."

이후로도 좋은 일이 생기면 얼른 공유하고, 문제가 생기면 함께

머리 맞대고 해결책을 찾았다. 이런 날들이 몇 달 지난 후 제시카는 프로젝트를 무사히 마쳤다. 경영진과 팀장은 제시카 때문에 자기들이 너무 힘들었다고 엄살을 피우면서 제시카에게 수고했다고 말했다. 그리고 다 같이 저녁 식사를 하면서 그동안의 일들을 이야기하며 왁자지껄하게 웃었다.

혼자서 완벽하게 처리한 크리스틴과 상사를 들들 볶았던 제시카, 둘 중 누가 더 높은 평가를 받을까?

리더를 부려먹는 사람이 유리한 이유

의외로 정답은 '상황 2: 우당탕탕 프로젝트'인 경우가 많다. 경영진이라면 이 글을 읽으며 묘한 미소를 짓고 있지 않을까 싶다. 열심히 해보겠다는 이유로 리더를 부려먹던 직원이 예뻐 보이는 경험을 했고, 고과를 매길 때 그런 직원과 부서에 좀 더 높은 점수를 준 적이 있을 테니까 말이다.

리더의 속마음은 어떨까? 자기를 부려먹으려는 게 눈에 빤히 보여 얄미우면서도 동시에 이런 마음이 든다. '나이도 한참 어린 후배가 회사를 위해 뭔가 이뤄보겠다고 동동거리고, 저렇게 내 도움이 없으면 안 된다고 매달리는데 도와줘야지 어쩌겠어.'

일이 진행되는 동안 계속 공유받고, 사고가 터지면 함께 고민했던 프로젝트는 리더에게도 의미가 남다르다. 사실상 자기 프로젝트나 마찬가지라서 애정이 간다. 얼마나 고생 끝에, 극적인 반전의 연속 끝에 성공이 이루어졌는지도 안다. 그 과정에서 누구보다 고생하고, 복잡한 실무를 처리한 담당자에게 애정 어린 시선을 보내게 된다. 일종의 동지애 같은 것인데 한마디로 말하면 이런 마음이다.

'진짜 우리 다 같이 고생 많았지? 우린 깐부잖아.'

고과 평가에서도 높은 점수를 준다. 제대로 일할 줄 안다고 생각하기 때문이다. 어쨌든 주변의 자원들을 끌어모아서 영리하게 일을 성공시켰으니 '혼자서도 알아서 잘해요'로 처리했던 '상황 1: 매끄러운 프로젝트'보다 높게 평가한다. 이런 리더의 미묘한 마음을 나의 첫 번째 책인《승진의 정석》에서도 주인공의 사촌 누나 한은수 상무를 통해 표현한 바 있다.

"대부분의 상사에게는 이중적인 마음이 있어. 직원이 내가 신경 쓰지 않아도 알아서 다 했으면 하는 마음과 직원에게 도움을 줘서 성공하도록 돕고, 존재감을 느끼고 싶다는 마음이 공존하지. 그러니 징징거리며 내 얼굴만 바라보는 직원도 싫지만, 상의 한마디 없이 알아서 하고 진행 상황만 통보하는 직원도 비슷하게 별로라고 생각하는 거야. 프로젝트가 상사와 너의 공동 작품이 되어야 해. 그래야 책임도 같이

지고, 연말에 평가할 때 사심 섞인 애정도 들어가거든."*

역할을 나눠주고
진행 상황을 부지런히 공유하자

우리는 리더 또는 경영진과도 얼마든지 협업할 수 있다. 그런데 많은 사람이 어렵고 불편한 마음 때문에, 스스로 하지 못하고 도움을 요청하는 상황의 민망함이 싫어서, 잘못된 일을 들킬지도 모른다는 두려움에 혼자서 끙끙대며 처리하고 넘어간다.

"제가 가서 힘든 이야기를 하면 듣기조차 싫어하던데요?"

이렇게 말하는 분들을 위해서 리더를 바르게 부려먹는(?) 노하우를 알려주겠다.

첫째, 내 능력을 넘어서는 영역을 리더에게 맡긴다

먼저, 알아두어야 할 점은 리더를 부려먹는 영역은 실무자가 해야 할 일의 일부를 맡기는 게 아니라는 점이다. 달성하고 싶지만, 실무자 선에서 할 수 없는 영역을 리더에게 요청하자.

예를 들어, 콘퍼런스에 연사를 초청하는 업무를 맡았다고 생각해보자. 후보 연사들을 선정하고, 위에 보고하고, 확정된 명단을 대상으로 초청 메일이나 공문을 보내고, 일정을 조율하는 것은 실무자 몫

---

* 박소연, 《승진의 정석》, 한경BP, 2018, p. 135

이다. 이걸 리더에게 부탁할 수는 없다.

그런데 기조연설에 거물급 연사나 정부의 중요한 인물을 초청하고 싶다고 해보자. 그냥 실무자 선에서 메일이나 공문을 보내서는 어림도 없는 일이다. 그때 리더에게 도와달라고 요청하면 된다. 아무래도 실무자보다는 인맥이 훨씬 탄탄할 테니 아는 사람의 아는 사람을 통해서라도 섭외할 가능성이 커지지 않겠는가. 또는 리더가 경영진에게 보고해 지원을 요청할 수도 있다.

둘째, 진행 상황을 부지런히 공유한다

꼭 알아야 할 일이 생겼을 때만 리더와 공유하는 사람들이 있다. 보고하는 게 불편하기 때문이다. 진행 상황조차 리더가 물어보면 그제야 말해준다. 유일하게 리더에게 찾아가는 경우는 문제 상황이 생겨서 상의하거나 양해를 구해야 할 때뿐이다.

이런 상황을 리더 입장에서 역으로 생각해보자. 리더는 '이미 일어난 상황에 대해 통보'를 받고 기껏 상의하는 내용은 '문제투성이'뿐이다. 그러다 보니 담당자가 찾아올 때마다 절로 마음이 어두워지게 된다. 오늘은 또 무슨 나쁜 소식일까.

리더를 일종의 파트너로 부려먹으려면 정보도 똑같이 투명하게 알려줘야 한다. 어떤 역할을 해야 하는지, 지난번에 도와준 게 어떤 결과를 가져왔는지, 추가로 어떤 업무가 필요한지, 리더가 조언해줄 수 있는 부분이 어떤 것인지 등 진행 상황을 부지런히 공유한다.

그런데 이 말을 잘못 해석해서 별일도 아닌 걸 가지고 시시콜콜 찾아가서 하소연하라는 뜻으로 받아들이면 안 된다. 안 그래도 일 많고 스트레스 많은 리더에게 역효과를 일으키는 행동이다. 다음은 리더를 부려먹는 게 유리한 상황의 전제 조건과 권장하는 행동이다.

- 회사에 중요한 프로젝트를 진행하는 중이다.
- 자기 경험, 직급을 넘는 수준으로 성과를 올리고 싶어 한다.
- 목표를 달성하기 위해서 리더들에게 부지런히 역할을 맡긴다.
- 진행 상황을 부지런히 공유하되, 수시로 찾아가기보다는 주 1회 등 시간을 정해서 부담을 최소화한다.

협업 파트너는 리더도 포함이다. 부디 다들 리더를 현명하게 이용(?)하시길.

"대부분의 리더에게는 이중적인 마음이 있다.
직원이 내가 신경 쓰지 않아도
알아서 다 했으면 하는 마음과
직원에게 도움을 줘서 성공하도록 돕고,
존재감을 느끼고 싶다는
마음이 공존한다.

징징거리며 내 얼굴만 바라보는 것도 싫지만,
상의 한마디 없이 알아서 하고
진행 상황만 통보하는 사람도
비슷하게 별로라고 생각한다."

완성도보다 타이밍이
중요한 순간이 있다

소소하지만 확실한 협업 규칙

우리는 일하면서 다양한 상대방을 만난다. 상대방이란 다른 기업 담당자가 될 수도 있고, 상사나 동료가 될 수도 있다. 현재 리더의 직책을 가지고 있다면 부서원일 수도 있다. 이들과 함께 일하는 과정에서 말로는 설명해주기 어려운 미묘한 일들이 생긴다. 굳이 말해주기에는 쑥스럽지만, 다들 비슷한 시행착오를 겪으면서 배우게 되는 것들 말이다. '하아…, 내가 왜 그랬을까'라고 흑역사처럼 남아 있기도 하는 기억을 포함하면 리스트가 꽤 늘어난다.

그런 의미에서, 협업 초기에 자주 실수하거나 오해하는 영역을 이야기해보려고 한다. 실제로 겪거나 누가 알려주기 전에는 알기 어려운 것 위주로 골랐으니 소소하게나마 도움이 됐으면 좋겠다.

완성도보다
타이밍이 중요한 순간이 있다

———

마에스트로(장인) 정신이 강한 분들은 미숙한 결과물을 상대방에게 주기를 너무 싫어한다. 구멍이 뻥뻥 뚫린 상태의 버전을 주는 것은 자존심상 도저히 용납할 수 없다고 생각하기 때문이다. 그러다 보니 두 가지 모습이 나타난다. 첫째는 약속 시간보다 늦게 주는 유형이고, 둘째는 완성 직전에야 결과물을 가져오는 유형이다. 같이 일하기에는 둘 다 정말 힘든 타입이다. 상대방에게도 예정된 업무와 스케줄이 있는데 말이다. 이런 타입과 일하면 항상 불안하다.

'오늘 3시까지 정말 줄까? 이번에도 늦을까? 얼마나 늦을까?'

'왜 지금까지 안 줄까? 제대로 하고 있을까? 물어봐도 되나?'

상대방에게 약속한 데드라인은 어기면 안 된다. 우리의 약속을 믿고 잡은 상대방의 일정에 피해를 주기 때문이다. 혹시라도 시간 관리에 실패하여 70~80%만 완성됐더라도 부끄러움을 무릅쓰고 보여줘야 한다. 앞으로 채울 20%가 어떤 것인지, 언제까지 완성해서 보내줄 건지 추가로 말해주면 되기 때문이다.

100% 완성본을 받는 게 원칙이지만, 상대방 입장에서는 미완성본이라도 받는 편이 훨씬 일하기 수월하고 안심이 된다. 다음의 두 가지 경우를 비교해보면 이 차이를 알 수 있다.

리더: I사에서 데이터 분석 결과 받았죠?

A: 아직 안 보내줬어요. 제가 몇 번이나 재촉했는데…, 이 사람들이 참…. 죄송합니다.

리더: 못 받았다고요? 내일 본부장님께 보고드리기로 했는데? 아니, L사는 왜 이렇게 일을 불안하게 처리한답니까?

리더: L사에서 데이터 분석 결과 받았죠?

B: 네, 여기 있습니다. 지금 이 중에서 5번 항목은 빠져 있는데, 내일 오후 3시까지 마저 보내준다고 하네요.

리더: 그럼 일단 5번 항목은 제외한 상태로 2페이지 보고자료 만들어 줘요. 내일 받으면 바로 추가해서 본부장님께 보고드리죠.

완성 직전에 가져오는 유형도 힘들기는 마찬가지다. 조금의 수정도 필요 없이 완벽한 결과물을 가져온다는 건 사실상 불가능한데도 최종 마감 직전에 결과물을 가져온다. 이는 상대방을 코너로 모는 행동이다. 25% 정도를 수정해야 하는 상황인데 남은 시간이 30분 정도밖에 없는 일이 벌어지기 때문이다.

누군가와 협업하는 경우라면 '20:50:90' 타이밍을 기억하기 바란다. 완성도가 20%일 때 한 번, 50%일 때 한 번, 90%일 때 한 번 공유하는 것이다. 업무 성격과 기간에 따라 공유 횟수는 달라질 수 있지만, 중간에 공유해서 조율 단계를 만든다는 원칙은 꼭 기억했으면 좋겠다. 우리는 상대방 마음 알아맞히기 게임을 하는 게 아니라 맞춰가는 협업을 하는 중임을 잊지 말자.

기억 대신
공유된 기록을 기준으로 삼는다

———

"지난번에 분명히 말했잖아요!"

이런 말이 속에서 올라오는 경우가 종종 생긴다. 분명히 지난번 회의에서 이야기가 다 됐는데도 상대방이 딴말을 하는 것이다. 업무 수첩이나 태블릿에 적어놓은 메모만으로는 시시비비를 따질 수 없다. 회의에서 이야기를 나눴더라도 어디까지가 자유로운 토론이었는지 정확하지 않고, 요청인지 합의인지가 모호한 상황도 많기 때문이다. 게다가 '내가 맞고 네가 틀리다' 같은 논쟁은 설사 이기더라도 찜찜하다. 특히 상대방이 갑이고 내가 을인 경우에는.

다른 사람과 일할 때는 기억이나 혼자만의 메모, 녹음보다 공유된 기록이 언제나 우선이다. 이 단계가 번거로워서 넘어갔다가 곤욕을 치르는 사람들이 의외로 많다. 통화, 회의, 메신저 등 어떤 형태로 이야기를 나눴든지 중요한 내용에 진전이 있으면 메일로 다시 한번 정리해서 보내주는 게 좋다. 번거롭게 회의록을 만들라는 말이 아니라 "제가 이렇게 이해했는데 맞는지 한번 확인해주시겠어요?"라는 요지로 한 번씩 정리하는 것이다. 이렇게 정리된 기록은 나중에 엉뚱한 소리를 하는 일도 막아주지만, "아, 맞다! 그것도 해달라고 하셨었죠?"라는 식으로 업무 여기저기에 구멍이 나는 일도 방지할 수 있다.

장밋빛 미래를 말하는 순간
약속이 된다

———

"원래 개당 1만 원이에요. 그런데 우리끼리니까 하는 얘긴데 9,000원에 하는 경우가 가끔 있긴 해요. 제가 회사에 잘 말씀드려볼게요."

말한 사람의 의도는 '안 될 가능성이 크지만, 당신을 생각해서 내 나름대로 성의를 보이겠다'라는 뜻이다. 상대방이 듣기 좋아할 말을 하면서 약간 허세를 부리는 식이랄까. 처음 외부와 협업하는 실무자가 자주 하는 실수 중 하나다. 상대와 잘 지내고 싶은 나머지 커피 마시면서 미팅하거나 술 한잔하면서 기분이 고무되었을 때 슬쩍 정보를 흘리는 것이다.

하지만 이는 자기가 회사 입장을 대표한다는 점을 잘 몰라서 하는 행동이다. 아무리 담당자의 직급이 낮다고 하더라도 비즈니스 관계로 만난 이상 그 사람은 회사를 대표한다. 따라서 이 말을 들은 상대방은 약속으로 받아들이게 된다. 자기 회사로 돌아가 9,000원으로 할인받기로 한 기쁜 소식을 보고할 것이다. 그 회사 담당자가 자기에게 그렇게 해준다고 분명히 말했다고.

하하 호호 웃으며 헤어진 이 두 사람의 관계가 앞으로 어떻게 될지는 짐작에 맡기겠다.

곤란한 약속은
함부로 하지 않는다

———

당신이 사진작가이고, 협업 기업과 촬영 일정을 잡아야 한다고 해보자. 담당자가 여러 사람의 일정을 조율해야 하니 가능한 촬영 일자를 알려달라고 한다. 당신이 구체적인 일정을 묻자 5월 중에서 안 되는 날짜만 빼고 모두 알려달라는 대답이 돌아온다.

그럼 지금 잡혀 있는 일정을 빼고 진짜로 다 알려줘야 할까?

그렇지 않다. 상대방은 편하겠지만 당신 스케줄에는 문제가 생긴다. 상대방이 일정을 확정할 때까지 어떤 일정도 넣을 수 없게 되기 때문이다. 초조해진 당신은 상대방을 재촉하겠지만 상대방 역시 여러 사람을 조율하다 보니 쉽사리 확정해줄 수가 없다. 임원 등 높은 사람의 일정까지 포함해야 할 때는 더 복잡해진다. 당신은 미적대는 상대방에게 짜증이 난다. 상대방 역시 여러 사람과 조율하는 처지라서 정신없는데 자꾸만 재촉하는 당신에게 원망이 생긴다.

만약 이런 식으로 일정을 잡았으면 어땠을까?

"계속 일정들이 들어오고 있어서 다 드리기는 좀 어렵고요, 혹시 몇째 주를 가장 선호하세요?"

"음…. 저희는 둘째 주가 가장 좋긴 해요."

"그러면 화요일 오후, 목요일 오전, 금요일 오전 이렇게 3개 가능합니다. 일단 임시 일정으로 잡아두겠습니다. 혹시 세 일정이 다 안 되면 편하게 말씀해 주세요. 그때 다시 일정 드릴게요."

일정을 예로 들었지만 다른 상황도 마찬가지다. 원활히 진행되지 않는 상황이라면 당신이 코너로 몰리는 약속은 하지 않는 게 좋다.

원하는 걸 얻으려면
올바른 상대방을 찾아야 한다

많은 사람이 권한이 없거나 관심 없는 상대방에게 에너지를 다 쓴다. 채소 가게에 가서 쌀을 팔아달라고 호소하는 격이랄까. 쌀이 필요한 상황을 아무리 진정성 있게 이야기한들, 아무리 근거와 사례를 가지고 말한들 아무 소용이 없다. "죄송한데, 저희는 채소 가게라서 쌀이 없어요"라는 말을 들을 뿐이다. 다른 사람에게 협조 또는 협업을 요청할 때는 다음 질문을 기억해두면 도움이 된다.

누가 이 일의 결정권을 가지고 있지?

부서 예산이 100만 원 초과해서 재무팀에 협조를 요청해야 하는 상황이라고 생각해보자. 규정 금액을 넘기긴 했지만, 부서의 잘못이 아니라 예기치 않은 외부 요인 때문이었다. 담당자인 나는 억울한 마음에 재무팀 최 주임을 찾아가서 하소연한다.

이런 경우는 협조를 얻기가 당연히 힘겹다. 최 주임에게 호소하고, 설득하고, 화를 내고, 협박까지 해도 소용이 없다. 규정 금액이 초과했다는 말에서 힌트를 얻을 수 있듯이 주임급 실무자가 숫자를 뚝딱 입력하는 것만으로 해결할 수가 없기 때문이다. 게다가 시달림을 받던 최 주임이 재무팀 리더에게 보고했다가 '매번 그렇게 예외를 인정해주면 큰일 난다'라며 면박을 받을 수도 있다. 이후 최 주임은 내가 무슨 말을 하든지 "규정상 안 됩니다"라는 말만 반복할 것이다.

원하는 걸 얻으려면 올바른 상대방을 찾아야 한다. 협조를 요청하려면 결정권 있는 사람을 공략해야 한다. 결정권이 없는 사람을 붙들고 늘어져봤자 마음만 힘들어진다. 이런 경우라면 재무팀 리더를 찾아가서 상황을 설명하고 부탁하는 방법이 효과적이다. 재무 프로그램에서 예산을 초과하는 숫자를 변경할 수 있는 권한이 그에게 있기 때문이다. 필요하다면 우리 팀 리더에게 요청해 재무팀 리더에게 양해를 구하게 할 수도 있다.

여기서 주의할 점을 덧붙이자면 아무리 재무팀 리더에게 승인을 받았더라도 최 주임에게 '이미 윗선에서 다 이야기가 된 것이니 우리 말대로 당장 해줘라' 같은 태도를 보이면 안 된다는 것이다. 엄밀히 말하면 담당자를 건너뛴 상황이니 말이다. 최 주임에게도 상황을 설명하고 정중하게 양해를 구하자.

협업 채널을 하나만 두지 않는다

협업할 때 담당자 한 사람이 유일한 창구라면 굉장히 취약하다. 그의 역량에 따라서 업무가 어그러지기도 하고, 잘못된 커뮤니케이션

탓에 다른 부서나 상대측 회사와 오해가 생길 수도 있기 때문이다. 담당자가 알려준 방향성과 실제 부서가 원하는 방향성이 다른 경우도 드물지 않다. 담당자가 하도 동그라미 모양으로 해달라고 고집해서 힘들지만 원하는 대로 해줬는데, 알고 보니 정작 리더는 네모라고 지시한 경우도 종종 있다.

협업할 때는 주요 담당자 외에도 1명 이상의 추가 채널을 가지는 게 현명하다. 가장 좋은 건 의사 결정자인 팀장급 리더를 채널로 두는 것이다. 협업을 시작하는 초기에 한 번이라도 미팅을 해서 협업 채널을 2개로 만든다. 그리고 담당자와 메일로 업무 협의를 할 때 참조로 같이 넣어서 업무 진행 상황을 공유하고, 굵직하게 결정해야 하는 일들이 있을 때는 함께 미팅해서 정리한다.

이런 방식은 문제가 발생하거나 까다로운 일이 생겼을 때 매우 유용하다. 실무자인 협업 담당자가 자신의 리더에게 보고하기 불편하다는 이유로 비협조적으로 나오는 경우가 많기 때문이다. 나는 담당자가 워낙 막무가내로 나올 때 상대편 리더와 상의했더니 의외로 문제가 쉽게 풀리는 경험을 자주 했다.

협업 담당자에게
가장 빨리 정보를 알려준다

"서진님, 지금 하는 프로젝트 7월로 미뤄져야 한다면서요?"
"네?"

"몰랐어요? 그쪽 리더가 나한테 말해주던데."

협업 담당자를 모욕하는 아주 효과적인 방법이 있다. 협업 업무에 중대한 변화가 생겼을 때 그 사람을 빼고 다른 사람들이 먼저 알게 하면 된다. 자기 업무도 제대로 파악 못 하는 무능한 사람으로 만드는 아주 화끈한 방법이다.

이런 일이 생기면 담당자는 내부적으로 부정적인 평가를 받는다. 프로젝트가 잘못됐을 때보다 평판이 더 나빠지기도 한다. 프로젝트에 문제가 생기는 건 담당자만의 탓이 아니다. 다양한 요인이 복합적으로 섞인 상황이 대부분이고 오히려 리더의 책임이 더 큰 경우도 많다. 하지만 담당자가 협업 기업의 중요한 진행 상황을 모르고 있다는 건 그 사람 고유의 문제다. '상대 회사와 관계가 얼마나 미숙하길래 저럴까?'라는 생각을 다들 하기 때문이다.

회사 기밀 같은 민감한 문제가 아니라면 협업 프로젝트에 미묘한 움직임이 감지될 때 협업 담당자에게 가장 빨리 알려줘야 한다. '공식적인 건 아니고 분위기만 알려드리는 것이니 일단 알고만 계시라'처럼 말하면 된다. 똑같은 나쁜 소식이라도 사전에 언질을 받은 경우와 뒤통수 맞듯이 알게 된 경우의 차이는 무척 크다(다시 한번 말하지만, 회사 기밀은 제외다).

매너가
매너를 낳는다

협업을 할 때 동등한 관계인 경우도 있지만 한쪽이 우위를 가질 수도 있다. 회사 규모가 크거나, 상위 기관이거나, 돈을 내는 쪽이거나 하는 상황 말이다. 같은 회사라면 직급이 높은 상사인 경우도 포함될 것이다. 이런 상황에서 종종 무례하고 매너 없는 태도를 보이는 사람이 있는데, 크게 두 가지 유형으로 나뉘는 것 같다.

- 임시로 맡겨진 역할을 고유의 권력인 듯 거들먹거리는 유형
- 직급이 낮은(또는 처음으로 리더가 된) 자신을 상대방이 호구로 볼까 봐 일부러 까칠하게 굴며 세게 나가는 유형

첫 번째는 딱히 말하고 싶지도 않다. 그런데 두 번째는 좋은 사람들도 자주 저지르는 어리석음이라서 말해주고 싶다. 나 역시 신입 때 거래처 파트너 담당자가 저지른 실수를 보고 까칠하게 군 적이 있다. 지금 생각하면 사실 며칠 늦춰도 큰일은 아니었는데 약속을 지키라며 다그쳤다. 그때의 행동을 생각하면 민망하기 짝이 없다(크리스마스에 저와 같이 일하게 만든 모 대리님, 정말 죄송해요. 그때는 저도 잘 몰라서 그게 똑부러지게 하는 건 줄 알았어요). 비슷한 맥락으로, 리더가 처음 된 사람들이 선배들의 잘못된 조언 때문에 부서원들을 통제하고 다그치는 역할을 리더십이라고 착각해서 팀을 분열시키는 경우도 있다.

기왕이면 같이 일하는 사람을 친절하고 다정하게 대하자. 일의 완성도는 높게 요구하되 내가 싫은 건 상대방에게도 강요하지 말자. 금요일 오후에 의뢰서를 보내면서 월요일까지 달라고 하지 말고(그 사람에게도 주말이 있다), 시도 때도 없이 메신저를 보내놓고 답변을 빨리 달라고 재촉하지 말자. "결과물이 지구 온난화처럼 심각하네요" 같은 무례한 말을 유머러스한 충고랍시고 하지도 말자.

매너는 매너를, 배려는 배려를 낳는다.

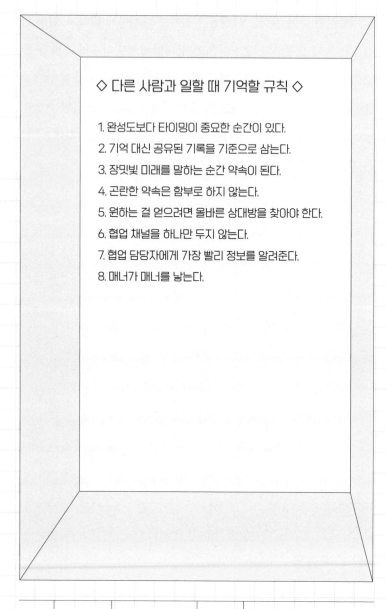

◇ 다른 사람과 일할 때 기억할 규칙 ◇

1. 완성도보다 타이밍이 중요한 순간이 있다.
2. 기억 대신 공유된 기록을 기준으로 삼는다.
3. 장밋빛 미래를 말하는 순간 약속이 된다.
4. 곤란한 약속은 함부로 하지 않는다.
5. 원하는 걸 얻으려면 올바른 상대방을 찾아야 한다.
6. 협업 채널을 하나만 두지 않는다.
7. 협업 담당자에게 가장 빨리 정보를 알려준다.
8. 매너가 매너를 낳는다.

IDEA   PRACTICE   COLLABORATION   CAREER   WORK AND GROWTH

커리어

길을 잃지 않고
올바른 방향으로 성장하는

PART
04

CAREER

연차를 먹어도
경력이 잘 찌지 않는 체질이 있다

N년 차 미생

경력이

N년 차 입니다

가끔 방송에서 누군가를 소개할 때 갸웃하게 되는 순간이 있다. "○○년 차 가수(또는 배우)입니다!" 같은 표현을 쓰는데 정작 그 사람이 가수(배우)로 산 기간은 몇 년 안 되는 경우다. 물론 대중의 눈에 띄지만 않았을 뿐 활동을 계속해왔다면 문제가 없다. 하지만 20대에 몇 년 정도 불꽃처럼 활동한 후 사라져서 아예 다른 일을 해온 경우에도 ○○년 차라는 표현을 쓸 수 있는지는 의문이다. 시간의 연속적인 흐름이 없었는데 말이다.

경력을 설명할 때 시간의 연속적인 흐름은 매우 중요한 기준이다. 그렇다면 시간의 연속적인 흐름만 있으면 경력이라고 말할 수 있을까? 검증을 위해서 주변에 5년 차, 10년 차 이상 되는 직장인들에게 이렇게 물어보자. 존경으로 반짝이는 눈빛을 준비물로 장착하고서.

"와, 그 정도 경력이면 완전히 전문가시겠어요."

다들 손을 내저으며 질색할 것이다(예전에 누가 나를 전문가라고 소개한 적이 있었는데, 그 말을 듣는 순간 진실을 들키기 전에 이 자리를 빨리 빠져나가야겠다는 생각뿐이었다). 직장인 대부분은 이렇게 받아들일 것이다.

"그 분야에서 일한 건 맞는데요, 전문가는 아니에요."

이러다 보니 이직을 위해 이력서 및 성과 기술서를 고쳐 쓰는 순간에 현타가 온다. 분명히 일도 열심히 했고, 고과도 좋고, 주변의 평판도 괜찮은데 왜 이렇게 적을 내용이 빈약한지. 인정받고 친숙한 지금의 회사를 벗어났을 때 제삼자가 보는 전문성이랄 게 과연 있을지 고민이다.

우리가 보기에는 걱정 근심 없어 보이는 업계의 슈퍼스타들도 다행히(?) 비슷한 고민을 종종 토로하는 걸 보면 누구나 조금씩은 가진 불안감인 듯하다. 그러니 설사 느리더라도 커리어를 제대로 완성하고 있다면 자신을 매정하게 평가절하할 필요는 없다.

하지만 진짜로 삐끗하는 때도 있다. 주변의 동료나 지인을 봤을 때 '아니, 저렇게 하면 안 될 텐데'라는 탄식이 절로 나오는 사람들이 있지 않은가. 차마 말해주진 못하고 안쓰러운 마음으로 응원하거나 위로하게 되던 사람들 말이다. 그런데 바로 자신이 그런 상황에 처한다면 서글픈 일이다. 일하면서 나름대로 열심히, 성실하게 커리어를 이어왔는데 방향성이 잘못됐다는 걸 뒤늦게 깨닫는 일은 누구라도 겪고 싶지 않을 것이다.

경력 N년 차라고 말할 때는 시간의 객관적인 흐름과 경험치의 질을 모두 포함한다. 시간의 축적이 기본이긴 하지만, 어떤 시간을 쌓아왔는지 역시 중요하다. 5년 차가 10년 차 리더보다 능력이 있는 경우가 드물지 않다. 그리고 많은 주니어 직장인이 놀라는 측면인데, 25년 차인데도 생각보다 아는 게 별로 없는 이들도 있다.

연차를 오래 먹어도 경력이 찌지 않는 사람들이 있다

맛있는 걸 실컷 먹어도 살이 잘 찌지 않는 체질은 부러움의 대상이겠지만, 연차를 먹어도 경력이 잘 찌지 않는 사람이라면 어떻게든 체질을 개선해야 한다. 이런 유형의 사람들에겐 다양한 특징이 있는데, 이번 장에서는 그중 두 가지를 말해보려고 한다. 첫 번째는 능숙한 3년 차가 된 후 그다음 단계로 나아가지 않는 유형이고, 두 번째는 커리어 로그라인이 모호한 유형이다.

능숙한 3년 차가 된 후
행복하게 살았답니다

커리어를 시작하는 처음에는 용어도 낯설고, 일의 맥락도 모르다 보니 한참 헤매기 마련이다. '나는 언제쯤 1인분의 몫을 하는 사람이 될 수 있을까'라는 고민을 하기도 하고, "저, 죄송하지만…", "제가 잘 몰라서 그러는데, 혹시 시간 괜찮으면…" 같은 말을 반복하는 처지가 한심하기도 하다.

하지만 3년 차쯤 되면 달라진다. 이제는 프로세스도 좀 알겠고, 웬만한 업무는 대충 감이 온다. 스스로 답을 찾는 건 아직 잘하지 못하더라도 리더가 지시한 일을 여기저기 물어봐 가면서 해결할 수는 있다. 신입이나 다른 분야에서 이직한 경력자들에게 업무를 설명하는 역할도 자주 맡는다. 3년 차는 "제가 이 분야에 대해 좀 아는데요"라고 가장 자신 있게 말하는 연차이기도 하다(나중에 흑역사로 남을 수 있으니 이 시기의 공식적 증거나 에피소드는 많이 남기지 말자).

그런데 이 아름다운 3년 차의 상태로 쭉 가는 분들이 있다. "왕자와 공주가 만나서 오래오래 행복하게 살았습니다"라고 말한 후 끝나버린 동화랄까. 심지어는 경력이 30년 차가 됐어도 실질적으로 뜯어보면 3년 차 수준에 머물러 있기도 한다. 다양한 프로젝트를 한 것 같지만 '무엇을 할 수 있나'라는 측면에서는 달라진 게 없다. 비슷한 업무를 반복해서 할 뿐 더는 나아가지 않았기 때문이다. '걷기'나 '컴퓨터 다루기'처럼 말이다.

"걸으신 지 25년이나 됐다고요? 그러면 걷기 전문가시겠네요."

"컴퓨터 쓰신 경력이 20년이나 되는군요. 그러면 컴퓨터에 관해서 정말 해박한 지식이 있으시겠어요."

음…, 우리는 열 살 이후로 딱히 걷는 능력이 나아지지 않았다. 그리고 컴퓨터를 쓴 지 몇십 년이 됐지만, 쓰던 프로그램과 기능만 반복해서 쓴다. 그러니 걷기 전문가도, 컴퓨터 전문가도 아니다. 경력도 마찬가지인 사람들이 있다.

나의 커리어 로그라인은 무엇일까?

커리어에는 로그라인이 있다. 로그라인이라는 용어가 왠지 익숙한 느낌이 든다면 앞에서 멋진 아이디어를 설명할 때 언급한 적이 있어서 그렇다. 로그라인이란 핵심을 짧은 문장으로 요약하면서도 상대방이 듣고 싶어지도록 흥미를 불러일으키는 짧은 글이라고 말했다. 커리어 로그라인이란 지금까지 자기가 무슨 일을 했고, 앞으로 무슨 일을 할 수 있는지를 설명할 수 있는 짧은 글이라고 생각하면 된다. 단순 요약이 아니라 흥미로운 내용이어야 한다는 점을 기억하자.

> ① 지금까지 무슨 일을 하셨나요?
> ② 그래서 무슨 일을 할 수 있으신가요?

그런데 이 로그라인이 불분명한 사람들이 있다. 무슨 일을 해온 사람인지, 그래서 앞으로 무슨 일을 할 수 있는지가 모호하다. 무언가를 부지런히, 열심히 하긴 했는데 설명을 듣고 나서도 고개가 갸웃해지기 때문이다.

지금까지 무슨 일을 하셨나요?

"웹디자인을 3년 했습니다. 그 분야에서 일하다 보니 개발자 쪽의 전망이 좋아 보이더라고요. 그래서 정말 열심히 노력한 끝에 자격증을 따고, 경험을 쌓아 게임 회사 개발자가 됐어요. 5년 정도 일하다가 갑자기 몸에 무리가 와서 1년 여행하면서 쉬었습니다. 그러다가 예전 대학 전공을 살려 조금씩 도기 그릇을 만들어봤는데 재미있더라고요. 그래서 온라인 쇼핑몰에서 직접 만든 도기를 팔고 있습니다."

웹디자인 경력 3년, 개발자 경력 5년, 도예 경력 2년, 온라인 쇼핑몰 운영 경력 1년이다. 이 사람은 웹디자이너일까, 개발자일까, 도예가일까. 아니면 온라인 쇼핑몰 사장님일까? 디자인이나 개발 분야는 빠르게 변화하는 분야라서 감가상각을 해야 한다는 점을 고려하면, 결국 웹디자인 경력 2년, 개발자 경력 3년, 도예 경력 2년, 온라인 쇼핑몰 운영 경력 1년이다. 10년이 넘게 일했어도 모든 영역에서 주니어 수준의 커리어를 갖고 있다. 당연히 실력도 마찬가지다.

물론 이런 삶의 방식을 두고 옳고 그름을 판단할 순 없다. 경력을 쌓기보다는 새로운 경험을 즐기는 쪽이 취향이라면 상관없다. 하지만 경력을 쌓고 싶다면 이런 방식은 곤란하다.

그래서 무슨 일을 할 수 있으신가요?

동종 업계 회사를 꾸준히 다니면 이런 문제를 해결할 수 있을까? 그렇지 않다. 같은 분야에서 오랫동안 일했으면서도 커리어가 뚝뚝 끊기는 사람이 많기 때문이다. 다음이 전형적인 모습이다.

"이름 들으면 아실 만한 중견 기업의 유통 분야에서 15년간 근무했습니다. 지점에서 세일즈 매니저를 하다가 본사로 발령이 나서 재고 관리 부서에 있었습니다. 그러다가 제품기획팀으로 가서 PB 상품들을 기획했습니다. 그 뒤 지방 물류센터에서 효율화 작업을 돕다가 얼마 전에 본사로 다시 발령이 났습니다."

탄탄한 유통 기업에서 15년 일했다는 사실 말고는 확실히 모르겠다. 세일즈, 재고 관리, 제품 기획, 물류 효율화 중 이 사람이 가장 내세울 만한 강점은 무엇일까? 같은 유통 분야로 이직한다면 자신의 15년 경력을 모두 인정받고 싶어 할 텐데 '업계에서 잔뼈가 굵었다' 외에 무엇을 내세울 수 있을지 모르겠다. 이것저것 경험이 많으니 팀장 같은 관리자를 할 수 있지 않을까 싶지만, 공교롭게도 팀원으로만 일해봤을 뿐 팀장 역할은 해본 적이 없다는 대답이 돌아온다.

우리 회사로 영입한다면 무슨 일을 할 수 있는 사람일까?

비슷하지만 다른 결을 가지고 있는 다음 사람의 커리어를 보면 차이가 보일 것이다.

"저는 유통 기업의 흐름, 즉 물류를 최적화하는 데 전문성을 갖고 있습니다. 유통 기업에서 15년간 있으면서 알게 된 사실은 물류야말로 유통 기업의 서비스 질과 비용 경쟁력을 좌우한다는 점입니다.

저는 소비자를 직접 대면하는 소매점의 매니저부터, 전 지점 재고의 흐름을 관리하는 본사 업무를 통해 후방부터 최전선까지 일어나는 다양한 물류 문제를 해결한 경험이 있습니다. 더군다나 지방 물류 센터에서 효율화 작업을 통해 비용 50% 절감, 속도 35% 개선이라는 성과를 거뒀습니다.

유통 기업뿐 아니라 본사와 지점의 물류가 중요한 곳이라면 어디든 제가 주요한 기여를 할 수 있으리라 확신합니다."

앞의 사람과 똑같은 15년이라도 밀도가 다르다. 전자의 경력이 여기저기 흩어져 있는 것과 달리, 이 사람은 '유통의 물류 시스템 최적화'라는 핵심 강점을 향해 모든 경험이 줄을 서 있다. 이런 사람은 자신의 경력과 시장의 수요를 고려해서 핵심 로그라인을 정한 후 그 로그라인에 맞춰서 따로 공부해나간다. 로그라인에 맞는 부서로 이동하려고 애쓰고, 동떨어진 부서로 가게 되더라도 유사한 태스크포스에서 지원자를 모을 때면 제일 먼저 손을 든다.

낯선 분야에서도
실력을 갖추며 나아가기를

전혀 다른 업계에서 일하더라도 커리어의 선을 연결해서 매력적인 이야기를 만드는 사람들이 있다. 완전히 낯선 분야에 가서도 빠른 시간 안에 커리어를 성공적으로 이어가는 사람들도 있다. 지나갈 때는 몰랐던 업무의 경험들이 쌓여서 그다음 더 큰 꿈을 꿀 수 있도록 실력을 갖추는 사람들이 있다. 일에 과도하게 의미를 부여하거나 냉소적으로 미워하는 감정에 빠지지 않으면서 담백하게 나아가는 사람들이 있다.

각자 자신만의 멋진 답을 찾아나가고 있겠지만, 참고가 될 수 있도록 내 생각도 공유해보려고 한다. 파트 4 커리어를 관통하는 질문은 다음과 같다.

어떻게 하면 낯선 환경에 잘 적응하면서

나답게 커리어를 잘 성장시킬 수 있을까?

"연차를 먹어도
경력이 잘 찌지 않는 사람이 있다.

첫 번째 유형은 능숙한 3년 차가 된 후
좀처럼 다음 단계로 나아가지 않는 사람이다.
두 번째 유형은 커리어 로그라인이 모호해서
무슨 일을 했는지, 어떤 일을 할 수 있는지
알 수 없는 사람이다.

성실하고 똑똑한 사람들 역시
이 두 가지 함정에 빠지곤 한다."

어느 분야를 가든지
'흐름'과 '기준점'부터 파악하자

가장 먼저 파악해야 하는 기본기

낯선 분야에서

커리어를 시작하게 됐을 때

———

우리가 새로운 부서나 다른 업종에서 일하게 된 경우를 생각해보
자. 어디서부터 시작해야 빠르게 적응하고 성과를 내는 궤도에 오를
수 있을까? 업무 파악이라고도 부르는 이 부류의 공부는 가능한 한
빠르게, 왜곡 없이 해내는 게 관건이다.

낯선 분야에서 가장 먼저 빠르게 파악해야 하는 부분이 무엇인지
알려면 규모가 큰 조직에서 새로운 경영진이나 임원이 부임했을 때
공부시키는 내용을 참고하면 된다. 나는 경영진이 몇 년에 한 번씩

부임할 때마다 임원들이 경영진을 어떻게 공부시키는지를 지켜봤는데, 브리핑하는 내용은 생각보다 방대하지 않았다. 가장 우선하여 공부시키는 건 흐름과 기준이었다.

새로운 분야에서 가장 먼저 파악할 내용: 흐름 + 기준

음, 이렇게만 써놓으니 막막하고 뜬구름 잡는 느낌이다. 현실감을 더하기 위해 구체적인 상황을 설정해보려고 한다.

만약 당신이 제약 회사에서 일하다가

AI(인공지능) 유전자 분석 스타트업으로 가게 됐다면?

어떻게 하면 이 막막하고 낯선 상황에서 업무를 수월하게 배우고 빠르게 궤도에 올라탈 수 있을까? 흐름과 기준부터 파악해야 한다는 점을 기억하면서 글을 읽어가자.

가장 먼저 파악해야 하는 기본기 ①: 흐름

생소한 분야에서 일을 시작하게 됐다면 가장 먼저 공부해야 하는 것이 '흐름'이다. 다시 말해, 주요 사업들이 어떤 방식으로 진행되는

지 흐름으로 파악하는 것이다. 중요한 구분은 세 가지다.

> ▶ 인더스트리(업종)의 흐름: 이 업계는 어떻게 굴러가나?
> ▶ 회사의 사업 흐름: 이 회사는 어떻게 일하나?
> ▶ 소속 부서의 사업 흐름: 이 부서는 어떻게 일하나?

인더스트리(업종)의 흐름: 이 업계는 어떻게 굴러가나?

무해하고 말간 얼굴로 과하게 무식한(약간의 무식은 어쩔 수 없다. 처음 아닌가) 소리를 하지 않으려면 출근 전에 AI 유전자 분석 인더스트리 의 개요 정도는 파악하는 게 좋다.

- AI 유전자 분석이 무엇인가?
- 우리나라 시장은 어느 정도인가?
- 최근 흐름은 어떤가?
- 주요 플레이어(잘나가는 경쟁자들)로는 누가 있는가?

인더스트리의 기초 정보는 어떻게 찾을까? 구글을 열고 그냥 'AI 유전자 분석'이라고 치면 곤란하다. 조금 범위를 줄여보자. 추천하는 방식은 파일 타입을 PDF로 지정해서 검색하는 것이다.

- AI 유전자 분석 filetype:pdf

키워드 뒤에 'filetype:pdf'를 붙여도 되고 '고급검색 → 파일 형식 → 파일 타입 리스트→PDF 선택'의 과정으로 해도 된다. 그러면 검색 결과가 줄어들 뿐 아니라 데이터 수준도 높아지는 게 보일 것이다. 전문 리포트가 우선하여 포함되기 때문이다.

'한경 컨센서스' 같은 곳에서 볼 수 있는 증권사 리포트도 무척 도움이 된다. 내가 이 사례의 주인공이라면 하루 정도 투자해서 이런 자료 몇십 개를 설렁설렁 읽을 것이다. 그러면 이 분야가 조금 익숙해지는 기분(물론 아직은 기분에 불과하다)이 들게 된다.

'시장 규모가 이 정도구나', '주요 플레이어들이 이렇구나', '최근 이슈들로는 이런 게 있구나' 정도는 알게 된다. 그리고 마지막에는 가장 충실하게 내용을 다룬 리포트를 2~3개 골라 출력한 후 줄을 쳐가면서 몇 번 읽는다. 중요한 데이터는 따로 적어두면서.

용어가 어느 정도 익숙해졌으면 아카데믹한 개론을 하나 듣는다. 다행히 요즘에는 대학 수준의 커리큘럼을 들을 수 있는 온라인 강의가 많다. 우리나라 사이트인 K-MOOC(www.kmooc.kr)를 포함해서 코세라, 에드맥스, 유다시티, 칸 아카데미 등이 있다. 영어가 익숙하지 않은 분들은 K-MOOC에 접속해보면 된다.

첫 화면에 오늘의 추천 강좌들을 띄워주는데, '욕망의 이해'라는 매력적인 제목이 보인다. 나도 모르게 클릭하고 싶지만, 자제하고 강좌 검색에 'AI'를 입력한다. 2022년 2월 기준 100여 개의 강좌가 있고, '누구나 할 수 있는 AI 머신 러닝'과 같은 제목이 보인다. 열어보니 프로그래밍 내용 쪽이라 맞지는 않는 것 같다.

복합 검색으로 'AI', '제약'을 입력하니 '인공지능 활용 바이오 플랫폼'과 '정보의학개론' 등이 나온다. '인공지능 활용 바이오 플랫폼'은 AI 유전자 분석 기업이라고 하면 기본적으로 알아야 하는 내용을 정리해서 알려준다. 그리고 '정보의학개론'은 얼핏 상관없는 것처럼 보이지만 그렇지 않다. 해당 스타트업의 주 고객이 의료기관이기 때문이다. 그들이 어떻게 데이터를 축적하고 활용하는지를 배우면 설득하거나 협업할 때 강력한 배경지식이 된다.

생소한 업계를 배우는 초반에는 개론서에 유사한 수업 2~3개를 듣는 것이 조각조각으로 된 동영상 여러 개를 보는 것보다 빠르게 궤도에 오르는 방법이다. 그리고 의외로 신규 산업 같은 경우는 방송국에서 특집으로 집중 취재 영상을 만들기도 한다. '다시보기'는 유료이지만 몇천 원 수준의 월정액을 내고 이것저것 본 후 해지하면 된다. 몸통을 세우는 이 과정을 거치고 나면 짧은 동영상이나 기사를 볼 때도 흡수력이 빨라진다.

자, 이제 출근 전날이다. 불안한 마음을 누르며 잠을 청한다. 새로운 시작은 언제나 조금 겁이 나기 마련이니까. 그리고 대망의 첫 출근 날, 짐짓 불안한 눈꼬리를 감추고 다음 단계의 흐름을 가능한 한 빨리 파악하도록 도와줄 사람을 찾아보자. 친절하고 다정한 표정도 잊지 말고 준비물로 챙겨 가는 게 좋다.

회사의 사업 흐름: 이 회사는 어떻게 일하나?

이제 실전이다. 첫 출근부터 실전이라는 사실은 기가 눌리는 일이지만, 다행히 대부분은 초반에 적응할 시간을 준다. 기업에 따라 일주일인 경우도, 몇 개월인 경우도 있지만 대체로 한 달 정도까지는 "그게 뭐예요?"라고 물어도 서로 민망하지 않은 것 같다.

나라면 출근 첫 주에는 경영지원 담당자든 상사든 물어볼 수 있는 누군가를 붙잡고 이 회사의 사업 흐름을 파악하는 것부터 시작할 것이다. 묻고 싶은 내용은 크게 두 가지다.

- 이곳의 굵직한 사업 덩어리들은 뭐예요?
- 각각의 사업들은 어떤 방식과 순서대로 진행되나요? 그리고 그 단계에서 누가 어떤 역할을 하나요?

회사의 조직도를 앞에 두고 설명을 들으면 더 효과적이다. 설명해주는 내용을 따라 종이에 쓱쓱 그린다.

소속 부서의 사업 흐름: 이 부서는 어떻게 일하나?

이제 인더스트리의 주요 이슈도 파악했고, 회사의 주요 사업 덩어리들도 파악했다. 물론 기초 수준이지만 어쨌든 지금은 파악했다는 게 중요하다. 그다음 단계는 내가 속한 부서의 업무를 배울 차례다. 앞의 과정보다 훨씬 진지해질 수밖에 없다. 앞으로 내가 직접 또는 간접적으로 맡게 될 실전 업무이니 말이다. 질문 역시 앞의 회사 파악 단계와 비슷하다.

- 회사에서 이 부서에 요구하는 핵심 업무가 뭔가요?
- 굵직한 사업 덩어리들은 뭐예요?
- 각각의 사업들은 어떤 방식과 순서대로 진행되나요? 그리고 그 단계에서 누가 어떤 역할을 하나요?
- 1년에 걸쳐서 어떤 일이 진행되는지 순서대로 알려주시겠어요?

마지막 질문은 은근히 중요하다. 일정이 매년 다이내믹하게 바뀌는 곳이라도 정해진 1년의 루틴 일정들이 있기 마련인데, 이걸 모르면 엉뚱한 곳에서 허둥대는 일이 꼭 생기게 되기 때문이다. 주요 고객사가 다음 해 계획을 11월에 확정하는데, 12월에 제휴 제안 미팅을 잡는 것 같은 오류 말이다.

노파심에서 덧붙이자면, 내 질문에 당연히 대답해야 하는 사람은 어디에도 없다(당신이 경영진이나 부서장으로 간 게 아니라면). 그러니 최대한 정중한 태도로 물어보고, 친절하게 알려준 사람에겐 맛있고 비싼 밥이든 작은 선물이든 꼭 감사의 표시를 하자.

가장 먼저 파악해야 하는 기본기 ②: 기준점

두 번째로 파악해야 하는 것은 기준점이다. 특히 3년 차 이상의 경력자로서 새로운 부서 또는 회사에 투입됐을 때는 반드시 파악하는 게 좋다. 기준점이란 '어떤 성과에 높은 가치를 두고 있는가'의 문제다. 좀 더 노골적으로 표현하자면 다음의 두 가지다.

> 달성하고 싶어서 안달 난 목표 + 골머리를 앓고 있는 문젯거리

아마존의 비즈니스 모델로 유명한 플라이휠flywheel 그림을 살펴보자. 제프 베조스가 냅킨에 그린 이 그림은 아마존 전체에 공유된 핵심 가치다.

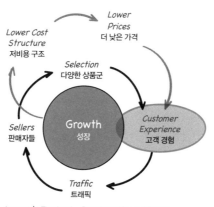

Amazon's Flywheel – Developed by Jeff Bezos

그림을 보면 가장 중요한 핵심 키워드가 '고객 경험'인 것을 알 수 있다. 그리고 이를 달성하기 위한 결정적인 방법이 '낮은 가격 구조'라는 것도 파악할 수 있다. 그렇다면 이게 아마존의 기준점인 셈이

다. 내가 만약 아마존에 입사해서 이런 그림을 봤다면 '고객 경험'을 근사하게 올리거나 '낮은 가격 구조'가 가능하도록 혁신하는 데 나의 성과를 온통 집중할 것이다. 그게 이곳에서 '일을 잘한다'는 기준점이 되기 때문이다. 어느 부서에 있든지 말이다.

새로운 분야에 가게 됐을 때는 회사가 달려가고 싶어 하는 방향과 올해와 내년에 이 부서가 특히 잘 해내야 하는 분야를 영리하게 파악하는 게 중요하다. 그런데 문서로 적힌 목표만 가지고는 정보가 불충분할 때가 많다. '고객 확대'라고 하더라도 숫자를 늘리고 싶은지, 해외 진출을 하고 싶은지에 따라 우선 과제가 달라진다. '고객 만족'인 경우도 유전자 분석의 정확도를 올리겠다는 건지, 비용을 저렴하게 하겠다는 건지, 분석 시간을 단축하겠다는 건지에 따라 다르다.

진짜 이야기는 외부에 공개하지 않는 구체적 연간 사업계획에, 실제로 가장 많은 돈을 배정하고 쓰고 있는 사업에, 직원들의 말속에 있다. 그러니 경력이 있고 인상 좋은 분을 찾아 점심에 질 좋은 1++ 한우로 극진히 대접한 후, 1시간 정도 시간을 내달라고 하면서 공손한 태도로 물어보자.

"최근 회사에서 가장 중점을 두고 추진하려는 진짜 사업이 뭐예요? 그리고 요즘 가장 큰 고민은 뭐예요?"

"회사에서 우리 부서에 요구하는 가장 중요한 사업이 뭐예요? 그 사업들은 잘되고 있나요? 스트레스인 부분은 뭐예요?"

진짜 이야기들을 알게 되면 가장 중요한 문제를 해결하는 데 나의 에너지를 쏟을 수 있다. 새로운 곳에서 좋은 성과를 내 무사히 연착

류하는 출발점이 되는 것이다.

자, 이제 우당탕탕 초기 파악이 끝났다.

고된 일주일 후 맞이하는 첫 주말이 됐다. 고생한 나의 입에는 허
니 콤보 치킨과 콜라(제로 콜라는 안 된다)를 넣어주고, 몸은 소파에 길
게 눕혀주자.

"새로운 분야에 가게 되면
흐름과 기준을 가장 먼저 파악해야 한다.

회사가 달려가고 싶어 하는 방향과
올해와 내년에 이 부서가
특히 잘 해내야 하는 분야를
영리하게 파악하는 게 중요하다.

그게 이곳에서 '일을 잘한다'는
기준점이 되기 때문이다.
어느 부서에 있든지 말이다."

외부의 목표와
나의 관심사를 연결하는 법

교집합에서 찾는 프로젝트

회사에서 시킨 일을 하면서
하고 싶은 업무를 한다고?

———

파트 1에서 30년 된 패션 회사에 다니던 케빈을 언급했는데 기억이 나실지 모르겠다. 브랜드 이미지가 낡아서 소비자들의 외면을 받는 위기 상황이었다. 그래서 마케터인 케빈의 고민거리이자 도전 과제는 다음과 같았다.

30년 된 패션 회사 브랜드 이미지를
어떻게 새롭고 힙하게 만들까?

리더는 팝업 스토어라는 아이디어를 가볍게 건넸다. 팝업 스토어도 괜찮긴 하지만 올해 케빈이 달성해야 하는 업무 목표는 '온라인 마케팅 활성화'이기 때문에 케빈에게 맞지 않는 옷이다. 게다가 케빈이 마케터로서 하고 싶은 분야는 따로 있었다.

최근 케빈은 힙하다고 여겨지는 콜라보 프로젝트와 메타버스 마케팅에 관심이 많다. 이제 마케터 2년 차에 들어섰는데, 그간 매체 홍보만 해온 터라 협업 프로젝트를 해본 경험이 한 번도 없다. 그래서 다른 마케터들이 대세 기업이나 신생 기업과 협업해서 다양한 마케팅을 하는 모습을 볼 때면 무척 부러웠다. 케빈도 그런 경험을 꼭 쌓아보고 싶다.

게다가 마케터 모임에 가면 앞으로 한동안 메타버스 마케팅이 대세일 것 같다는 의견이 지배적이다. 실제로 이곳에서 마케팅하는 회사들도 늘었다고 하는데, 케빈의 지인만 하더라도 얼마 전 메타버스에서 패션쇼를 했다고 한다. 케빈은 이 분야에서 경험을 쌓고 싶다. 그 외에도 관심 있는 분야는 많다. 데이터 분석, 마케터 커뮤니티, 시제품 제작 업무 등도 언젠가 해보고 싶은 리스트에 있다.

그렇다면, 케빈은 어떤 프로젝트를 해야 할까? 혹시 회사에서 시킨 일을 잘 해내면서 동시에 해보고 싶은 관심 업무를 해볼 수도 있지 않을까?

아마 다들 눈치채셨으리라고 생각한다. 맞다. 교집합에서 업무를 찾으면 된다.

교집합 업무:

회사 과제 ∩ 목표실적 ∩ 하고 싶은 일

케빈이 해야 하는 일과 하고 싶은 일을 정리해보면 다음과 같다.

> ▶ 회사 과제: 브랜드 이미지를 영하고 힙하게
> ▶ 목표실적: 온라인 마케팅 활성화
> ▶ 하고 싶은 일(커리어 측면): 콜라보 프로젝트, 메타버스 마케팅, 데이
> 터 분석, 마케터 커뮤니티, 시제품 제작 등

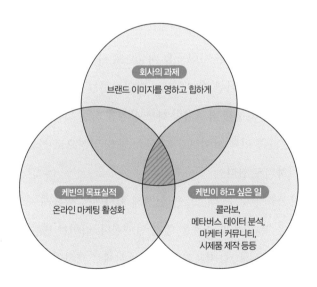

이 중 교집합에서 해야 할 일을 정하면 된다. 리더가 제안했던 팝
업 스토어는 '회사의 과제'에는 맞지만 '케빈의 목표실적'이나 '하고

싶은 일'에는 해당하지 않으니 탈락이다. 데이터 분석, 시제품 제작, 마케터 커뮤니티 등은 '하고 싶은 일'이지만 '회사의 과제'나 '목표실적'과는 관련이 없으니 교집합에 들어갈 수가 없다. 현재 교집합에 해당하는 후보군은 콜라보, 메타버스 마케팅이다.

이제 이 두 가지를 기준으로 교집합 업무를 만들어보자. 참고로, 다음에 나오는 예시는 교집합 아이디어의 의미를 보여주는 것이 목적이지 새로운 아이디어를 소개하려는 용도가 아니다. 그래서 이미 시도한 마케팅을 사례로 넣었으니, 아이디어 교집합 개념을 이해하는 데 집중해서 봐주었으면 한다.

[콜라보 마케팅] 부모님들을 멋지게 변신시켜 드리자

케빈은 SNS에 익숙한 자녀들을 대상으로 사연 신청을 받은 후, 부모님을 댄디하고 우아한 패션으로 스타일링하는 프로젝트를 기획한다. 부모님들을 초청해 잡지처럼 화보 촬영을 하는 것은 물론이고 메이킹 필름, 가족 여행 브이로그, 패션쇼 등을 영상으로 만들어 온라인에 게시하기로 한다.

이들의 스타일링 중 베스트를 선정해 회사에서 새롭게 시도한 라이브 방송을 통해 옷과 소품을 한정 판매한다. 라이브 방송 제품 라인에 뉴트웬티(20대), 뉴피프티(50대)를 동시에 소개하면서 서로의 제품 라인을 믹스매치해서 입는 새로운 스타일링을 판매한다. 20대에게는 세련된 레트로 패션이, 50대에게는 튀지 않으면서 20대가 즐겨 입는 유행을 세련되게 추가하는 패션이 될 수 있다.

케빈은 '새롭고 힙한 이미지(회사 과제)'를 위해 시도하는 이 모든 프로젝트가 모두 '온라인 마케팅 활성화(목표실적)'라는 색깔을 띠도록 초점을 맞춰야 한다. 예를 들어 마케팅 선택지가 오프라인과 온라인 모두 있다면, 언제나 온라인을 우선으로 고른다. 설사 오프라인으로 하면 매출실적이 더 높겠다는 생각이 들더라도 온라인 마케팅 활성화를 고른다. 지금 케빈이 해야 하는 일은 '많이 파는 게' 아니기 때문이다. 온라인 마케팅이 활성화되면 궁극적으로 매출이 더 오르리라는 중장기적 관점으로 선택해야 한다.

이제 케빈은 해야 하는 일을 충실히 해내면서 기존에 하고 싶던 콜라보 업무도 제대로 해볼 수 있다. 부모님들을 스타일링할 옷과 소품은 케빈네 회사 제품이지만, 자녀와의 여행 브이로그를 찍는 것, 패션쇼, 화보 촬영 등은 쟁쟁한 파트너들과 협업해서 할 수 있다. 또는 시니어 고객을 대상으로 하는 쟁쟁한 금융·보험·자동차·헬스케어 기업들과도 협업을 시도해볼 수 있다.

[메타버스 마케팅] 회사 브랜드관을 메타버스에 열자

케빈은 메타버스에 야심 차게 패션 매장을 내기로 한다. 요즘 메타버스가 대세이니 경영진도 귀가 솔깃할 것이다. 메타버스에 매장을 근사하게 열어 회사 브랜드 100여 개의 옷과 소품을 제공한다. 다음 시즌에 올라갈 후보군의 디자인도 메타버스 공간에서 개최하는 패션쇼를 통해 사전 검증을 받는다.

가장 좋은 스타일링을 한 베스트 드레서와 독특한 스타일링을 한

* 사진: 네이버제트

크리에이티브 드레서를 뽑은 후 그 구성 그대로 기프트 박스로 보내 거나 'Pick by 닉네임'으로 판매하는 프로모션을 진행할 수 있다.

케빈은 30년의 회사 역사도 적극적으로 활용하기로 한다. 회사 브 랜드를 입었던 셀럽들의 사진과 함께 그 옷을 메타버스에서 자선 경 매로 판매하는 이벤트를 진행하고, 자사 브랜드의 옷을 가지고 있는 사람들을 모아 플리마켓(벼룩시장)을 연다. 또는 메타버스에 입점해 있는 금융기관과 협업해서 자사 브랜드 제품 중 가장 핫한 상품을 살 수 있는 적금을 출시하는 것도 적극적으로 검토한다.

나의 교집합 사업을
찾아보자

지금까지 두 가지 교집합 프로젝트 사례를 살펴봤다. 케빈은 기왕

월급을 받는 김에, 어차피 온종일 회사에 있는 김에 회사가 시킨 일을 하면서 자신의 포트폴리오를 훌륭하게 키웠다. 이 일을 하는 동안 케빈의 마음은 어땠을까? 당연히 리더가 시킨 팝업 스토어를 수동적으로 할 때보다 훨씬 생기가 있었을 것이다. 일하는 건 고되고 힘들었겠지만 말이다. 케빈은 콜라보 프로젝트 또는 메타버스 마케팅을 해보고 싶었고, 이 경험이 자기 커리어에 알뜰하게 보탬이 되리라는 걸 잘 알고 있다.

회사에서의 반응은? 당연히 좋을 수밖에 없다. 회사의 브랜드를 새롭고 힙한 이미지(회사 과제)로 만들기 위해서 케빈이 맡은 '온라인 마케팅 활성화(목표실적)'를 충실히 달성했기 때문이다. 그것도 새로운 시도를 해보려는 의욕적인 태도로 말이다.

이제 우리 차례다. 회사의 과제, 우리가 달성해야 하는 목표실적, 커리어를 위해 쌓고 싶은 경험을 합쳐서 교집합 사업을 찾아보자. 다음의 질문들을 곰곰이 새겨보고 생각나는 대로 적어보는 것이다.

- 회사가 달려가려는 방향은 어디인가?
- 올해 내가 달성해야 하는 목표실적은 무엇인가?
- 경험하고 싶은, 키우고 싶은 분야는 무엇인가?

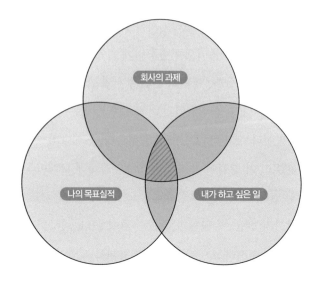

 물론 모든 일을 교집합에서 고를 수는 없겠지만, 올해 우선순위
사업 중 하나로 넣는 건 얼마든지 가능하다. 한번 잘 해내고 나면 그
다음부터는 비율이 점점 늘어나게 되니 용기 내 시도해보길 권한다.
좋아하는 일이라 몰입하게 되니 일이 훨씬 재밌어지는 건 물론이고,
몇 년 뒤 커리어 포트폴리오 수준 역시 달라질 것이다.

"회사가 달려가려는 방향은 어디인가?
올해 달성해야 하는 목표실적은 무엇인가?
해보고 싶은 분야는 무엇인가?

세 가지의 교집합에서
아이디어를 찾아보자.

몰입을 통해
일이 훨씬 재밌어지는 건 물론이고,
몇 년 뒤 커리어 포트폴리오 수준 역시
달라질 것이다."

Connecting Dots:
커리어를 현명하게 잇다

연속성이 있는 커리어 패스

돋보일 강점을 기반으로
커리어를 쌓아나간다

일터에서 우리의 자리를 만드는 건 무난한 재능의 총합이 아니라 두드러진 강점이다. 조직에 필요한 재능 영역이 다섯 가지라고 할 때 'S, B, B, C, C'인 사람이 'B, B, B, B, B'인 사람보다 더 필요하고 존재감이 있는 경우가 많다.

문예창작학과를 졸업해 출판사에서 몇 년 일하다가 게임 회사로 이직한 제니퍼를 생각해보자. 낯선 분야에서 일하게 됐기 때문에 공부에 많은 시간을 투자해야 하는 상황이다. 그렇다면 공부의 우선순위를 어디에 두어야 할까? 앞으로도 한동안 게임 회사에서 일할 생각이니 이 업계에서 가장 필요한 프로그래밍이나 디자인 분야를 열심히 배우는 데 집중해야 할까?

그렇지 않다. 아무리 열심히 해도 최소한 몇 년간은 동료들의 평균 역량에도 미치지 못하기 때문에 어쩔 수 없이 보조 역할에 머무르게 된다. 개발자나 게임 디자이너로 커리어를 아예 바꿀 생각이 아니라면 자기 고유 영역에서 엣지를 세울 수 있는 강점을 찾아 내세워야 유리하다. 남들을 따라가는 영역이 아니라.

제니퍼가 가진 특별한 경력은 게임 회사의 직원들에게 낯선 것이다. IT 업계에서 매우 희귀한 문예창작학과라는 전공과 출판 업계 경력을 갖고 있다. 이게 강점이 될지, 약점이 될지는 제니퍼에게 달렸다. 이 특이함을 강점으로 만들려면 어떻게 해야 할까? 제니퍼는 전문성의 우선순위를 다음 두 가지 중 어디에 두어야 할까?

---

① 게임 회사의 메인 업무인 개발과 디자인 공부
　(민폐를 끼칠 순 없으니 절반이라도 따라가자!)
② 게임의 스토리텔링, 캐릭터, 세계관 등 콘텐츠 공부

당연히 ②번이다. 제니퍼의 강점은 스토리 창작 및 콘텐츠 유통에 다른 직원들이 따라올 수 없는 영역을 구축하고 있다는 점이다. 만약 제니퍼가 자신의 강점을 더 키워서 유저들을 몰입시키는 스토리텔링, 캐릭터의 디테일 설정, 세계관 구성 등을 제대로 공부한다면 다

른 직원들보다 한 차원 다른 레벨을 보여줄 수 있을 것이다.

따라서 이곳에서 자신의 존재감을 증명해줄 ②번(콘텐츠)에 70%, 업무 맥락 파악과 원활한 커뮤니케이션을 위해 ①번(개발 및 디자인)에 30% 정도로 나눠서 집중하는 게 현명하다. 그러면 제니퍼는 회의 시간에 동료들이 게임 그래픽과 반응 속도, 색감 등을 가지고 열띤 토론을 할 때 "죄송합니다. 저는 이 분야를 아직 잘 몰라서요"라며 눈치를 보는 대신 이렇게 말할 수 있게 된다.

"이 게임은 톨킨Tolkien 식 방대한 세계관을 가지고 있지만, 그에 걸맞은 캐릭터 특성들이 부족합니다. 그러다 보니 몇 달이 지나면 경쟁사인 B사보다 유저 흥미도가 현저히 떨어집니다. 제가 나눠드린 캐릭터별 특성과 스토리를 한번 보시죠. 디자인만 다를 뿐 사실상 거의 똑같지 않습니까? 그 때문에 어디서 본 것 같은 느낌이 반복해서 드는 겁니다. 그리고 클라이맥스에 해당하는 부분에 임팩트가 너무 부족하거나 난이도가 원칙 없이 들쭉날쭉합니다. 글로벌 상위 10대 게임과 비교해본 자료를 보시면 차이가 분명히 보이실 겁니다."

문예창작학과를 나와 출판사에서 일한 경험이 있다고 해서 이런 지식이 저절로 생기는 건 아니다. 다른 사람과 똑같이 밑바닥부터 새롭게, 열심히 공부해야 하는 영역이라는 점은 변함이 없다. 하지만 전혀 문외한으로 살아오던 공학, 디자인 출신 동료들보다는 출발선이 훨씬 유리하다. 습득 속도가 빠를 뿐 아니라 해석도 남다를 수 있고, 주장에도 권위가 실릴 것이다. 특이한 전공과 경력을 엉뚱한 곳에서 있다 온 약점이 아니라 강점으로 바꿀 수 있다.

참고로 덧붙이자면, 자신의 강점을 냉정하게 분석한 제니퍼라면 이직할 게임 회사를 고를 때도 이 점을 고려해야 한다. 연봉, 조건 등도 중요하지만 스토리 및 콘텐츠가 중요한 역할을 할 수 있는 곳을 골라야 유리하다. 예를 들어 게임 몇 개가 대박 나서 잘되고 있지만, 중구난방 스토리나 캐릭터를 제대로 정돈해줄 사람이 없어서 답답해하는 중견 이상의 게임 회사라면 좋지 않을까? 또는 게임 회사 중에서도 콘텐츠가 중요한, 예컨대 어린이 학습용 게임 회사 같은 곳이라면 좀 더 유리할 것이다.

커리어를 바꿀 때는 중간에 징검다리를 만든다

일하다 보면 커리어를 바꿔야겠다고 결심하게 되는 때가 있다. 새로운 분야에 흥미가 생길 수도 있고, 지금 일하는 업종에 회의감을 느껴서일 수도 있다. 또는 그 분야를 여전히 좋아하지만, 세상이 바뀌면서 일자리가 없어질 수도 있다.

커리어를 아예 바꾸는 건 쉬운 일이 아니다. 적응하고 배울 내용이 산더미 같다. 게다가 한 분야에서는 어느 정도 입지에 오른 사람이 생소한 분야에 가서 신입처럼 시작하려면 마음을 다치기 마련이다.

커리어를 전환할 때 비교적 부드럽게 연착륙하는 방법은 없을까? 다음 두 사람의 사례를 통해 말해보려고 한다.

- 7년 차 디자이너인데 소프트웨어 개발자가 되고 싶은 경우
- 4년 차 시사 전문 매거진 기자인데 IT 서비스 분야의 유망 기업으로 이직하고 싶은 경우

둘 다 기존 경력과 연결점이 없어 보이는 곳으로 커리어를 바꾸려 한다. 물론 기존 커리어는 덮어두고, 초보의 자세로 겸허하게 시작하 겠다는 마음가짐이 나쁜 건 아니지만 열심히 쌓아온 경력이 좀 아깝 다. 게다가 겉으로는 좋아 보여서 과감히 실행에 옮겼는데, 실제로 일하게 되니 적성에 전혀 안 맞는 경우도 종종 생긴다.

어떻게 기존 커리어를 인정받으면서 원하는 곳으로 갈 수 있을까? 그리고 우리에게 진짜 맞는 곳인지 아닌지 사전에 어떻게 점검할 수 있을까? 나는 현재의 A 지점과 B 지점 사이에 징검다리를 하나 만드 는 것을 추천한다. 징검다리는 크게 두 종류가 있는데, 회사 징검다 리와 분야 징검다리가 있다.

[회사 징검다리] 7년 차 디자이너 → 소프트웨어 개발자

개발자가 되기 위한 자격증이나 과정은 모두 이수했다고 가정하 자. 그러면 모든 준비가 끝났으니 개발자부터 바로 시작하는 게 좋을 까? 물론 개발자 초보로 입사할 수도 있다. 그러나 나이 많은 신입을 반기지 않는 우리나라 문화 특성상 좋은 직장에 들어가기가 쉽지 않 을 뿐 아니라 7년 동안 쌓아온 디자인 경력도 너무 아깝다.

이 경우에는 현재의 강점을 기반으로 중간에 회사 징검다리를 하

나 놓을 것을 추천한다. 즉, 소프트웨어 회사에 디자이너로 가는 방법이다. 순수 디자인 전공이라 소프트웨어 디자인 툴을 배우는 게 부담된다면 이직할 회사를 고를 때 온라인에만 집중하는 게임 회사보다는 공간이나 오프라인 경험을 연결해서 소프트웨어를 개발하는 곳을 선택하면 좀 더 유리하다.

디자이너 경력을 탄탄하게 갖췄으면서 개발자 역량까지 가진 사람은 소프트웨어 업계가 앞다퉈 모셔 갈 인재다. 전체 과정을 보는 눈이 있기에 개발자들과 협업할 때 커뮤니케이션이 탁월하다. 그러므로 좋은 회사를 고를 선택지가 많아지고, 새로운 직장에서 칭찬과 인정을 받으면서 연착륙할 가능성도 크다.

그 이후에 개발자들과 일할 때마다 좋은 성과를 보여주고, 자신의 개발자 역량을 적극적으로 어필하다 보면 커리어를 전환할 기회가 자연스럽게 생긴다. 처음에는 "○○님이 개발자들하고 말이 잘 통하니까 커뮤니케이션을 주도적으로 맡아주세요"로 시작했다가 프로덕트 매니저처럼 되고, 나중에는 반쯤 개발자처럼 일하게 될 수도 있다.

이 과정을 통해 개발자로서의 역량이 천천히, 탄탄하게 성장하는 건 추가 수확이다. 처음부터 초보 개발자로 입사하면 이 과정을 고통스럽게 배우게 될 가능성이 크다. 디자이너지만 초보 개발자 수준으로 프로그래밍을 빠삭하게 아는 사람은 인정과 부러움을 받지만, 다른 일 하다가 초보 개발자로 들어왔는데 아직 평균 개발자 수준에 못 미치는 사람은 천덕꾸러기가 되기 때문이다.

다시 원래의 이야기로 돌아오자면, 가장 좋은 시나리오는 다니던 회사에서 커리어를 전환해 개발자가 되는 것이다. 혹시 이 회사에서는 자리가 없더라도 여전히 기회가 있다. 이제는 이력서에 소프트웨어 회사에서 개발 프로젝트를 한 경력을 쓸 수 있으니 말이다. 다들 알겠지만 경험이 전무한 사람을 뽑으려는 곳은 거의 없어도, 개발 프로젝트를 꽤 성공적으로 완성한 경험이 조금이라도 있으면 상대적으로 문이 활짝 열린다.

하지만 올바른 선택을 했다고 해서, 언제나 해피엔딩만 있는 건 아니다. 만약 이렇게 열심히 했는데도 부서 전환이나 이직이 안 될 수도 있다. 그러면 이 모든 노력이 물거품이 된 건가?

그렇지 않다. 냉정하게 말해 개발자로서는 경쟁력이 부족하다는 증거이기 때문이다. 본인에게 맞지 않는 옷인 셈이다. 커리어 전체를 걸지 않고 신중하게 한 발을 먼저 디딘 덕분에 알게 된 귀중한 사실이다. 그러니 '개발에 관해서 끝내주게 이해가 깊은 디자이너'를 자기의 강점으로 삼고, 개발자에 대한 로망은 크몽이나 숨고 같은 플랫폼에서 부업으로 이루는 게 현명하다. 아니면 세상에 유익함을 주는 소프트웨어나 애플리케이션을 무료로 만들어서 재능기부를 하는 근사한 취미를 갖든지.

[분야 징검다리] 4년 차 시사 전문 기자 → IT 서비스 기업

딱히 어디를 가고 싶은 건 아니지만, 기업문화가 트렌디하고 전망이 좋은 IT 서비스 분야 기업으로 이직하고 싶은 경우다. 지금 하는 업무가 재밌기는 하지만, 고강도 업무와 비교하면 박봉인 데다 점점 사양 산업이 되어간다는 느낌이 들어서다.

하지만 시사 전문 매거진 기자 경력은 IT 서비스 분야와 관련이 없으므로 경력으로 인정받지 못한다. 경력 인정은커녕 관련 없는 업무를 몇 년 하다 온 사람이 되어서 오히려 입사에 감점 요소가 된다.

이 경우에는 분야 징검다리를 추천한다. 기사를 취재하고 쓸 수 있는 기자 경력에 기반한 스타트업으로 이직하는 것이다. 예를 들자면 퍼블리, 폴인 같은 곳이 있다. 뉴닉이나 어피티 같은 뉴스레터 방식의 스타트업도 좋지만, 시사 전문 매거진 기자는 롱폼 콘텐츠에 강하기 때문에 빠르게 쓰는 분야보다 좀 더 깊게 취재하거나 콘텐츠 엮는 능력이 빛을 발하는 분야가 좀 더 유리할 것이다.

매거진 기자 경력과 두 번째 회사의 경력을 선으로 이으면, 깊은 취재와 트렌디한 콘텐츠 딜리버리가 모두 가능한 사람이 될 수 있다. 이렇게 경력을 쌓고 나면 그 시점의 커리어로 원하는 IT 서비스 유망 기업에 이직할 가능성이 훨씬 커진다. 고객 또는 직원들에게 정돈되고 깔끔한 정보성 텍스트 콘텐츠를 정기적으로 전달하고 싶어 하는 회사들은 많이 있다.

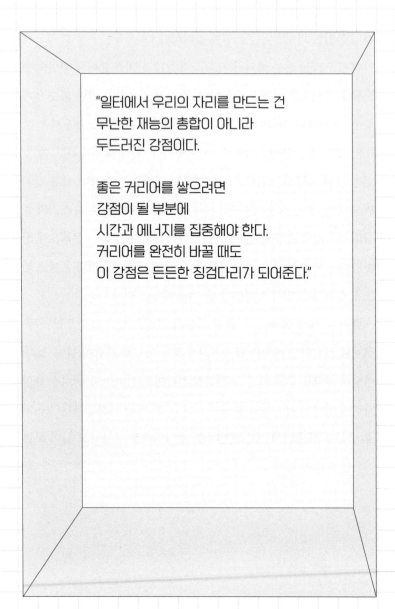

"일터에서 우리의 자리를 만드는 건
무난한 재능의 총합이 아니라
두드러진 강점이다.

좋은 커리어를 쌓으려면
강점이 될 부분에
시간과 에너지를 집중해야 한다.
커리어를 완전히 바꿀 때도
이 강점은 든든한 징검다리가 되어준다."

IDEA   PRACTICE   COLLABORATION   CAREER   **WORK AND GROWTH**

리더가 되고 싶지 않다고
말하는 당신에게

나는 리더 체질일까 아닐까

나이 먹으면 꼭
리더가 되어야 할까

———

"몇 년생이세요?"

"몇 학번이세요?"

나이를 물어보는 대표적인 질문이다. 나이를 짐작하게 하는 질문
들이 무례하다는 인식이 퍼져서인지 새로운 질문법이 등장했다.

"이곳이 첫 직장이세요?"

"언제 일을 시작하셨어요?"

우리나라처럼 나이에 민감한 곳도 흔치 않다. 가벼운 모임에서조

차 나이를 서로 짐작한 후 자연스럽게 태도를 정한다. 그리고 아직도 회사에서는 나이 어린 리더와 나이 많은 부서원의 조합은 가능하면 피하려고 한다. 나이 어린 사람에게 지시를 받는 상황은 껄끄럽다고 생각하기 때문이다. 그러다 보니 리더 역할은 경력이 길고 나이가 많은 사람이 주로 맡게 된다.

일터에서의 보상은 연봉 인상과 승진이기 때문에 꾸준히 좋은 성과를 내왔다면 다음 직급으로 승진이 된다. 마침내 차장, 부장급이 되고 나면 리더를 맡을 차례가 된다. 본인도 주변 사람도 그렇게 여긴다. 이런 전형적인 방식은 많은 부작용을 가져온다. 리더 역할이 기질적으로 맞지 않고, 잘 해내기 어려워하는 사람에게도 나이를 먹었다는 이유로 억지로 떠맡기기 때문이다. 이러면 본인뿐 아니라 부서원에게도 힘겨운 시간이 시작된다.

실무자와 리더는 일을 잘한다는 기준의 무게중심이 다르다. 실무자일 때는 자신의 성과로 인정받기 때문에 스스로의 실력이 가장 중요하다. 극단적으로 말하면 팀 성과는 엉망이어도 좋은 평판이 유지될 수 있다(엉망인 팀에 소년·소녀 가장인 것 같은 실무자라며 안쓰러움의 시선을 받기도 한다). 하지만 리더의 자리에 오르면 부서원의 성과를 합한 것이 자신의 성과가 된다. "나는 잘했는데 쟤네들이 엉망"이라는 표현은 할 수가 없다. 그것까지 자신의 책임이자 실력이기 때문이다.

감정적인 어려움도 있다. 선배 입장으로 일할 때는 뭐든지 물어보면 척척 대답해주는 멋진 사람이었기 때문에 후배들과 관계가 괜찮았다. 하지만 리더가 되는 순간 나를 좋아하던 후배들이 슬슬 피하기 시작하고, 점심시간에는 다들 약속이 있다고 한다. 그리고 일을 시키면 입을 꾹 닫고 불만인 얼굴이다.

그래서 리더가 되기 직전의 사람들이나 리더가 안 맞는 옷처럼 느껴져서 괴로운 사람들은 이런 질문을 떠올린다.

- 나이 먹으면 꼭 리더가 되어야 할까?
- 리더가 되고 싶지 않은 마음은 나약하고 문제가 있는 걸까?

이 질문에 대한 나의 대답은 당연히 "아니요"다. 훌륭한 축구 선수가 뛰어난 감독이 되는 건 아닌 것처럼 개인으로서 잘할 수 있는 역량과 리더로서 잘할 수 있는 역량이 다르다. 리더의 역할이 잘 안 맞고 개인일 때 훨씬 더 잘할 수 있는 사람이 있다. 개인으로서는 회사에 기여도가 100이지만 리더로서는 팀 성적을 오히려 깎아 먹어 마이너스 20인 사람이라면, 리더를 시켜선 안 된다. 본인도 괴롭고 회사도 손해다.

직책의 투 트랙 제도:
관리자 vs. 전문가

다행히 우리나라에서도 긍정적인 변화가 생기는 추세다. 과장, 차장 같은 직급과 팀장, 부문장 같은 리더 직책을 이원으로 운영하는 회사들도 있다. 팀장, 부문장 등 리더의 경우에만 별도의 호칭이 있고 부서원의 경우는 매니저, 책임 같은 용어로 통일하기도 한다. 또는 서로를 '○○님'이라고 호칭하기 때문에 애초에 직급이나 직책은 조직도에서만 볼 수 있기도 하다.

아주 바람직한 모습이라고 생각한다. 나이와 경력 자체가 리더를 의미하는 게 아니기 때문이다. 미국 등에서는 일찍이 전문가 트랙과 관리자 트랙으로 나눠서 직원들을 관리해왔다.

관리자 트랙은 실무자 경험을 기반으로 빠르게 리더 영역으로 가려는 사람을 위한 것이다. 실무자 때는 평범했는데 리더의 역할을 맡고 난 후 훨씬 뛰어난 실적을 보이는 사람들이 있다. 맥락을 읽는 능력이 뛰어나고 협업하는 실력이 있는 사람들이다. 물론 관리자로서의 직책과 혜택을 좋아하는 사람들도 포함된다. 현재 우리나라는 좋든 싫든 모두 관리자 트랙에 올라타고 있는 경우가 대부분이다.

이에 반해, 전문가 트랙은 관리의 영역보다는 실무자 경험을 좀 더 선호하는 사람을 위한 것이다. 누군가를 도와서 성과를 내는 것보다 직접 필드에서 처리하는 현장감을 선호하고 실력을 유지하고자 하는 사람들, 별다른 굴곡 없이 일하고 싶어 하는 사람들, 스스로 우선순위와 방향을 잡는 건 힘들어하지만 리더가 알려주면 잘 해내는 사람들은 전문가 트랙으로 가는 게 더 바람직하다.

전문가 트랙이라고 하니 지레 겁을 먹는 사람들이 많은데, 여기서 전문가란 감탄스러운 실력자만 가리키는 건 아니다. 즉 특정 분야에 전문성을 갖추고 있는 연구원, 프로그래머, 향수 조향사 같은 사람들만 전문가 트랙을 선택할 수 있는 게 아니다. 매장 재고 관리 담당자, VIP 고객 담당자, 직원 교육 및 조직문화 담당자 등도 전문가 트랙을 선택할 수 있다. 대리 월급을 받으며 대리급 업무를 25년 하고, 과장 월급으로 과장급 업무를 20년 하면 되는 구조다.

우리나라에도 이런 제도가 잘 정착됐으면 좋겠다. 그래야 나이 어린 리더와 나이 많은 부서원이 일하면서도 자연스러울 테니까. 나이 먹은 팀원을 부담스러워하면서 서로 안 데리고 가려 하는 서글픈 풍경도 없어질 테니까. 그리고 리더가 되지 않으면 실패한 것처럼 여기는 시선들도 없어질 테니까 말이다.

그런데 나는
리더가 정말 안 맞는 사람일까?

여기까지 읽고서 다들 '그래, 전문가 트랙으로 가야겠어'라고 결심할까 봐 걱정이다. 또는 리더를 처음 맡기 시작한 분들이 '역시 난 리더 체질이 아니야'라고 생각할까 봐 염려된다. 이어지는 글은 이렇게 지레 겁을 먹는 분들을 위해 쓰기로 했다.

당신에게 리더를 맡아달라는 요청이 왔다고 생각해보자. 참고로, 당신은 학창 시절에 딱히 리더십을 발휘한 경험이 없고, 남에게 이래라저래라하는 게 영 불편한 사람이다. 한마디로 리더 체질이 아니다. 이 경우 수락하는 게 좋을까, 부담스러우니 거절하는 게 좋을까? 결론을 내리기 전에 꼭 해주고 싶은 말이 있다.

"해보세요. 의외로 잘 맞을 수도 있어요."

지금부터 그 세 가지 이유를 말해보려고 한다. 설득하려는 건 아니니 가벼운 마음으로 읽어주시길.

첫째, 걱정하지 마세요.
부서원들은 애초에 당신에게 엄청난 기대를 하고 있지도 않아요
가슴에 손을 얹고 평소에 우리가 리더에게 기대하던 자질들을 생각해보자. 드라마에서 본 것처럼 일의 놀라운 비전을 제시하고, 가슴을 뛰게 하며, 우리의 능력치를 한껏 끌어올려서 커리어 인생을 바꿔줄 사람을 리더로 기대한 적이 없다(적어도 입사 6개월 이후에는).

우리가 꿈꾸는 리더는 사실 소박할 뿐이다. 위에서 내려온 업무를 똑바로 전달해주고, 이상한 업무는 쳐내주고, 업무 협의할 때 말이 멀쩡하게 통하고, 다른 부서와 협업할 때 우리 입장을 잘 전달해주고, 오후 6시에 갑자기 회의를 소집하거나 주말에 문자 폭탄을 보내지 않고, 문제가 잘못됐을 때 실무자 탓만 하며 감정적으로 폭발하는 사람이 아닌, '상식적' 수준의 리더를 원할 뿐이다. 거기에다가 업계의 업무를 잘 알고, 실무자가 하는 일의 고충을 이해해주는 사람이라면 '행운' 수준의 리더일 것이다.

'완벽한 리더'가 되어야 한다는 강박감을 내려놓아도 된다. 완벽한 리더를 겪어본 적은커녕 본 적조차 없는데, 갑자기 우리가 완벽한 리더가 되어야 한다는 건 너무나 과한 기준 아니겠는가. 우리는 상식적 수준의 리더가 되면 충분하다. 어쩌면 행운 수준의 리더도 노려볼 만하지 않을까? '상식적 수준이 되려고 최선을 다하고, 여력이 있으면 조금은 더 다정한 리더가 되어야지'라고만 결심해도 충분하다.

둘째, 리더들 엄살에 속지 마세요.
생각보다 괜찮을 수 있어요

주변의 리더들을 보면 다들 스트레스가 심한 것 같고, 업무도 많아서 힘들어 보인다. 어쩌다 리더와 식사라도 할 때면 하소연이 끊이지 않는다. 실무자일 때는 아무 생각 없이 시키는 일만 해도 되니까 마음이 편했는데 이제는 신경 써야 할 게 너무 많다고, 월급이 늘어난 건 고작 10~20% 남짓인데 업무량과 부담감은 2배로 늘었다고 한숨을 쉰다. 그리고 경영진이나 주요 클라이언트와 미팅을 끝내고 올 때면 다크서클이 진하게 내려앉아 있는 게 눈에 보일 정도다.

그걸 보면서 많은 사람은 지레 겁을 먹는다.

'리더 역할은 정말 힘들고 스트레스를 많이 받는구나.
아무래도 나는 리더에 안 맞는 것 같아.'

물론 리더가 되면 일이 늘어나고 부담도 커지는 건 분명하다. 그러면 리더는 그야말로 '위에서 까라면 까'라는 식으로 억지로 역할을 맡은 것일까? 진실을 알려면 리더에게 다음의 질문을 하면 바로 알수 있다. 지인이나 후배가 술자리에서 편안하게 질문하는 게 아니라

인사 담당 임원이 진지하게 묻는 경우라고 생각해보자.

"너무 힘드신가 보군요. 그러면 실무자 역할로 돌아가시겠어요?"

아마 90% 이상은 "아니요"라고 대답할 것이다. 연봉은 그대로 하고, 회사 내부에서 좌천됐다는 얘기가 돌지 않도록 잘 대우해주겠다고 해도 마찬가지다. 이게 무슨 상황일까? 분명히 너무 힘들다고, 실무자 때가 훨씬 좋았다고 말했는데 말이다.

왜냐하면, 리더로 일하는 게 생각보다 괜찮기 때문이다. 꽤 재미있는 순간도 많고, 성장의 속도감도 다르다. 보이지 않는 혜택도 많다. 그러니 리더들의 엄살에 속지 마시라. 특히, 그게 리더 역할을 거절하는 이유라면 정말 다시 생각해보길 바란다. 리더 역할이 스트레스가 심한 건 맞지만, 계속하고 싶어 할 만한 좋은 점 역시 많다. 그래서 리더 대부분은 계속 그 역할을 하고 싶어 한다. 당신 앞에서는 꾸준히 투덜대겠지만.

셋째, 일단 기회가 오면 해보세요.
언제든 환승할 수 있으니까요

리더 역할을 시작할 때 두려움, 부담감, 도망가고 싶은 마음이 드는 건 정상이다. 내가 아는 경영진은 새로운 직급으로 승진할 때마다 3개월 정도는 늘 잠을 설쳤다고 한다. 늘 준비된 것 같은 분이었는데도 말이다. 나 역시 처음 리더 역할을 맡았을 때 부담감에 토할 것 같았다. 부서원이 꼴랑 5명뿐이었는데도.

부담스럽고 마음이 불편하다는 이유로 리더 역할을 거절하지 않았으면 한다. 우리 인생의 방향을 감정 하나에 의지해서 갈 수는 없기 때문이다. 물론 감정을 존중하고 귀 기울이는 건 중요하지만, 알다시피 감정은 자주 우리를 속인다. 운동하러 나가야 할 때, 지난주에 끊은 담배를 쳐다볼 때, 다음 날 아침 일찍 중요한 미팅이 있는데 재미있는 넷플릭스 시리즈를 밤 11시에 발견했을 때, 회사 업무로 짜증이 가득한 상태인데 아이가 칭얼거릴 때 우리에게 말을 거는 감정이 진짜 우리가 원하는 감정이라고 말할 수 있을까.

'자격이 될까?' 하는 마음에 망설이지도 않았으면 한다. 자격이 되지 않는다면 회사에서 권하지 않았을 것이다. 때로는 자기보다 제삼자가 더 정확한 눈을 가지고 있기도 하다. 그리고 이런 걱정을 할 필요가 없는 진짜 이유를 말해주겠다. 시켜봤는데 못 하면 어차피 그 역할에서 잘릴(?) 테니, 회사와 후배들을 망칠까 봐 미리 걱정하지 않아도 된다. '깽판'을 친 수준이 아니라면 평판도 크게 걱정할 필요 없다. 1~2년 지나면 어차피 아무도 기억하지 않는다.

너무 걱정하지 마시라. 자연스럽게 기회가 왔다면 펄쩍 뛰지 말고 해보길 권한다. 잘 정착할 수 있도록 주변에서 도움을 줄 것이고, 초반 1~2년의 우당탕탕 시절은 좀 더 너그러운 시선으로 봐줄 것이다. 시간이 충분히 지나서 리더보다는 개인으로서 더 잘할 수 있다는 결론이 나면, 그때 관리자 트랙에서 전문가 트랙으로 갈아타면 된다.

경력이 망가지는 거 아니냐고? 그렇지 않다. 팀을 이끄는 리더 역할을 잠시라도 해보고 나면 회사의 전체적인 업무 맥락을 파악하는 능력이 훨씬 커진다. 협업 능력 역시 올라간다. 따라서 앞으로 실무를 할 때도 더 뛰어난 능력을 보여줄 수 있다. 전문가 트랙으로 가려는 사람이라도 5명 정도의 소규모 팀을 끌고 가는 역할은 해보길 권하는 이유가 이것이다. 일단 해보고, 아니면 환승하면 된다.

"모두가 리더가 될 필요는 없다.
리더로 잘할 수 있는 사람과
개인일 때 더 빛나는 사람이 있다.

그러나 기회가 왔는데
괜한 걱정 때문에
제안을 거절할 필요는 없다.

우리는 자신을 아직 잘 모른다.
의외로 잘할 수도, 잘 맞을 수도 있다.
일단 해보고, 아니면 환승하면 된다."

일터에서 배우는 시시한 것들이
경쟁력이 되는 이유

평범하지만 힘이 되는 능력들

우리는 일하면서 배운다. 일하는 사람이라면 자연스럽게, 또는 욕하면서 배우는 것들이 있다. 누구에게 설명하기는 모호하고, "나, 이거 할 줄 알아"라고 말하기에도 낯부끄럽지만 말이다. 꽤 중요한 것 같지만, 정작 말로 표현하면 다소 시시한 것들이라고나 할까.

아이러니한 점은 그런 시시한 능력들이 우리를 꽤 단단하게 만들 뿐 아니라 삶을 살아가는 데에도 힘이 되어준다는 점이다. 일하면서 배운 소소한 경험과 습관은 우리가 앞으로 어떤 일을 하든지 헤매지 않고 걸어가도록 도와준다. 나는 일하면서 배운 평범한 상식과 경험들 덕분에 새로운 커리어를 시작할 때도 수월하게 길을 걸어갈 수 있었다. 그리고 지금도 마찬가지다.

일터에서 배울 수 있는, 시시한 것처럼 보이지만 우리에게 두고두고 힘이 되는 능력과 지식에는 어떤 것이 있을까?

제한 시간 안에
완결하는 법

우리의 일상 대부분에는 데드라인이 없다. 나름의 데드라인이 있더라도, 미뤄졌을 때 딱히 치명적이지 않다. 비슷한 새해 목표를 매년 반복하는 것만 봐도 알 수 있다. 일상에서 연속성이 있는 일들은 많아도, "시작!" 신호를 받고 출발한 후에 "도착!"이라고 선언하는 일은 많지 않다. 오늘의 설거지를 끝내도 설거짓거리가 바로 생기고, 지인과의 점심 약속은 '완료'라는 개념을 갖지 않는다. 피치 못할 경우엔 사정을 설명하고 약속을 미루기도 한다.

이에 반해, 일은 시작과 끝이 분명한 경우가 많다. 게다가 우리가 준비가 덜 됐더라도, 결과물이 만족스럽지 않더라도 어떻게든 데드라인 안에 결과물을 만들어야 하는 상황이 대부분이다.

- ○○ 지역에 새로운 지점 오픈
- 신입사원을 위한 메타버스 교육 커리큘럼 만들기
- 독립서점의 책을 키워드 중심으로 재배열하기
- 경기도 ○○병원에 자율주행 딜리버리 로봇 서비스 시작

당장 다음 달에 새로운 지점을 오픈해야 하는데, 실무자가 요즘 좀 피곤하니까 며칠 늦추자고 할 순 없다. 또는 준비가 부족하고 자신도 없으니 지점 오픈을 전면 재검토하자고 말할 수도 없다(이미 인테리어 공사도 마치고 집기까지 다 갖다 놓았는데!). 그러다 보니 일하는 사람은 좋든 나쁘든 어쨌든 제한 시간 안에 완결하는 능력을 갖추게 된다.

일의 시작과 매듭까지 과정을 진행하고, 흡족하든 부끄럽든 결과물을 내는 건 생각보다 유용하고 중요한 능력이다. 제한 시간 안에 결과물을 만드는 게 쉬운 일이 아니기 때문이다. 시간과 에너지를 적절히 배분해야 하고, 아이디어가 부족해 보여도 어느 시점이 되면 '그만! 이제 생각을 멈추고 어떻게든 결과를 만들 때야'라며 매듭짓는 결단력도 발휘해야 한다.

이 경험이 낯선 사람들은 '언젠가 더 좋은 결과를 낼 때까지' 자꾸 일을 미루게 된다. 대박 아이템이 준비될 때까지 창업을 시작하지 못하고, 인생의 책을 쓸 수 있을 때까지 집필을 시작하지 못한다. 머릿속에서 상상을 펼치지만 실제로 현실에서 마주하기는 무서워하는 사람이 된다. 그래서 계속 모호한 준비만 하면서 '언젠가 충분히 준비되면', '때가 되면'이라는 가능성의 세상에서 산다.

제대로 일하는 법을 배운 사람들은 부족한 상황에서도 첫발을 내딛는 법을 배운다. 물론 리더나 클라이언트가 당장 내놓으라고 눈을 부라리고 있기에 어쩔 수 없이 배우게 된 측면은 있지만 말이다. 성실한 직장인 출신(?)인 나는 이 덕을 톡톡히 보고 있다.

나는 집필할 때 인생 책을 써야 한다는 강박이 없다. 책값에 크게 부끄럽지 않게 쓸 준비가 됐다고 생각하면 일단 시작하고, 어떻게든 완결한다. 초기 결과물을 보면 심란하기 짝이 없다. 누군가에게 쫓겨 도망치는 꿈을 며칠 동안 꾸기도 한다. 그래도 일단 협업하는 관계자들에게 보내고 피드백을 받은 후 고친다. 그러면 훨씬 나아진다. 이 과정을 반복하다가 더는 나아지기 어렵다면 멈추고 완결한다.

결과물을 보면 부끄러운 심경과 자랑스러운 마음이 복잡하게 교차한다. 하지만 이미 끝난 일이니 어쩔 수 없다. 지금의 나는 여기까지 할 수 있는 사람이라는 사실을 받아들이고 프로젝트 폴더를 정리한 후 마감한다. 미래의 나는 더 성장해 있기를, 그래서 다음번 작업 때는 더 잘할 수 있기를 기대할 뿐이다.

상대방 중심으로 생각하는 관점을 훈련하는 것

취미와 일을 구별하는 결정적인 차이는 '누가 주인공인가' 하는 것이다. 취미는 내가 주인공이지만, 일은 다른 사람이 주인공이다. 그래서 일을 할 때는 항상 이 프로젝트의, 서비스의, 제품의, 제도의, 디자인의 주인공이 누구인지를 그려보는 훈련을 하게 된다. 우리가 만든 결과물이 그들에게 지지를 받으면 오랫동안 지속할 것이고, 외면을 받으면 탈락해서 사라질 것이기 때문이다. 상대방이 원하는 걸 중심으로 생각하는 관점 훈련은 일하는 사람이 갖게 되는 가장 중요한 능력 중 하나다.

> ① 나는 이렇게 하고 싶어. 다른 사람도 설득해서 데려가야지!
> ② 다른 사람은 무엇을 원할까? 그중에서 내가 가장 잘할 수 있는 방법
> 은 무엇일까?

처음으로 일을 시작하는 사람들은 ①처럼 자기가 좋아하는 걸 남에게 설득하는 데 온통 에너지를 쓴다. 하지만 많은 시행착오를 겪으면서 ②로 변한다. 내가 원하는 걸 얻으려면 상대방이 가장 원하는 걸 찾아야 한다는 점을 배우는 것이다.

물론 이 깨달음의 과정이 그리 아름답지는 않다. "소비자들은 도대체 왜 이걸 좋아하는 거야?", "아휴, 난 아무래도 아닌 것 같은데 클라이언트가 꼭 이렇게 해달래" 또는 "팀장이 이 방향이 아니래. 직급이 깡패지, 뭐. 억울하면 내가 승진해야지 어쩌겠어" 같이 투덜대면서 배우게 된다. 그래도 일단 배우고 나면 든든한 힘이 된다.

하기 싫은 일을
줄이는 방법을 찾는 능력

일하다 보면 잔머리 능력치가 확실히 증가하는 것 같다. 업무가 비효율적이거나 하기 싫으면 여지없이 잔머리가 가동된다. '좀 더 쉽게 하는 방법 없나? 혹시 안 할 수 있는 방법은 없나?'라고 고심하면서 방법을 어떻게든 찾아내는 것이다.

예를 들어 회사 비품을 정기적으로 구매하는 게 귀찮은 직원이라

면, 특정 업체와 계약한 후 정해진 리스트대로 매달 배송해달라고 요청할 수 있다. 생수통을 교체하는 게 귀찮은 직원이라면 수도와 연결하는 생수로 계약을 변경하면 된다. 일머리라고도 표현할 수 있을 것 같은데, 나의 경우는 잔머리에 가까운 것 같기는 하다.

- 비슷한 내용의 메일을 자주 써야 하는 경우, 노션 프로그램에 상황별 메일을 써놓고 일부만 수정해서 보낸다.
- 매일 리서치하기 번거로우므로 구글 키워드 등록이나 해당 매거진 구독으로 대체한다.
- 강의 커리큘럼을 분야별로 만든 후 기업이 강의 제안을 보내면 파일을 통째로 보내준다. 협의 과정을 드라마틱하게 줄여준다(그중에서 쇼핑하듯이 고르세요. A와 B의 내용을 반반씩 섞으셔도 됩니다).
- 세무 업무는 하기 싫으니 세무사에게 통째로 맡긴다(나는 퇴사할 때까지 연말정산조차 완벽하게 이해하지 못한 사람이다).
- 출판사 편집자와 일할 때 목차, 50%, 70%, 90% 버전을 중간중간 보내줘서 피드백을 받는다. 나중에 "이게 아닌데요"라는 피드백을 받고 시간을 낭비하지 않으려는 생각 때문이다.

학창 시절에는 특정 과목이 싫다고 하더라도 마음대로 바꿀 수 없다. 시험 범위도 교수가 정해주는 대로 따르게 된다. 하지만 일의 세계에서는 목적지에 효율적으로 도착할 수 있다면 다양한 방법을 자유롭게 시도해볼 수 있다. 나같이 잔머리가 발달한 사람에게는 정말 다행인 소식이 아닐 수 없다.

마음을 지키며
일하는 능력

처음 일을 시작할 때는 일희일비의 연속이다. 생각한 대로 잘 풀리면 날아갈 것 같고, 문제가 생겨서 컴플레인 메시지가 폭주하면 커리어가 끝장난 것 같다. 상사나 클라이언트, 동료의 무리한 요청에도 아무 소리 못 하고 속을 끓인다. 야단을 맞으면 제대로 된 변명도 하지 못하고 자리로 돌아온다. 멘탈이 거의 개복치 수준이다.

그러나 시간이 지나면 알게 된다. 일이라는 건 잘될 때도 있고, 잘 안 될 때도 있다는 걸. 남들이 "우와!" 하고 감탄하는 프로젝트라도 내막을 들여다보면 온갖 사건 사고를 막으면서 간신히 헤엄쳐 온 경우가 많다. 또는 정말 최선을 다한 프로젝트이고 모두 성공할 것으로 확신했는데, 어이없는 외부의 요인으로 망하기도 한다. 근사한 현지 체험 여행 프로그램을 만들었는데, 전 세계에 코로나19가 퍼져서 모든 업무가 정지되는 경우처럼 말이다.

일이 잘될 때도 전적으로 내 덕이 아니고, 일이 안될 때도 전적으로 내 탓이 아니다. 그러니 잘난 척할 필요도, 자학할 필요도 없다. 이번에 실패해도 다음 프로젝트가 있고, 이번에 미숙했다면 다음번에는 더 잘하면 된다. 사소한 일들을 두고 일희일비하지 않는 마음은 일하는 사람이 천천히 배우게 되는 능력이 아닐까 싶다.

덧붙여서, 경력이 쌓일수록 건강한 공격성 능력치 또한 획득하게 된다. 건강한 공격성이란 누군가가 자기에게 해를 끼치거나 싫은 일을 시키려고 할 때 "그만!"이라고 제지하는 능력을 의미한다.

유순하고 고분고분한 성품을 미덕으로 삼고, 반대하는 것과 싸우는 걸 구분하기 어려워하는 우리나라에서는 건강한 공격성을 제대로 배우지 못하고 성장하게 된다. 그러다 보니 일을 시작한 초반에는 상사나 동료, 클라이언트의 말에 이리저리 휘둘리며 상처를 받는다. 미안할 상황이 아닌데도 "죄송합니다"를 입에 달고 산다.

그러다가 3년 차, 5년 차가 넘어가면 공격을 능글능글하게 받아칠 내공이 생긴다. 그리고 상대방의 의견을 거절하는 것이 모욕하는 것도, 반항하는 것도 아니라 상황을 정확히 설명해주는 것일 뿐이라는 당연한 사실을 깨닫게 된다. 선을 넘으면서 무례한 소리를 하는 사람들에겐 "요즘도 그렇게 말하는 사람이 있군요. 한 5년 전에 마지막으로 들은 것 같은데", "저기요, 방금 속으로 해야 하는 혼잣말을 엄청나게 크게 하셨어요." 같은 말로 한 방 먹일 수도 있게 된다.

거절을 개인적으로 받아들이지 않고, 안 된다는 말을 공격으로 여기지 않는 것, 그리고 말 같지도 않은 소리를 하는 상대에게 '작작 하시죠'라는 표정으로 예의 바르게 받아치는 것도 일하는 사람이라면 조금씩 배우게 되는 능력이다. 물론 익숙해지기까지는 분한 마음으로 잠드는 밤이 꽤 있겠지만.

"일하면서 배우는 시시한 능력들이
우리를 꽤 단단하게 만들어줄 뿐 아니라
삶을 살아가는 데에도 힘이 된다.

제한 시간 안에 완결하는 법,
상대방 중심으로 생각하는 관점,
하기 싫은 일을 줄이는 법,
마음을 지키며 일하는 법 같은
소소한 일들 말이다.

일하는 사람이라면 억지로라도 배우게 되는
이런 경험과 습관은
우리가 앞으로 어떤 일을 하든지
헤매지 않고 걸어가도록 도와준다."

좋아하는 일을 하라는 '진짜 의미'

오래도록 좋아할 수 있는 일

가슴 뛰는 일을
찾습니다

좋아하는 일을 하세요, 가슴 뛰는 일을 하세요.
한 번뿐인 인생을 가치 있는 것으로 채우세요.

공부에 재능이 있어서 의대를 나왔지만 제주도에서 여행 가이드를 하며 충만하게 살아가는 것, 내로라하는 대기업에 다니다가 그만두고 평소에 좋아하던 문구류 전문 쇼핑몰을 차리는 것, 모두 멋진 선택이다. 직장인들이 꿈꾸는 덕업일치의 삶 아니겠는가.

하지만 이런 삶이 유행처럼 퍼지다 보니 묘한 부작용도 있는 것 같아 염려스럽다. 일을 선택할 때 '가슴 뛰는 것'의 영역 점수를 지나치게 높이 부과한다는 점 때문이다. 감정만큼 변덕스러운 게 없는데도.

10대였던 우리가 확신을 가졌던 것과 그 시절의 취향을 떠올려보자. 나만 해도 10대에는 '확신을 가지고' 국제구호재단 같은 곳에서 일하고 싶었고, 짠맛 소스에 절인 비린 간장게장 같은 음식은 싫어했다. 그 취향은 분명히 확고하고 단단했다. 하지만 '지금의 나'는 일의 경제적 보상에서 큰 즐거움을 느끼는 사람이고, 비행기를 장시간 타는 것도, 불규칙한 생활도 좋아하지 않는 성향이다. 그러니 20대에 국제 NGO에서 커리어를 시작했다면 괴로웠을 것이고, 심지어는 불행했을지도 모른다. 그리고 지금의 나는 간장게장이 정말 맛있다고 생각한다(가격만 조금 내려주면 좋을 텐데).

감정은 훌륭한 가이드가 되기도 하지만 제일 변덕스러운 걸림돌이 되기도 한다. 그러다 보니 혼란스러운 감정 속에서 헤매는 사람들이 많은 것 같다. 멀쩡히 옳은 선택을 하고서도 '일하면서 설레거나 가슴이 뛰지 않으니, 무엇인가가 결핍된 걸까?'라고 자책한다. 또는 적성에 안 맞는 일인데도 '이건 선한 영향력의 보람 있는 일이잖아', '의미 있는 일을 하는데 참아야지'라는 이유를 대며 자신을 괴롭힌다.

우리의 커리어를 고작 심혈관 반응에 맡겨서 결정할 수는 없다. 남들 눈에 가치 있어 보이는 삶을 사느라 무리할 필요도 없다. 커리어 특성상 일단 한번 선택하고 나면 다시 방향을 틀기까지 꽤 많은 노력이 든다. 그러므로 자신이 '좋아한다고 생각'하는 것과 '오랫동안 좋아할 수 있는 진짜 취향'을 올바른 안목으로 구별하는 일은 정말 중요하다. 커리어에 중요한 선택을 하기 전에 다음의 질문을 곰곰이 생각해봤으면 좋겠다.

좋아하는 일을 직업으로 선택하는 건 정말 옳은 방향이다.
하지만 진짜 좋아하는 게 무엇인지 우리가 정말 알고 있을까?

나는 어떤 일을 진짜로 좋아할까?
분야 vs. 하는 일

치킨 전문 배달 플랫폼 회사에 다니는 두 사람이 있다. A와 B라고 하자. A는 누구나 인정하는 치킨 애호가다. 평생 치킨을 먹으라고 해도 맛있게 먹을 사람이다. 어쩌다가 맛없는 치킨을 먹게 된 날은 온종일 기분이 나쁘다. 그래서 새로운 맛과 가게에 도전하는 대신 좋아하는 치킨 여덟 종류와 가게를 정해 순서대로 먹고 있다. 원래 튜닝의 끝은 순정 아니겠는가.

이에 반해 B는 데이터를 통해 남의 취향을 발견해내고, 그게 맞아떨어지는 걸 보며 즐거워하는 사람이다. 전국의 숨겨진 맛집 치킨을 찾아내서 소비자가 열렬한 반응을 보일 때 은근한 짜릿함과 보람을 느낀다. 치킨을 좋아하냐는 물음에는 이렇게 대답한다.

"치킨이요? 좋아하죠. 치킨 안 좋아하는 사람도 있나요, 뭐."

여기서 질문이다. 둘 중에 누가 더 이 회사를 재미있게 다닐까? 그리고 누구에게 더 많은 성장의 기회가 주어질까?

- A: 치킨을 열렬하게 좋아한다.
- B: 데이터를 분석해서 소비자가 열광할 맛집을 찾아낸 후 반응을 보는 걸 좋아한다.

B다. 의외로.

A는 B보다 치킨을 훨씬 사랑하지만, '자기 취향의 치킨을 먹는 것'을 사랑하는 사람이기 때문에 취향을 일로 연결하기가 어렵다. 굳이 따지자면 새로운 치킨 맛집을 발굴하는 데 강점이 있겠다 정도인데, A의 성향을 보면 자기 취향이 아닌 조리법의 치킨을 테스트차 억지로 먹어야 한다면 금세 불행해질 것 같다. 주변의 지인들은 "이야, 덕업일치의 삶을 살고 있구나"라고 부러워할지 모르지만 말이다.

이에 반해, B는 회사를 훨씬 재미있게 다닐 가능성이 크다. 그의 취향이 치킨 전문 배달 플랫폼의 정체성에 해당하는 '고객이 좋아하는 치킨을 제공한다'에 정확히 부합하기 때문이다. 자신의 치킨 취향에는 안 맞아도 고객이 좋아하고 회사 매출에 도움이 될 만한 치킨들을 찾아낸다. 어차피 자기 취향의 치킨은 퇴근 후 마음껏 사 먹으면 되는 일이다. 이렇게 일하는 B는 앞으로도 이곳의 경력을 바탕으로 더 크게 성장할 기회를 연달아 맞이할 것이다.

덕업일치의 삶을 생각할 때 꼭 고려해주었으면 좋겠다. 좋아하는 '분야'만을 기준으로 커리어를 선택하면 삐끗할 수 있다. 많은 경우 어떤 일을 꾸준히 좋아하기 위해서는 '분야'보다는 '그 분야에서 핵심적으로 해야 하는 일'을 좋아하는 게 더 영향을 끼친다.

다음과 같은 사람들이 있다고 생각해보자.

- 데이터 분석은 좋지만, 온종일 수만 개의 데이터를 쳐다보고 있는 건 너무 지루해서 도망가고 싶다.
- 책을 너무 좋아하지만, 책을 출간하는 업무는 지루하고 괴롭다.

이 사람들은 데이터 분석가와 편집자가 되면 그 즉시 불행의 고속열차를 타게 된다. 무척이나 좋아하는 덕업일치 분야를 선택했음에도 싫어하는 일로 가득 찬 직업을 골랐기 때문이다. 데이터 분석가로 일하면 온종일 수만 개의 데이터를 쳐다봐야 한다. 출판사에서 일하는 사람은 책을 읽는 시간보다 책을 만들고 파는 데 시간 대부분을 쓴다. 그러니 일하면서 어떻게 만족스러울 수 있겠는가.

이런 실수를 피하려면 일을 선택할 때 또는 커리어를 바꾸려고 할 때는 다음의 두 가지 질문을 자신에게 던져보면 된다.

① 나는 이 분야를 좋아하는가?
② 이 분야에서 일상적으로 하는 일을 좋아하는가?

두 질문의 교집합을 찾아서 일을 선택하면 더 좋은 결정을 할 수 있다. 만약 두 가지를 동시에 충족할 수 없는 상황이라면, '분야'보다는 '하는 일'이 취향인 쪽을 고르는 게 현명하다. 좀 더 구체적으로 말하자면 ②번 '일상 업무가 취향인 곳'을 우선으로 선택하고, ①번 '분야' 중에서 명백한 불호 영역은 제외하는 것이다. 여기서 말하는 명백한 불호 영역이란 독실한 기독교인이 불교용품 기업에서 마케터로 일하거나 담배로 인한 폐암으로 부모를 잃은 사람이 담배 회사 법률팀에 입사하는 것 같은 상황을 의미한다.

분야가 취향은 아니더라도 하는 일이 취향이면 꽤 즐겁게 일할 수 있다. 성과도 좋을 가능성이 크기 때문에 주변의 인정도 자연스레 따라온다. 그곳에서 경력과 내공을 착실히 쌓다 보면 원하는 취향의 분야로 이직할 기회는 생각보다 쉽게 찾아올 것이다.

나는 어떤 일을 진짜로 좋아할까?
결과물 vs. 과정

결과물은 누가 봐도 멋있지만, 거기에 다다르는 과정은 고단하고 때로는 구질구질하다. 그런데 아쉽게도 우리의 일터에서 결과물을 보며 기뻐하고 즐기는 시간은 길어봤자 10%에 불과하고, 나머지 시간 대부분은 결과물을 위한 과정으로 채워진다. 이 때문에 '결과물은 좋지만, 다다르기 위한 과정은 나하고 너무 안 맞아'라고 생각하는 사람은 일하는 시간의 90%가 불행할 수밖에 없다.

다음의 예는 모두 결과물을 위한 과정이다.

- 소비자의 10대 소비 트렌드를 찾아내기 위해 수억 개의 데이터를 이리저리 살펴보는 것
- 이번 시즌 디자인을 컨펌받기 위해 한 달 동안 몇백 장의 디자인 스케치를 만드는 것
- 콜라보 굿즈를 가장 잘 만들어줄 업체를 찾기 위해 수백 개 회사를 조사하고, 미팅을 스무 번 정도 하는 것
- 서비스 대상자의 니즈를 분석하기 위해 설문조사 항목을 설계해서 뿌리고, 응답 회수율을 높이기 위해 동동거리는 것
- 새로운 책을 집필하기 위해 서적과 기사를 수백 개 읽는 것

과정은 대부분 지루하다. 중간에 보람과 기쁨이 살짝 밀려오는 순간이 찰나처럼 오겠지만 대부분은 건조한 무표정으로 투덜대며 일하게 된다. 그런데 똑같은 무표정과 투덜거림이라도 차이가 있다. 사람마다 타고난 기질과 성향이 다르다 보니, 중간 과정의 지루함을 남들보다 좀 더 수월하게 견딜 수 있는 영역이 있기 때문이다.

다음은 그런 영역을 찾아서 현명하게 직업으로 선택한 사람들이 투덜거리는 전형적인 모습이다.

"아휴, 데이터를 수억 개나 들여다봤더니 눈이 빠질 것 같아. 목에 디스크 오는 것 같아서 어제 정형외과 가서 물리치료도 받았다니까. 의미 있는 데이터를 몇 개 찾았는데, 위에 보고했더니 재작년에 했던 거라서 안 된다는 거야! 하여간 우리 리더는 속이 꽉 막혀 있어서 융통성이 없어. 응? 뭐라고? 너무 힘들고 괴로우면 그만두라고? 뭘 소

리야, 왜 그만둬. 나는 이 일 좋아해."

"하아, 이번에 새로운 서비스 프로모션 마케팅 맡았는데 전혀 모르는 분야라서 처음부터 공부해야 해. 내가 그런 분야를 어떻게 아느냐고. 에휴, 매번 이렇게 맨땅에 헤딩이라니까. 내 팔자가 진짜…. 우리 리더는 나만 믿는다면서 '파이팅!' 하고는 가버리더라.

너 혹시 이 업계에 아는 사람 있어? 내가 나중에 진짜 근사한 거로 쏠 테니 연결 좀 해줘라. 응? 뭐라고? 일하는 게 너무 힘들어 보인다고? 아냐, 그 분야가 유망하다는데 이번 기회에 공부하면 좋지 뭐."

자신이 어떤 일을 좋아하는지 판단할 때 결과물에만 현혹되선 곤란하다. 90% 이상에 해당하는 중간 과정이 견딜 만한지, 남들보다 수월하게 할 수 있는지가 실질적인 일의 만족도에 영향을 끼친다. '오랫동안 좋아할 수 있는 일'을 찾아내기 위해 자신에게 다음 두 가지 질문을 해보자.

---

① 그 일의 결과물을 좋아하는가?
② 지루한 중간 과정을 견딜 만한가?

"자신이 '좋아한다고 생각'하는 것과
'오랫동안 좋아할 수 있는 진짜 취향'을
구별하는 일은 중요하다.
특히, 일을 선택할 때는.

그 분야에서
매일 해야 하는 일들이 내 취향에 맞는가?
직업으로 삼은 사람이라면
필연적으로 거쳐야 하는 지루한 중간 과정이
남들보다 견딜 만한가?

두 질문에 대한 답이 '아니요'라면
오랫동안 좋아하기는 어렵다.
설사 겉으로는 덕업일치처럼 보일지라도."

일의 의미:
'나는 왜 이 일을 할까?'

과정을 즐기며 나아가는 힘

'지금 이 일을 하는 나'를
좋아할 수 있을까

———

"경제적 자유를 얻으면 하고 싶은 게 뭔가요?"라는 질문에 사람들이 대답하는 걸 보노라면 나도 모르게 미소가 지어진다. 대부분이 퇴사 후 긴 휴가를 즐긴 후 자기가 해보고 싶었던 일을 하겠다고 말했기 때문이다. 남은 인생을 유유자적하며 끝내주게 완벽한 백수로 살겠다는 사람은 생각보다 많지 않았다. 악기 배우고, 맛집 가고, 넷플릭스를 매일 세 편씩 보고, 휴대전화로 한가롭게 노는 삶을 원한 거 아니었나? 그렇게 물어보면 다수의 사람은 '2~3년이라면 몰라도 남은 50년을 그것만 하면서 보내기에는 좀 그렇지 않나?'라고 생각하며 눈을 또르르 굴린다.

이런 귀여운 사람들이라니.

매일 아침 출근할 때마다 '이놈의 지긋지긋한 회사, 로또나 코인이 대박 나면 바로 그만둔다'라고 생각하면서 말이다.

우리는 일에 관해 양가적 감정이 있다. 좋아하고 자랑스러워하는 마음과 지긋지긋해서 도망가고 싶어 하는 마음이 복잡하게 얽혀 있다. 그래서 지난주에는 '이래서 내가 이 일을 하는 거지'라며 뿌듯한 마음이 들었다가도, 이번 주에는 벗어날 수 없는 굴레처럼 갑갑하게 느껴져 숨이 막힌다. 금수저가 아니면 다 이렇게 사는 거라며 자신을 다독이며 살고 있는데 가끔 주변에 신기한 부류들이 눈에 띈다.

'저 사람은 여기서 일하는 게 재밌나 봐.'

이런 생각이 드는 사람들 말이다. 얼굴에서, 말에서, 사소한 태도에서 문득문득 느껴진다. 아침이 되면 졸음이 덕지덕지 붙어 있긴 하지만 밝은 얼굴로 출근해서 맡은 업무를 하나하나 처리해나간다. 똑같은 업무를 처리하더라도 조금 더 낫게 해낼 방법을 리더와 상의한다. 무엇보다 가장 충격적인 건, 휴가차 떠난 외국에서 우리 회사와 비슷한 제품이나 서비스를 제공하는 곳을 구경하고 온다는 사실이다(아무도 시키지 않았는데!). 사람들이 휴가인데 왜 일을 하느냐고 물어보면 웃으면서 가볍게 말할 뿐이다.

"일은 무슨 일이에요. 그냥 구경해본 거죠. 남들은 어떻게 하는지 궁금하잖아요."

사람들은 신기한 마음에 그 사람의 얼굴을 빤히 바라본다.

자기 일을 좋아하고, 그 일을 하는 자신을 좋아하는 사람들은 특유의 에너지를 가지고 있다. 겉모습과 행동 자체는 두드러지게 다르지 않다. 똑같이 주말을 간절히 기다리고, 강도 높은 업무에 한숨을 쉬는 평범한 사람들이다. 스트레스도 자주 받고, 뒷담화 자리가 생기면 열성적으로 끼어든다. 하지만 그들이 가진 특유의 에너지는 문득문득 배어 나와 다른 사람이 눈치챌 수 있을 정도다.

자기 일을 좋아하고, 그 일을 하는 자신을 좋아할 수 있는 사람이 되는 건 커다란 장점이라고 생각한다. 하루 대부분을 보내는 곳을, 그리고 그곳을 위해 시간과 재능을 쏟는 자신을 꽤 괜찮게 여기며 사는 셈이기 때문이다. 우리도 그렇게 살 수 없을까? 건강하게 오랫동안 일을 하고 싶다는 사람들, 일을 통해 나 자신과 가족을 돌본다는 멋진 가치에서 멈추지 않고, 더 나아가 일의 의미를 발견하는 사람들은 어떤 마음가짐을 가지고 있는지 들여다보자.

어떻게 일의 의미를 찾을까?: 우리는 '누군가'를 구하는 중

앞에서, 일하는 사람은 누군가를 구하는 영웅들이라고 말했다. 우리가 하는 평범한 일들은 궁극적으로 누군가의 삶을 조금 더 낫게 만들어준다. 일의 의미를 찾은 사람들은 그 누군가를 분명하게 의식하면서 일한다. '누군가'는 고객이라고 표현할 수도 있겠지만, 일반 소비자, 회사 동료, 기관 담당자, 납품 기업, 지역 주민 또는 국민 등 다양한 모습을 가지고 있으므로 더 넓은 의미다.

우리가 일상 업무에 매몰되면 자연스레 그들의 존재감도 희미해진다. 그와 동시에 '내가 지금 무엇을 위해서 이토록 바쁘게 살고 있지?' 하는 마음이 몰려오게 된다. 불고기 버섯전골 밀키트 출시 담당자를 생각해보자. 밀키트 안에 팽이버섯을 7개 넣을지 또는 10개 넣을지, 강원도 농가와 계약할지 또는 충청도 농가와 계약할지, 단가를 얼마로 할지 같은 수십 가지 문제를 처리하며 입에서 단내 나게 일한다. 나중에는 팽이버섯도, 불고기 버섯전골 밀키트도, 오락가락하는 상사의 얼굴도 다 꼴 보기 싫고 지긋지긋해진다.

마음속이 시끄러운 바로 그때, 우리가 구한 '누군가'를 떠올려보자. 우리의 일과 연결된 누군가는 언제나 있다. 팽이버섯을 정성껏 재배한 후 계약을 애타게 기다리는 농민의 얼굴, 재료를 깨끗하게 씻어 밀키트로 제작하는 일로 일감을 얻은 공장 직원들, 그리고 지친 저녁에 따끈한 불고기 버섯전골을 10분 만에 만들어서 흰 밥에 얹어 호로록 먹을 사회 초년생을 떠올려보자.

우리의 일은 누군가에게 가치 있는 일이다. 우리가 모두를 구하진 못하지만, 누군가의 삶에서 반짝이는 일부의 순간만큼은 확실히 구해주고 있다. 일터에서 이 사실을 분명하게 의식하는 사람은 길을 잃지 않는다.

어떻게 일의 의미를 찾을까?:
우리는 '성장'하는 중

서울시 연남동의 독립서점에서 매니저로 일하는 사람(성준이라고 하자)을 예로 들어보겠다. 서점 자체는 크지 않지만, 독서 모임과 유기농 베이커리 판매 등을 포함하여 복합 문화공간을 지향하는 곳이다. 출근하는 순간부터 일상이 바쁘게 돌아간다. 손님을 응대하고, 매장을 깨끗하게 관리하고, 재고 상황을 빠르게 파악하고, 아르바이트생 근태를 점검하고, 손님이 몰려서 정신없을 때는 주방에서 설거지를 돕기도 한다. 정신없이 바쁜 나날이다.

아이러니한 건, 바쁘면서도 지루하다는 점이다. 지루함의 필수 조건이 한가한 일상인 건 아니다. 분주한 일상이라 궁둥이 붙일 시간이 없을 때도 그런 감정은 충분히 느낄 수 있다. 지금 하는 일이 견뎌야 하는 일, 무사히 지나가야 하는 일로 여겨지면 일하는 시간이 지루해진다. 바쁘든 한가하든 상관없이.

하지만 만약 성준이 지금의 일을 통해 성장하고 싶은 분야가 있고, 현재 착실히 배우는 중이라는 관점을 가진다면 어떨까? 단기 아르바이트를 하는 게 아니라면, 성준에겐 많은 선택지 중에서 군이 연남동 복합 문화공간인 독립서점에 입사한 이유가 있을 것이다. 유사한 공간 운영에 관심이 있을 수도, 핫하다는 연남동에서 진행되는 문화 콘텐츠에 관심이 있을 수도, 아니면 나중에 자기 힘으로 서점 같은 비즈니스를 창업하고 싶을 수도 있다. 그렇다면 성준은 지금 현장에서, 가장 날것으로 생생하게 학습할 기회를 누리고 있는 셈이다.

예를 들어, 성준이 '공간 운영'에 관심이 있어서 어떤 종류의 공간이든 콘셉트에 맞춰 근사하게 기획하고 운영할 수 있는 사람이 되고 싶어 한다고 해보자. 그렇다면 지금 일하는 직장에서 공간 운영을 위해 제품을 진열하고, 변화를 주고, 필요한 파트너들과 협업하는 법을 틈틈이 배워나겠다고 결심하고, 하나씩 시도해볼 수 있다.

아니면 '콘텐츠 디렉터'가 되는 데 관심이 있을 수도 있다. 그렇다면 온·오프라인 북클럽, 온라인 클래스, 아티스트 협업 프로젝트 등과 콘텐츠를 기반으로 운영하는 각종 프로그램을 만들고 효과적으로 홍보하고 운영하는 방법을 배울 기회다. 연남동에 있는 다른 곳과 협업해서 새로운 도전을 해볼 수도 있다. 회삿돈으로 말이다.

언젠가 유사한 분야를 창업하는 데 방점을 둔다고 해도 직접 도움이 될 지식과 경험을 쌓을 수 있는 절호의 기회다. 운영비용부터 아르바이트생 관리, 재고 관리, 회전율 등을 꼼꼼하게 살펴본다. 사장이 해야 할 일 중 일부를 직접 맡아서 해보기도 한다. 그리고 다양한 규모와 형태의 서점 운영 관계자들과 미리 네트워크를 만든다. 이것도 역시 회삿돈으로.

일하는 사람은 꾸준히 경험을 쌓게 된다. 그런데 일의 경험을 스쳐 지나가는 지하철역처럼 여기는 사람이 있고, 목적지를 가기 위해 준비하는 과정으로 소중하게 생각하는 사람이 있다. '배우는 중이야. 더 성장해서 원하던 모습이 될 거야'라고 생각하는 사람은 일터에서 마주치는 소소한 기회들을 놓치지 않는다.

일의 의미를 찾는 일은
투자할 가치가 있는 일

———————

일과 자신을 동일시하다가 상처를 받은 사람들은 일에 대해 냉랭한 마음을 갖는다. 그리고 다른 사람에게도 충고한다. "돈 벌려고 하는 거지, 뭐. 일에 괜한 의미 두지 마. 그러다가 이용이나 당하지. 아무도 안 알아주고 너만 손해야."

일을 좋아한다는 이유로 희생할 필요는 없다. 좋아하는 일을 한다는 게 다른 조건을 낮춰도 괜찮다는 의미는 아니니까. 그런 의미에서 일과 거리를 두고 싶어 하는 마음은 충분히 존중하지만, 가시를 날카롭게 세우고 일에 의미를 안 주려고 애쓰는 태도도 건강한 마음은 아닌 것 같다. 의미 없는 일에 온종일 시간과 에너지를 쓰는 나를 좋아하긴 어렵기 때문이다.

평일에 깨어 있는 시간의 3분의 2를 일하면서 보내는데, 일하는 나를 좋아하지 못한다면 결국 나 자신을 사랑하기도 쉽지 않다. 자기 일을 좋아하고, 그 일을 하는 자신을 좋아할 수 있는 사람이 되는 건 인생에서 큰 행운이다.

"자기 일을 좋아하고, 그 일을 하는 자신을
좋아할 수 있는 사람이 되는 건
커다란 장점이자 행운이다.

하루 대부분을 보내는 곳을,
그리고 그곳을 위해
시간과 재능을 쏟는 자신을
꽤 괜찮게 여기며 사는 셈이기 때문이다."

WORK
AND
GROWTH

IDEA
PRACTICE
COLLABORATION
CAREER

평범하지만 비범하게 일하는 사람들에게

12년에 걸친 나의 직장생활은 다소 다이내믹하다. 산업본부 팀장일 때는 아침에는 첨단 바이오제약 산업 정책을, 점심에는 스마트 모빌리티 전략을, 저녁에는 전통시장 활성화 전략을 짜는 식으로 정신없는 시간을 보냈다. 국제부에 있을 때는 이번 달에는 호주와의 협력사업을 공부하고, 다음 달에는 카자흐스탄 기업인들과 MOU를 맺는 식이기도 했다. 생전 처음 보는 분야를 이번 주에 공부해서, 다음 주에 외부에 설명해야 했다. 언론에 공식적으로 발표하고, 처음 본 사람들과 팀을 짜서 프로젝트를 실행했다.

이 경험을 통해 어떤 분야든지 몇 주 안에 파악해서 적응한 후 프로젝트를 만들어내는 짠내 나는 노하우가 생겼다. 더불어, 새롭고 낯선 환경에 대한 두려움이라는 심리적 장벽이 현저하게 낮아졌다. "아휴, 이건 또 뭐야. 하여간 윗사람들은 맨날 새로운 아이디어만 짜나 봐"라고 투덜댄 후 빠르게 궤도에 오르는 법을 익힌 것이다.

이 능력은 즐겁게 다니던 회사를 나와 새로운 커리어로 살아갈 때 큰 도움이 되었다. 나는 어떤 새로운 분야를 가더라도 6개월에 그 분야의 3년 차, 1년에 7년 차, 2년이면 10년 차 수준을 따라잡아 성과를 낼 수 있으리라는 믿음이 있었다. 물론 2년 차에 10년 차 디자이너나 개발자 수준이 되진 못하겠지만, 해당 회사에 필요한 핵심 역할이 그 것만은 아니니 말이다. 설사 회사를 들어가지 않더라도 나를 먹여 살릴 콘텐츠를 기획해서 살아가는 삶도 그럭저럭 잘 꾸려나갈 수 있으리라는 자신도 있었다(실제로 지금 두 번째 커리어에서 경제적, 시간적으로 훨씬 더 풍요로운 시기를 맞고 있다).

"앞으로 무슨 일 할 거예요?"

"글쎄요. 뭐든 해보면 되지 않을까요?"

이렇게 말할 수 있을 때까지 약 10년이 걸렸다. 모르는 것과 아는 것을 구분하고, 할 수 있는 것과 도움받을 영역을 구분하고, 적절한 방향을 찾아 공부한 뒤, 올바른 프로젝트를 찾아내는 방법을 익히는 데 걸린 시간이다. 의도하고 배운 건 아니지만 일하면서 나도 모르게 습득하게 되었다. 그 덕에 삶에 휘둘리지 않고, 평온한 마음으로 새로운 커리어를 선택할 수 있었다.

그때 나는 비로소 어른이 됐다고 느꼈다.

지금은 새로운 커리어를 시작한 지 4년 차인데, 조금 더 성장한 기분이다. 과분한 기회와 좋은 동료들, 독자들 덕분에 선물 같은 시간을 보냈다. 동시에, 처음 해보는 분야에서 내 속에 있는지도 몰랐던 능력을 탈탈 털어 찾아낸 후 끌어올려야 하는 시간이었다(약속한 일정과 받은 돈이 있으면 무조건 결과물을 내야 하는 법이다). 그 우당탕탕 경험 덕분에 나는 한 뼘 더 어른이 되었다.

우리는 일하면서 배운다. 그리고 제대로 일하는 사람은 어느 곳에 있든지 꾸준히 성장하게 되어 있다. 주변에 휘둘리지 않고 자신의 템포에 맞춰 프로젝트를 진행할 수 있는 능력을 갖추게 되면 좀 더 나답게 일할 수 있는 기회가 열린다. 이 책은 그곳까지 갈 수 있도록 도와줄 작은 가이드라인 모음집이다.

그곳에 도착하고 나면 다음 목적지는 어디일까? 글쎄, 조금 더 어른이 되는 게 아닐까 싶다. 혼란스러운 눈으로 일터의 행성에 막 도착한, 예전의 우리 같은 초보에게 다정한 도움을 줄 만큼 말이다. 덧붙여서 지금 하고 있는 일을 통해 나처럼 평범한 다른 사람들의 반짝이는 한순간을 확실히 더 많이 구해주시면 되지 않을까.

이 자리를 빌어 감사의 말을 전하고 싶은 사람들이 많다. 나는 지금까지 많은 사람들의 친절과 다정함에 빚을 지면서 살아왔다. 평범한 것처럼 보이지만 실상은 비범하게 일하는 사람들에게 받은 수많은 도움에 깊은 고마움을 전한다.

사회 초년생 시절에 어처구니없는 실수로 기가 죽어 있을 때, 별

일 아니라며 웃고는 묵묵히 대신 사고를 수습해주던 선배들에게,

　비범한 실력으로 매번 멋진 책을 만들어주고 세상에 알려준 길벗 출판사의 김세원 실장님을 비롯한 편집팀과 마케팅팀에게,

　기차 시간에 늦을까 봐 동동거리는 나를 보더니 로컬 피플만이 알 수 있는 지름길로 날아가듯 달려서 역 앞에 도착한 후 자랑스러운 표정으로 뒤돌아보던 택시 기사님에게,

　근사한 요리와 손 많이 가는 반찬들을 집에서 저렴하게 먹을 수 있도록 밀키트로 만들어서 문 앞까지 배송해준 모든 담당자에게,

　나이 드신 우리 부모님께 마트에서, 서비스센터에서, 식당에서 좀 더 큰 소리로, 천천히 다정하게 말해준 모든 사람에게,

　그 밖에도 삶의 수많은 조각 속에서 나에게 따뜻하게 대해줬던 사람들, 기술과 실력을 통해 나의 삶을 훨씬 더 풍요롭게 만들어주었던 얼굴 없는 누군가에게 감사를 전한다. 당신 몫의 삶을 성실하게 살아줘서 고맙다. 덕분에 나의 몫의 삶도 꽤 괜찮았다.

봄날의 서재에서
박소연 드림

Special Thanks to

딸내미가 새로운 책을 낼 때마다 서점에 들러서
몰래 몇 권씩 사 오시는 사랑스러운 아버지 박경옥,
누구보다 훌륭한 커리어 우먼으로서
인생을 대하는 태도를 자녀들에게 가르쳐준 어머니 김유자,
책에 자기 이름이 적혀 있는지부터 확인한 후
만나는 사람마다 나눠주며 자랑스러워하는 남편 이영규에게
고마움과 사랑을 담아 보냅니다.

일하면서 성장하고 있습니다

초판 1쇄 발행 · 2022년 4월 20일
초판 4쇄 발행 · 2022년 8월 15일

지은이 · 박소연
발행인 · 이종원
발행처 · (주)도서출판 길벗
브랜드 · 더퀘스트
출판사 등록일 · 1990년 12월 24일
주소 · 서울시 마포구 월드컵로 10길 56(서교동)
대표전화 · 02)332-0931 │ **팩스** · 02)322-0586
홈페이지 · www.gilbut.co.kr │ **이메일** · gilbut@gilbut.co.kr

기획 및 편집 · 김세원(gim@gilbut.co.kr), 유예진, 송은경, 정아영, 오수영 │ **제작** · 손일순
마케팅 · 정경원, 김도현, 김진영, 장세진 │ **영업관리** · 김명자 │ **독자지원** · 윤정아

교정교열 · 공순례
CTP 출력 및 인쇄 · 예림인쇄 │ **제본** · 예림바인딩

ISBN 979-11-6521-935-2 (03320)
(길벗 도서번호 090199)

정가 : 17,000원